# 金融营销实务

主　编　王惠凌　张　霞　邓亚昊
副主编　温淑贤　廖飘霏　叶　乔
参　编　田黎莉　宋文成　孙瑞者
　　　　杨　媛　杜亚飞

北京理工大学出版社
BEIJING INSTITUTE OF TECHNOLOGY PRESS

版权专有　侵权必究

### 图书在版编目（CIP）数据

金融营销实务 / 王惠凌，张霞，邓亚昊主编. —北京：北京理工大学出版社，2018.1（2022.8重印）

ISBN 978-7-5682-5186-0

Ⅰ. ①金… Ⅱ. ①王… ②张… ③邓… Ⅲ. ①金融市场–市场营销学 Ⅳ. ①F830.9

中国版本图书馆 CIP 数据核字（2018）第 007825 号

出版发行 / 北京理工大学出版社有限责任公司
社　　址 / 北京市海淀区中关村南大街 5 号
邮　　编 / 100081
电　　话 /（010）68914775（总编室）
　　　　　（010）82562903（教材售后服务热线）
　　　　　（010）68944723（其他图书服务热线）
网　　址 / http://www.bitpress.com.cn
经　　销 / 全国各地新华书店
印　　刷 / 三河市天利华印刷装订有限公司
开　　本 / 787 毫米×1092 毫米　1/16
印　　张 / 14.5
字　　数 / 352 千字
版　　次 / 2018 年 1 月第 1 版　2022 年 8 月第 3 次印刷
定　　价 / 45.00 元

责任编辑 / 申玉琴
文案编辑 / 申玉琴
责任校对 / 周瑞红
责任印制 / 李　洋

图书出现印装质量问题，请拨打售后服务热线，本社负责调换

# 前　言

"金融营销实务"是重庆城市管理职业学院金融专业社会服务能力提升项目（重庆市财政支持项目）的成果之一。金融营销实务是财经类专业的专业核心课程，分11个项目阐述了金融营销实务的相关内容，包括：感悟金融营销、金融市场调研和环境分析、金融市场细分与目标市场选择、金融营销产品策略、金融营销定价策略、金融营销分销策略、金融营销促销策略和金融营销其他策略、金融机构的关系营销、客户关系管理和金融营销能力和技巧。

本书的编写突出以下特色：

1. 以任务驱动模式编写教学内容。本书从高等职业教育金融人才培养的实际情况出发，按照"以就业为导向，以能力为本位"的原则，从金融机构实际工作任务入手，以突出表现形式上的直观性和多样性，内容简单易学、案例生动形象。在每一能力单元即每一项目内容之前确定学生学习的任务和目标，围绕任务组织安排教材内容，将任务和教学目标统一起来，明确学习目标任务。各章均设有知识目标、技能目标、课前导读、本章小结、延伸阅读等板块，体现知识、技能和素质培养与学习并重的理念，方便学生课前预习和课后消化所学内容。

2. 增加案例导入、知识链接和案例分析。本书在每一项目主体内容介绍之前增加了一段案例导入，用金融营销实例引出本项目需要讲解的主要内容，激发学生的学习兴趣和积极性。在主体内容讲述完之后根据本项目主要内容增加一篇或多篇知识链接和案例分析，以拓宽学生的知识面、巩固已学知识，提高学生分析问题和解决问题的能力。

3. 教学手段多样化。本书引入了微课视频等最新的教学手段；充分开发网上教学资源，建立金融营销实务教学网站，基本栏目包括微课视频、课程标准、教学课件、授课录像、参考文献、学习方法、案例库、习题库和试卷库等，除此之外还涉及相关部门和行业的链接，如中国人民银行、商业银行等。

4. 教材体现实践性。金融营销实务与金融机构营销活动紧密相连，书中加强了实践环节内容，真实反映了实际的营销场境，弥补了教材的滞后性，提高了教材的实践性。

5. 校企合作编写教材。本书由高职教师和行业专家共同研究、编写，实现了专业课程内容与职业标准的紧密对接，高职教师和一线从业人员形成了资源和优势互补，这对提高本书的针对性和实用性具有十分重要的意义，可以突破以学科为体系的传统教学模式。

本书可供高职院校经济管理类专业学生使用，也可供金融业的从业人员初学使用，可供非经济类专业学生普及金融知识参考。为方便授课教师的教学，本书配有教学课件。

本书由重庆城市管理职业学院王惠凌、重庆电子工程职业学院张霞、重庆商务职业学院邓亚昊担任主编，重庆城市管理职业学院温淑贤、廖飙霏和叶乔担任副主编；重庆青年职业技术学院田黎莉、重庆工程职业技术学院孙瑞者、重庆工贸职业技术学院宋文成、重庆财经职业学院杨媛以及重庆城市管理职业学院的杜亚飞参与编写。本教材共分11个项目，各项目具体编写任务如下：廖飙霏编写项目一；宋文成编写项目二；孙瑞者编写项目三；杨媛编写项目四；田黎莉编写项目五；王惠凌编写项目六；张霞编写项目七；邓亚昊编写项目八；杜亚飞编写项目九；叶乔编写项目十；温淑贤编写项目十一。全书由王惠凌、张霞、邓亚昊拟定教材大纲，由王惠凌、张霞总纂定稿及统稿，美国伊利诺伊理工大学客座教授、美国摩根大通银行副经理贺鹏博士和重庆富民银行白佳音提出编写建议并提供了部分行业案例。

本书在编写过程中，参考与借鉴了国内外大量文献，吸收了最新的研究成果；同时也查阅了各个政府部门和金融机构网站的相关数据，在此表示衷心的感谢。

虽然编者对教材进行了多次探讨和修改，但由于金融行业的迅速发展以及作者水平有限，教材中仍存在一定的不足，敬请批评指正，以便再版时修订完善。

编　者

# 目 录

**项目一 感悟金融营销** (1)
  任务一 认知金融营销 (3)
    活动一 理解金融营销的含义 (3)
    活动二 了解金融营销研究的基本问题 (5)
  任务二 感受金融营销的演变与发展 (6)
    活动一 了解金融营销的演变历程 (6)
    活动二 了解金融营销的发展趋势 (8)

**项目二 金融市场调研和环境分析** (12)
  任务一 认知金融营销调研 (13)
    活动一 金融营销调研的概念和类型 (13)
    活动二 金融营销调研的方法 (14)
    活动三 金融市场调研流程 (16)
    活动四 调查问卷设计原则 (17)
  任务二 开展金融市场环境分析 (20)
    活动一 金融市场宏观环境分析 (20)
    活动二 金融市场微观环境分析 (22)

**项目三 金融市场细分与目标市场选择** (26)
  任务一 细分金融市场 (27)
    活动一 金融市场细分的概念 (27)
    活动二 金融市场细分的类型 (30)
  任务二 选择金融营销目标市场 (36)
    活动一 目标市场选择的概念 (36)
    活动二 目标市场选择的依据 (37)
    活动三 目标市场选择的类型 (37)
  任务三 市场定位与品牌创造 (39)

活动一　市场定位 …………………………………………………（39）
　　　活动二　品牌创造 …………………………………………………（40）

## 项目四　金融营销产品策略 ……………………………………………（44）
　任务一　认识金融产品和服务 ……………………………………………（45）
　　　活动一　认识金融产品 ……………………………………………（45）
　　　活动二　认识金融服务 ……………………………………………（48）
　任务二　开发新产品 ………………………………………………………（49）
　　　活动一　新产品开发概述 …………………………………………（49）
　　　活动二　金融产品开发流程 ………………………………………（53）
　　　活动三　金融产品创新 ……………………………………………（56）
　　　活动四　金融产品生命周期 ………………………………………（57）
　任务三　认识金融服务创新和金融服务质量 ……………………………（62）
　　　活动一　金融服务创新 ……………………………………………（62）
　　　活动二　金融服务质量 ……………………………………………（63）
　任务四　分析金融服务失误和失误补救 …………………………………（64）
　　　活动一　金融服务失误 ……………………………………………（64）
　　　活动二　客户的抱怨行为 …………………………………………（66）
　　　活动三　金融服务补救 ……………………………………………（67）

## 项目五　金融营销定价策略 ……………………………………………（73）
　任务一　认知金融产品定价目标 …………………………………………（74）
　　　活动一　金融产品定价概述 ………………………………………（74）
　　　活动二　金融产品定价目标 ………………………………………（75）
　任务二　制定金融产品定价方法 …………………………………………（76）
　　　活动一　影响金融产品定价的因素 ………………………………（76）
　　　活动二　金融产品定价方法 ………………………………………（77）
　　　活动三　金融产品定价策略 ………………………………………（82）

## 项目六　金融营销分销策略 ……………………………………………（87）
　任务一　认识金融营销分销渠道 …………………………………………（89）
　　　活动一　金融营销分销渠道概述 …………………………………（89）
　　　活动二　金融营销分销渠道的种类 ………………………………（91）
　任务二　制定金融营销分销策略 …………………………………………（96）
　　　活动一　金融营销分销策略概述 …………………………………（96）
　　　活动二　金融营销分销策略的选择 ………………………………（98）

## 项目七　金融营销促销策略 ……………………………………………（107）
　任务一　认识金融促销 ……………………………………………………（108）
　　　活动一　金融促销 …………………………………………………（108）
　　　活动二　金融促销决策程序 ………………………………………（108）

任务二　认识金融促销的类型……………………………………………（113）
　　　　活动一　人员推销………………………………………………………（113）
　　　　活动二　营业推广………………………………………………………（117）
　　　　活动三　广告促销………………………………………………………（119）
　　　　活动四　公共关系………………………………………………………（124）

## 项目八　金融营销其他策略……………………………………………（126）
　　任务一　金融营销有形展示策略…………………………………………（127）
　　　　活动一　金融营销有形展示……………………………………………（127）
　　　　活动二　金融营销有形展示的设计……………………………………（129）
　　任务二　金融营销人员策略………………………………………………（130）
　　　　活动一　认识金融营销人员策略………………………………………（130）
　　　　活动二　金融营销员工与客户…………………………………………（131）
　　　　活动三　金融营销人员策略……………………………………………（131）
　　任务三　认识金融营销过程策略…………………………………………（133）
　　　　活动一　金融营销过程…………………………………………………（133）
　　　　活动二　金融营销过程设计……………………………………………（134）
　　　　活动三　金融营销过程设计蓝图………………………………………（135）

## 项目九　金融机构的关系营销…………………………………………（137）
　　任务一　认识关系营销……………………………………………………（138）
　　　　活动一　关系营销………………………………………………………（138）
　　　　活动二　建立"私交化"关系…………………………………………（140）
　　　　活动三　树立员工对客户的责任意识…………………………………（143）
　　任务二　外部关系营销……………………………………………………（143）
　　　　活动一　外部关系营销…………………………………………………（143）
　　　　活动二　拓展外部关系营销……………………………………………（144）
　　任务三　内部关系营销……………………………………………………（147）
　　　　活动一　内部关系营销的概念…………………………………………（147）
　　　　活动二　内部关系营销的目标…………………………………………（148）
　　　　活动三　挖掘内部关系营销市场………………………………………（150）

## 项目十　客户关系管理…………………………………………………（154）
　　任务一　认识客户关系管理………………………………………………（156）
　　　　活动一　客户关系管理的含义及产生…………………………………（156）
　　　　活动二　客户关系管理的流程…………………………………………（157）
　　　　活动三　CRM系统的功能……………………………………………（167）
　　任务二　实施CRM…………………………………………………………（171）
　　　　活动一　从业务管理层实施CRM……………………………………（171）
　　　　活动二　从决策支持层实施CRM……………………………………（175）

　　　　活动三　从客户应用层实施CRM ………………………………………（176）
**项目十一　金融营销能力和技巧** ……………………………………………（182）
　　任务一　修炼沟通能力 ……………………………………………………（184）
　　　　活动一　认识沟通 ……………………………………………………（184）
　　　　活动二　学会说、听、问 ……………………………………………（187）
　　任务二　挖掘和识别目标客户 ……………………………………………（195）
　　　　活动一　挖掘新客户 …………………………………………………（195）
　　　　活动二　潜在客户转化 ………………………………………………（201）
　　任务三　分析客户深层次需求及诀窍 ……………………………………（201）
　　　　活动一　客户需求分析 ………………………………………………（201）
　　　　活动二　客户购买决策过程分析 ……………………………………（202）
　　任务四　访问客户 …………………………………………………………（204）
　　　　活动一　客户约访 ……………………………………………………（204）
　　　　活动二　客户沟通与引导 ……………………………………………（207）
　　任务五　维护客户 …………………………………………………………（213）
　　　　活动一　认识客户维护 ………………………………………………（213）
　　　　活动二　培育忠诚客户 ………………………………………………（215）
　　　　活动三　与愤怒的客户达成一致 ……………………………………（216）
　　任务六　管理金融消费者 …………………………………………………（217）
　　　　活动一　管理消费者参与 ……………………………………………（217）
　　　　活动二　管理消费者等待 ……………………………………………（218）
　　　　活动三　管理不合作客户 ……………………………………………（219）

**参考文献** ………………………………………………………………………（222）

# 感悟金融营销

## 引言

金融营销是金融企业一项重要的经营管理活动，能否正确分析金融企业所处的金融营销环境、确立可行的营销战略与计划、树立先进的营销理念、采用多元化的营销策略、遵循正确的营销流程、运用灵活多样的方法与技巧、进行专业化营销活动，对金融企业的经营至关重要。通过本项目的学习，我们能够对什么是金融营销、金融营销研究的基本问题以及金融营销的发展演变有一个基本的认识和了解。

## 项目学习目标

### 知识目标
1. 掌握金融营销含义、特征和作用。
2. 了解金融营销的演变历程和内容框架。

### 技能目标
1. 能够从理论与实践结合的角度判断金融营销未来的发展趋势。
2. 能够分析判断金融营销的研究对象特征和主要研究内容。

## 案例引入

### 花旗银行全球营销战略

美国花旗银行（Citibank）距今已有 190 年的历史，可谓是华尔街上最古老的商业银行之一，在成立之初，它的注册资本为 200 万美元，实收资本仅 80 万美元；然而，如今它已发展成为世界上最大的全能金融集团——花旗集团（Citigroup）。2016 年，花旗集团资产规模已达 18 010 亿美元。2016 年美国《福布斯》发布全球 500 强企业排行榜，花旗集团位列第 13 位。

综观花旗银行的发展历程，其超前的全球化营销战略是花旗领先于其他银行的一个重要因素，花旗在世界各地广设分支机构，建立了庞大的金融营销网络，这一网络被认为是花旗在国际金融界唯一拥有的真正具有竞争力的优势所在。

花旗银行海外银行业务的出现最早可以追溯到1897年。20世纪60年代以来，花旗的海外贷款、存款和利润增长率指标等均超过其国内业务。此后经过李思顿（Wriston）对花旗的"体制再造"改革，到1984年花旗银行的海外分行已增加到231家。1983年，花旗银行在经过30多年之后第三次来到中国，其北京、上海代表处和深圳分行相继开业。

花旗银行市场战略的另一个特点是，即使所在国家出现了经济衰退甚至是经济危机，也决不轻易撤出，而是从危机中努力寻找商机。例如，在发生金融危机的印度尼西亚，当许多外资银行纷纷撤离的时候，花旗银行却反其道而行之，追加投资开设新的分支机构，结果自身不但未受损失，且业务量和利润都有了大幅提高，同时还赢得了当地政府和民众的信任。

花旗银行在亚太地区的海外发展因受各国、各地区的政策限制和当地经济发展及开放度的差异影响而有较大不同。传统上，多数国家都限制金融市场进入，还有的国家对进入市场后的实际经营活动进行限制。尽管如此，花旗的决策者们似乎从未放弃过在这一地区进行业务扩张的努力，其主要策略之一是市场抢先策略，即一旦有机会，就会抢在其他竞争者之前首先进入该市场，并迅速进行业务扩张。例如，在韩国、马来西亚、越南等国，花旗银行都是抢先进入者。抢先战略通过积极分设经营机构、不断扩展业务领域等手段，不仅能够迅速占领市场、扩大企业影响，同时还能对后进入竞争者制造进入障碍，从而确保竞争优势。

花旗银行的市场开发战略还针对不同国家不同发展阶段的而有所区别。如对越南这样的不发达市场地区，主要业务方向是为美国跨国公司和当地企业提供现金管理、短期融资和外汇交易服务（在越南，任何一家企业都必须在两个不同的银行分别设立本币账户和美元账户）；对于印度等国家，则开办银团贷款、项目融资以及债券和零售业务；而在经济发展迅速的国家如马来西亚、新加坡，则提供更为复杂的证券业务、金融衍生品等项目的服务；至于像日本这样处于成熟阶段的国家，花旗银行提供的服务就更全面了，银行、信托、证券、租赁、期货等，几乎无所不有。

花旗银行在其稳健和安全经营的基础上，作为市场拓展的微观组成部分，还精心制定其客户发展战略，并且取得显著成效。例如，长期以来，日本的主银行体制和银企相互持股政策使得日本企业非常忠实于本国银行，大多数外国银行在日本的经营都比较困难，然而花旗银行却成功地在日本市场上占有一席之地。特别是近年来，一些日本银行因不良资产增加出现经营亏损甚至倒闭，使得更多的客户基于安全考虑纷纷投向了可信度高、安全性强的花旗银行的怀抱。

花旗的客户战略首先是对客户群进行细分，在公司业务方面，采取特别服务的市场体制，专门设立全球关联银行（Globe Relationship Banking）业务部门，为全球跨国公司及其子公司提供各种商务结算服务。如在其选定的享受特别服务的220家大公司中，有1/3的企业来自亚太地区的日、韩等国。在零售业务方面，花旗银行把目标瞄准了亚洲新兴的中产阶级，花旗认为随着他们财富的增加，他们对个人金融服务的需求也在增加。例如在我国台湾地区，花旗把具有较高收入的中层管理人员作为自己的特殊顾客，为他们提供支票账户、周转卡、晚餐卡以及特别服务花旗金卡等一揽子金融服务。

此外，花旗银行还采取客户服务差别化战略，依据客户收入、消费习惯的不同，提供各种不同的服务组合。同时，还积极发展多品种交易客户，不仅为其提供存贷款、信用卡、消费贷款服务，还提供投资信托、年金以及保险类金融商品的综合服务。

为了争取更多的客户，花旗的营销手段层出不穷，除了积极利用广告媒体和各种宣传资料外，还注重市场调查和信息的搜集工作。例如在印度，花旗的工作人员通过查阅电话号簿把信用卡发放给那些安装电话的人，因为除了个别情况，只有富裕人士才能装得起电话。而在印度尼西亚，花旗的目标则是那些拥有卫星电视接收器的家庭。成功的营销策略使花旗的信用卡业务在亚太地区赢得了广泛的客户群。花旗另一个获取客户的办法是战略性公司收购。例如，20世纪80年代末花旗通过收购澳大利亚信用卡服务公司，获得了40万名新客户群。

（本案例由网络资料整理而来）

思考：
1. 什么是金融营销？花旗银行是怎么在全球范围内开展金融营销活动的？
2. 花旗银行作为金融企业，它的金融营销活动和普通工商企业的营销活动相比，有什么特点？

# 任务一　认知金融营销

## 活动一　理解金融营销的含义

### 一、金融营销的概念

金融营销是市场营销在金融领域的拓展，最先在银行业得到应用。1958年，在全美银行协会会议上最早提出"银行营销"的概念，但人们真正意识到营销在金融机构中的重要作用是在20世纪70年代以后。1972年，英国《银行家杂志》把金融营销定义为"把可盈利的银行服务引向经过选择的顾客的一种管理活动"。这里所说的"银行服务"指的是金融企业提供的产品和服务。

营销大师菲利普·科特勒认为金融营销是指金融企业以金融市场为导向，以客户需求为核心，各金融企业采取整体营销的行为，以金融产品和服务满足客户的需求和欲望，从而实现金融企业利益目标的经营管理活动。金融企业的营销目的是借助精心设计的金融工具以及相关金融服务以促销某种金融运作理念并获取一定收益。

准确地把握金融营销的概念，要从以下几个要点着手：

（1）金融企业的金融营销不同于普通企业的市场营销，最主要的原因在于金融企业所提供的产品和服务具有显著区别于实体产品和服务的特点。

一是金融产品和服务实际上是密不可分的，具有不可分割性。一个金融企业在向客户提供其产品时也就是提供了相应的服务，产品的提供在时间和空间上与服务的提供是完全同步的。

二是相对实物产品具有物理化学特性而言，金融产品和服务是抽象的、无形的，顾客在购买前难以通过看、触、闻或尝感受到。也正是因为无形，金融产品和服务的差异化难以被顾客感知，具有非差异性。一家金融企业向客户提供的产品很容易被同业模仿。

三是不同于大多数商品,金融产品和服务具有增值性。人们购买一种金融产品或者服务,如保险、存款,最主要的目的是获得一定收益。

(2) 金融营销有别于推销,简单地把金融营销等同于推销金融产品以获得利润,这种营销观念是十分狭隘的。推销是从企业自身生产能力和利润要求出发,卖出产品。而金融营销是从客户需求的角度出发,关注和重视市场,运用各种资源和多种手段,建立市场各方面的关系,维护市场,实现客户满意度的最大化,从而达到可持续盈利的目标。

(3) 金融营销以客户为中心。客户需求是金融企业开展营销的出发点。金融企业必须从客户的角度出发,认真分析、研究他们的需求,制定出与市场相符的营销战略,向客户提供比竞争者更能满足目标客户需求的金融产品和服务,并在营销过程中和客户建立、发展长期的、可持续的良好关系。

(4) 金融营销具有综合性。金融营销是一项复杂的工作,它以客户为中心,围绕金融市场及与金融产品相关的各项活动开展营销工作。一项成功的金融营销活动包括金融营销环境分析、市场预测与市场细分、战略制定,也包括产品开发、价格制定、销售渠道拓展,还覆盖售后服务、组织管理等各项工作,是一项综合性的管理活动。

## 二、金融营销的特点

金融企业是特殊企业,不同于一般的工商企业,金融企业经营的是金融产品和信用,因此金融营销不仅具有一般企业的营销特征,而且还有自身的营销特点。

**1. 金融营销的专业性**

顾客对金融产品和服务的需求是多样化的,且专业性要求较高。因此,金融从业人员必须具有广泛的专业知识和良好的职业技能,既能解答和处理顾客的各种问题,让客户满意,又能充当顾客的投资顾问或参谋,帮助顾客做好投资分析、投资判断和投资预测,同时还要协助处理和解决顾客关注的问题。金融机构不仅要求金融从业人员遵守本职业道德规范和具备专业资格,还要求金融从业人员有很强的与客户面对面交际的能力,保证服务达到顾客满意的水平。

**2. 金融营销更注重关系营销**

顾客是金融企业最大的资产。金融产品的同质性,决定了必须从顾客服务多样化来建立差异竞争顾客服务及管理的核心就是关系营销。以往传统银行以卖出金融产品为目的,而现代银行不仅限于达成交易,还要致力于通过质量、服务和创新来维护顾客,通过使顾客满意来提升顾客忠诚度。在这种以关系为中心的营销战略中,需要对顾客区别管理,将老顾客由简单的买卖关系变成经营伙伴关系。

**3. 金融营销强调全员营销和整体营销**

金融企业的大部分员工在提供金融产品和服务时,直接面对顾客,了解顾客的需求和意愿,因此金融服务营销要求金融企业员工在与客户接触、交流、服务的过程中,不失时机地采用灵活多样的营销方式和技巧把金融产品和服务介绍给顾客。同时,还要不断发现和挖掘顾客潜在的需求和意愿,创造顾客对金融服务和产品的需求。

同时,顾客对金融产品和服务的认识是从对金融企业的认识开始的,顾客认同和信任金融企业,才有可能接受其提供的产品和服务。因此,金融企业比一般企业更注重自身的整体营销。

**4. 金融营销更注重打造品牌形象**

由于金融产品和服务的非差异化，客户在接受金融企业的产品和服务时往往不是被产品功能本身所吸引，而是被金融企业的现场形象和金融企业品牌所吸引，包括金融企业经营场所的硬件条件、地理位置、服务水平和信息展示，以及金融企业在业界形成的有影响力的自身品牌。

### 三、金融营销的作用

**1. 金融营销有利于金融企业及时把握市场机会**

经营性活动，特别是市场调研和客户细分，有利于金融企业及时了解市场动向和客户需求，及时把握有利的市场发展机会。金融企业在把握市场机会时，必须清楚了解本企业所处的市场环境、所面临的机遇与挑战，并有效分析本企业的竞争优势和劣势，选择有利于自身发展的远景战略和竞争策略。

**2. 金融营销有利于金融企业建立良好的客户关系**

金融营销活动的开展、以客户为导向的营销理念的确立、在市场调研和客户细分基础上正确营销战略的确定和灵活多样的营销策略的实施、客户满意度的实现，将培养一大批忠诚的客户，从而建立稳固的客户关系，这些客户将成为金融企业的主要客户群体和利润来源。

**3. 金融营销有利于金融企业树立良好的企业形象**

企业形象是市场竞争的一张王牌。正确的营销战略和计划、差异化的营销定位、先进的营销理念、优质的营销服务以及广告宣传、公共宣传等促销活动的开展，使得客户能够更清晰地了解金融产品和金融机构的实力，有利于金融企业在社会公众心目中树立良好的形象，取得社会公众的信赖和好感。

**4. 金融营销有利于金融企业更好地开展金融创新**

金融产品和服务能否得到客户的认可和接受，在一定程度上取决于金融产品和服务创新的程度，金融营销始终交织在金融产品和服务创新过程中。金融产品和服务的创新能够成为更好地满足客户需求的手段，金融营销和金融产品与服务创新的融合有助于金融企业建立竞争优势，金融营销本身也是金融产品和服务创新的动因之一。

## 活动二　了解金融营销研究的基本问题

要学好金融营销，必须要先弄清楚金融营销研究的对象、研究的内容，本节就金融营销的相关基本问题加以探讨，为本课程的学习勾勒一个轮廓，为后续的学习打下基础。

### 一、金融营销研究的对象

金融营销是金融学与营销学的有机结合，是研究金融企业以满足客户需求为中心的金融营销活动及其规律的学科。这里的金融企业是指以某种方式吸收资金，又运用某种方式运作资金，为客户提供金融服务以满足客户对金融产品消费和增值需求的服务性机构。金融企业是金融营销的主体，包括商业银行、证券公司、保险公司、资产管理公司、基金管理公司、财务公司、金融租赁公司及外汇经营企业等。金融营销研究金融企业如何通过金融市场的调查了解市场对金融服务的需求和竞争者的动向，通过分析其所处的经营环境制定和实施营销策略，向市场提供比竞争对手更优质的服务以建立多方关系、实现多方收益最大化的活动过程及其规律。

### 二、金融营销研究的内容

金融营销是以客户为研究对象,以盈利为目的,通过各种营销策略的运用,把金融产品转移到客户手中的管理活动。随着金融营销观念的演进,人们逐渐认识到,一个完整有效的市场营销应包括前期的市场调研、市场细分、确立目标市场、进行市场定位,中期的产品推出、营销策略组合,后期的售后服务、营销风险管理等诸多方面。学习金融营销的最终目的就是要了解金融企业所处的环境,确立可行的营销战略和计划,采用多元化的营销手段和技巧,树立先进的营销理念,遵循正确的营销流程,进行专业化营销。

### 三、金融营销的过程

金融营销包括以下程序:分析金融企业所处的营销环境;寻找和发现尚未满足的需求和欲望,并测量需求量的大小;制定金融企业业务发展及竞争战略;选择能有效地为其服务的目标市场及定位;制定和实施比竞争对手更有利的营销策略和手段;通过调研反馈信息,为进一步修正和调整营销战略与策略提供依据。其过程如图 1–1 所示。

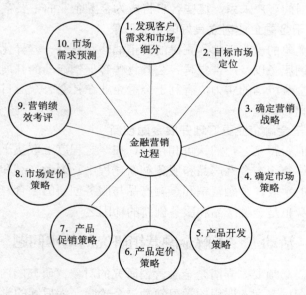

图 1–1 金融营销过程

## 任务二 感受金融营销的演变与发展

### 活动一 了解金融营销的演变历程

金融营销是指导金融企业经营活动的一种商业哲学,是金融经济发展到一定阶段后企业营销理念在金融领域的运用。随着人们认识的升华、金融体系的发展以及金融营销实践的不断创新,金融营销日益完善。

## 一、金融营销的萌芽阶段（20世纪50年代至60年代）

20世纪50年代以前，人们普遍认为市场营销与金融业无关，金融业与客户之间不需要金融营销，金融企业完全处于卖方市场，没有营销意识，工作人员的态度不佳，客户根本不是银行的核心。

银行业起步最早的英国也是到20世纪60年代早期才把营销思想引入金融领域，此时的金融营销还处于萌芽阶段。整个20世纪60年代，市场营销在金融服务领域的发展非常慢，因为长期以来金融业务运作被看作以产品为导向，金融产品的无形性等也给金融营销带来了许多困难。尽管一些银行开始采用广告等营销手段，但没有充分认识到营销在整个企业运营中的重要作用，更谈不上将市场营销作为金融业经营的指导理念。

## 二、金融营销的发展阶段（20世纪70年代至80年代）

自20世纪70年代中期以后，整个西方的金融发生了一场被称为"金融革命"的大变革，这次大变革推动了金融营销的迅速发展。许多金融企业意识到满足客户不断发展的金融需求是他们经营业务的本质要求，营销创新成为这一时期金融营销发展的主流。这一时期西方金融营销的特点从简单的采用营销方法到广泛运用营销思想转变，市场细分和企业定位成为金融企业研究的重点。于是，金融营销进入了一个新的阶段——服务定位阶段。如有的银行以大公司作为主要客户对象，有的银行则把中小企业作为主要业务对象；有的银行强调国际业务，有的银行偏重投资银行业务。20世纪80年代，西方国家的金融服务业迅猛发展，成为整个经济活动中发展最快的产业之一。市场营销已经确立了在金融服务领域的地位，但市场营销作为一种营销哲学所发挥的作用有待提高。

## 三、金融营销的成熟阶段（20世纪90年代至今）

20世纪90年代以来，西方金融环境发生了重大变化，西方金融业特别是银行也处于新的转型期，因此，西方国家的金融营销出现了一些新的特点。金融营销的重点开始由银行转向其他金融机构，金融营销的核心从营销战略转向客户关系，国际营销和网络营销成为热点；营销创新出现新的高潮；金融企业更加强调面对面的服务和个性化的服务；针对高收入阶层的出现和不断增加，开始重新重视零售银行业务；这一时期无论是美国还是欧洲的金融企业都十分重视向客户提供"一揽子的服务""一站式服务"或综合性的金融服务。与此同时，金融营销也面临着新的挑战：如何更好地适应环境的迅速变化发展自己的特色优势并保持核心竞争力；如何在发挥自身优势的同时开展金融同业间的战略合作；如何更好地满足客户多样化和个性化的需求并提供超值服务；如何开展内部营销、全员营销和整体营销；如何面对金融全球化以及利率市场化的冲击做好充分准备。

综上所述，金融营销经历了一个由低到高、由浅入深、由零到整的发展过程，这一过程是金融市场由卖方市场向买方市场发展的过程。当客户不能对金融产品和服务做出选择时，金融市场为卖方市场，这时金融服务行业没有从事金融营销的必要；而当客户可以自由选择金融产品和服务时，金融市场是买方市场，这时金融企业必须进行营销活动，以实现在激烈的市场竞争中求得生存和发展。实际上，这一演变过程也是与经济发展、客户需求变化、金融市场竞争激烈化、金融管制放松、科技进步、金融创新的加剧等密切联系在一起的。

## 活动二　了解金融营销的发展趋势

随着社会的进步，金融服务也在不断创新，各个金融企业每天都在创造新的营销策略和竞争方法，金融营销呈现不断深化的发展趋势。

### 一、金融机构将掀起国际营销和网络营销的热潮

随着世界经济发展全球化的加剧，金融机构进行各项活动所依靠的主要因素——资本能够比较方便地在全球范围内进行流通。在这样的环境背景下，各金融机构也就不再满足于仅仅在一个地区或国家中提供金融产品和服务，而是试图在更大的国际市场上寻找新的机会，获取新的客户，得到更快增长，于是金融营销出现了新的发展趋势，国际营销就此应运而生。另外，移动互联技术的普及和升级，给了金融企业一种新的营销渠道和营销方式去吸引客户。现代网络技术的发展进一步打破了经济金融活动的地域边界，网络金融营销成为国际金融行业新的角力场。

### 二、为适应金融市场的节奏和变化，金融企业将会实施善变营销和快速营销

当今时代是一个飞速发展、加速变型的时代，对于营销根本无定律可言。因此，首先，未来的金融行业必须训练员工的客户导向意识，充分了解客户不断更新的需求，捕捉新的市场机会，及时推出新产品、新概念，为客户提供新的服务。其次，在产品和服务上"快速出击""捷足先登"，比竞争对手先行一步。等到其他企业纷纷效仿时，行动迅捷者又制造新的热点去了。市场竞争犹如竞技比赛，胜利者仅仅抢先半步就能脱颖而出。

### 三、营销渗透到金融企业的方方面面，尤其是突出内部营销

金融企业作为服务型企业，在满足客户需求、达成外部营销的同时，还要对员工进行营销理念、方法的辅导和培训，制定内部工作准则、服务标准，树立广大雇员的营销意识，突出内部营销。因此，金融营销将实现由单一渠道向多元化渠道的转变，走向全面营销的时代。

### 四、实现大众营销向差异化营销的转变

由于金融产品和服务存在同质化，金融机构往往只能满足大众客户的需求，这不利于获得目标客户对品牌的认同和忠诚。金融营销要实现从量到质的飞跃，必须从金融产品和金融业务拓展为核心转变为以客户服务为核心，了解客户的个性化需求，从客户的角度出发，设计并提供产品和服务，实现个性化组合，满足不同客户的差异化需求。

## 延伸阅读

### 平安银行与去哪儿网合作，试水场景化金融

2015年6月，平安银行与去哪儿网签署战略合作协议，通过其直销银行——平安橙子，与去哪儿网平台进行产品和服务对接，为去哪儿网用户提供余额理财、贷款业务、特色服务

接入及联合推广等金融产品和服务，通过互联网金融+旅游模式，构建场景化金融，让旅行资金与理财服务实现无缝衔接。

双方合作达成的共识是，年轻客群在旅行、金融及社交等方面不仅具有需求，并且需要模式和技术上的创新构建场景化服务，让客户通过简单的操作和流畅的体验，边玩边赚，使消费也能挣钱，让理财更加好玩，这与平安橙子定位于"年轻人的银行"理念相符，主打"简单、好玩、赚钱"的价值主张，针对年轻客户的生命周期特点和需求，可快速在线开立账户，已推出包括存款、货币基金、银行理财、黄金和基金等多种类金融产品和"智能记账""梦想账户"等业界首推的功能。

平安银行零售网络金融事业部总裁鲍海洁认为，传统银行的发展面临三大挑战，总结为3C：首先是以客户为中心（Customer），由产品和渠道为中心需要转变为以用户为中心，并且强调极致体验；其次是社群营销（Community），随着社交媒体等技术的发展和数字原住民的崛起，年轻一族的生活呈现明显的社群化特征；最后是场景化金融（Context），移动互联网、智能终端等使得生活日益多屏化、碎片化，金融服务也需要场景化。

平安银行和去哪儿网的合作是一次金融行业与旅游行业成功的跨界营销。跨界营销意味着打破传统的营销思维模式，寻求非业内的合作伙伴，发挥不同品牌的效应。跨界合作的益处在于，通过行业与行业之间的跨界营销，品牌与品牌之间的相互映衬和诠释，实现了品牌认知从平面到立体、由表层到纵深、从被动接受到主动认可的转变，使企业品牌形象和品牌联想更具张力。近年来，金融企业跨界营销其实并不鲜见，这里的营销不是送赠品等千篇一律的合作方式，而是"创意跨界营销"，是在合作方式、用户体验上进行创新。

（资料来源：http://tech.sina.com.cn/i/2015-06-19/doc-ifxefurq7815506.shtml）

## 延伸阅读

### 华夏银行"融资共赢链"的成功经验

1. 以市场为导向，充分挖掘客户需求

"融资共赢链"是华夏银行在深入分析客户需求，充分挖掘企业之间的产业链、物流链和资金链关系的基础上，整合开发出的供应链金融新品牌，最大限度地满足了处于供应链上不同类型企业的各种金融需求。

"融资共赢链"品牌的推出契合了华夏银行多年来所秉承的"以客户为中心，以市场为导向"的营销理念，通过为不同客户提供差异化的金融服务，以产品带动营销，依靠品牌打市场。该品牌的推出，进一步提升了华夏银行的市场影响力。

2. 坚持差异化营销，突出自身特色

华夏银行在推广"融资共赢链"的过程中，采用了差异化的营销策略，突出了"融资共赢链"与国内其他商业银行供应链金融模式的区别。根据华夏银行的介绍，"融资共赢链"根据企业在供应链上所处的位置和行业特点设计了最适合企业运营的专属金融服务方案，它不同于普通"1+N"仅仅针对核心企业的上游或者下游的模式，融资共赢链的"N+1+N"模式把供应链上的相关企业作为一个整体对象，真正将供应链中的上下游企业贯通起来，依照企业上下游的供应链关系和横向的协作链关系，构成完整的产业链条，通过与横向的协作企业合作，以核心企业为切入点，运用不同的融资方式，以业务本身的自偿性特点为风险控制基础，围绕核心企业设计个性化的金融服务方案。另外，华夏银行首次将国内与国际供应链金融业务进行整合，通过国际业务进一步扩大了服务区域，使国内外客户一体化，为客户提供的供应链金融服务延伸至海外，这也是"融资共赢链"与同类供应链金融产品的区别所在，从而在营销过程中突出了自身卖点和优势。

3. 严格控制供应链各环节中的风险

华夏银行通过先进的风险管理手段对供应链上的企业进行全程控制，通过对物流、资金流的控制或通过对有实力关联方责任进行捆绑实现对供应链的有效运作，即通过与商品交易过程中核心企业的信用捆绑以及货权（货物）作为质押担保，将银行、生产企业以及多家经销商的资金流、物流、信息流有机结合，封闭运作，将真实贸易背景严格地控制在商品流动的各个环节上，为企业提供灵活的金融产品和融资服务，有效地提高了企业融资效率。一方面帮助供应链中的核心企业稳定供销渠道，扩大企业规模；另一方面很好地解决了核心企业的上下游企业因传统担保不足而产生的融资瓶颈问题，拓宽了企业融资渠道，从而提升了供应链系统的整体竞争力，最终实现供应链系统上各个企业"共赢"的局面。

4. 全方位满足客户需求

"融资共赢链"将资金有效注入供应链中相对弱势的中小企业，帮助大企业迅速回笼资金，做大做强，从而解决供应链中资金流向、分配不平衡等问题，有效提升了整个供应链上企业的群体竞争力，为链条上各企业合作搭建了一个共赢的平台。

华夏银行"融资共赢链"以提供个性化的金融服务解决方案为导向，在现有的服务基础上不断延伸扩展，满足客户的不同需求。在市场推广过程中，华夏银行一次性推出了七款融资链产品，全面的产品组合体系从不同方面满足了客户的个性化需求。

5. 注重精细化营销

在推广"融资共赢链"的过程中，华夏银行内部成立了专业的供应链金融业务营销团队，建立了一支业务精、素质高的产品专家队伍，为客户提供全方位的金融服务。

同时，通过专业化的队伍来做到精细化营销并防范和控制操作中的风险，保证供应链金融业务的健康发展。"融资共赢链"品牌的推出，进一步提升了华夏银行的客户服务能力，也扩大了华夏银行的品牌知名度，受到了社会的广泛认可和客户的一致好评。

（资料来源：https://wenku.baidu.com/view/36c4a183bceb19e8b8f6ba1d.html，2017/05）

**任务实战演练：**

1. 如果你是一位普通银行客户，银行网点销售的产品中，哪些要素是你比较关注的，比如预期收益情况、购买方式、购买起点等？

2. 如果你是网点的理财经理，在没有足够的大客户支撑你的业务时，对于中低端客户的营销，你会采取哪些方法？

3. 智慧社区金融、虚拟社区金融近年快速呈现，结合日常生活设想一下其运作模式。

# 项目小结

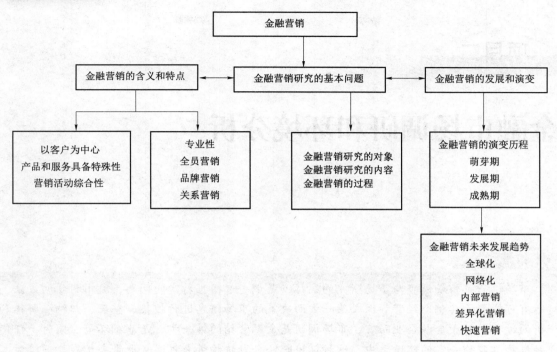

## 项目二

# 金融市场调研和环境分析

### 引 言

市场调研是市场调查与市场研究的统称,是调查者根据特定的问题,运用科学的方法,对所有可能影响其整个经营管理或某一方面决策的市场信息进行搜集、整理、归纳、解释和分析的过程。对于金融企业而言,市场调研是金融营销的第一步,是基础环节。同时,任何金融机构都身处一定的环境之中,这种环境既给金融机构带来机遇,也带来挑战。通过对本项目的学习,我们能够了解金融市场调研目标,并熟练掌握金融市场调研流程,同时也能够对金融市场营销环境及其对金融营销活动的影响有一个基本的认知和了解。

### 项目学习目标

**知识目标**
1. 了解金融市场调研目标。
2. 解释并能熟练掌握金融市场调研流程。
3. 理解金融市场营销环境的构成。
4. 了解微观营销环境与宏观营销环境对金融营销活动的影响。
5. 认知金融市场营销环境与营销活动的动态适应关系以及金融企业如何去适应营销环境。

**技能目标**
1. 能设计金融服务市场调研流程。
2. 会制定并实施市场调研方案,能撰写市场调研报告。
3. 会分析某一金融产品面临的宏、微观环境并撰写分析报告。

### 案例引入

#### 张伟的第一次市场调研

2013年2月,某金融公司A刚刚成立。某天新任营销总监张伟接到了总裁交给的两项任务:

一是全面调查本公司所处的经营环境，为即将制定的营销战略提供参考；二是为本公司正在策划的一款新产品进行市场需求、潜在客户、现有竞争对手、推广方法选择的全面调研分析。

这是张伟任职以来总裁交办的第一次市场调研工作，当然不能怠慢。为了尽快完成这一任务，张伟根据调研目标，首先设计了调研方案，确定了获取信息资料的来源或途径，接着设计了问卷。其次张伟将营销部的人员分为两组：一组进行实地调研，收集第一手资料，另一组从各大知名网络、报纸杂志、图书馆等渠道收集大量相关的资料。最后撰写报告。张伟亲自将本部门的全部资料进行归类整理、去粗取精、去伪存真，并进行由此及彼、由表及里的分析研究，撰写了两份报告。五天后，总裁办公桌上摆着两份厚厚的调研报告。总裁看完报告后进行了批示：报告资料完整、分析透彻、可参考性强。希望各相关部门以此为依据，制定相应的营销战略和营销方案。

市场调研是金融服务营销的开端，它能准确地界定当前金融公司及产品面临的营销问题，为营销决策提供准确的数据，市场调研已成为公司业务经营、内部管理和制定市场战略发展的一个重要依据。另外，通过市场调研，也可以发现金融公司产品中哪些服务或功能是消费者不需要或不满意的，从而进行改进或用新产品代替，这样不仅能更加有效地利用资源，同时也能留住更多的用户，尤其是在"互联网+"时代，用户体验显得尤为重要。

思考：
1. 金融营销调研的类型有哪些？
2. 金融营销调研的作用有哪些？
3. 金融营销调研对企业营销活动有何帮助？
4. 怎样更好地进行金融营销调研？

## 任务一　认知金融营销调研

### 活动一　金融营销调研的概念和类型

#### 一、金融营销调研的概念

金融营销调研是指对金融产品（如无特别指定，本书中的金融产品不仅包括有形的金融产品，还包括无形的金融服务）或从金融企业到达客户过程中所发生的全部经营活动资料进行系统、客观的搜集、整理、分析与评估，以了解金融产品或服务的现实市场和潜在市场，为金融企业决策提供客观依据的一种活动。

具体的调研内容主要有：客户调研，金融产品和服务调研，市场需求调研，广告调研，金融产品的定价、分销渠道及促销等营销组合策略调研。金融营销调研普遍具有科学性、系统性、客观性、针对性和局限性的特点。

#### 二、金融营销调研的类型

（一）按调研方法分类

按调研方法分类，金融营销调研可以分为定性调研和定量调研。

定性调研一般使用较小的样本组，常用的方法有焦点小组访谈法、深度访谈法、观察法、投射法等。

定量调研一般需要进行大规模的调研活动，以便达到统计学上的要求，主要方法有各种访问方法、观察法和实验法等。

### （二）按调研类型分类

按调研类型分类，金融营销调研可以分为探索性调研、描述性调研、因果性调研等。

在调研对象不太明确时，通过探索性调研，可以了解调研对象，确定调研内容。探索性调研通常是一种非正式性的定性分析，常用于企业对需要调研问题尚不清楚，无法确定应调查内容的情况。探索性调研的主要目的是快速、间接地从各种信息源收集有关信息，以启发思路，找出症结，确定今后调研的目的和方向。例如，某金融机构管理人员正在考虑调整服务政策，以希望这种调整会使中间商满意。探索性调研可以用来澄清中间商满意这一概念并发展一种用来测量中间商满意的适当方法。

描述性调研是通过详细的调查和分析，对市场营销活动的某个特定方面进行客观的描述，以说明它的性质和特征。此类调研在金融营销中用得最多。与探索性调研相比，它研究的问题更加具体，数据收集的具体目标也已经明确，而且通常事先已形成了具体的研究假设。然后通过描述性调研去验证这些假设，以针对研究问题给出明确的答复。例如，金融机构经常使用描述性调研以决定顾客在收入、性别、年龄、教育水平等方面的特征，但这样的描述并没有给出"为什么会有这样的特征"的解释。

因果性调研的目的是证明一种变量的变化能够引起另一种变量的变化，这种调研类型是以实验为基础的调研，因此又被称为实验调研。在这种调研中，研究人员成了研究过程的积极参与者，他们会改变某些因素，同时观察这些因素变化对其他因素有什么影响。在营销试验中，因变量经常是衡量销售的一些指标，如总销售额、市场份额等，而自变量经常是营销组合中的一些因素，如价格、广告支出、产品质量等。

## 活动二　金融营销调研的方法

### 一、一手资料调研法与二手资料调研法

按照搜集资料的性质，金融营销调研方法可分为一手资料调研法与二手资料调研法。

#### （一）一手资料

一手资料亦称原始资料，是指调查者为了实现当前的金融营销调研目的而直接搜集整理和由直接经验所得的资料。一手资料的搜集方法包括访谈法、观察法、实验法。

**1. 访谈法**

访谈法指调查者通过某种方式向被调查者直接询问问题而收集所需要资料的一种调查方法。通常应该事先设计好询问程序及调查表或问卷，以便有步骤地提问。访谈法主要有面谈、邮寄、电话、座谈会等调查方法。

**2. 观察法**

观察法是指调查人员通过现场观察具体事物和现象客观地收集资料的方法。这种方法的要点是避免直接向当事人提出问题，而代之以观察所发生的事实，据以判断当事人在某

种情况下的行为、反应。观察法主要有直接观察、亲身经历、实际痕迹测量和行为记录等方法。

**3. 实验法**

实验法是指先选择较小的范围，确定一两个因素，并在一定控制条件下对影响金融产品与销售的因素进行实际测试，然后对结果进行分析研究，进而再大范围推广的一种调查方法，如金融新产品的试销。

（二）二手资料

二手资料亦称次级资料，是指特定的调查者按照原来的目的收集、整理的各种现成资料。二手资料可从金融企业的内部信息系统、外部的各种媒体、商业伙伴、政府部门等相关机构获取。二手资料使用得当，可节约预算，有助于明确或重新明确探索性研究的主题。但是，有些二手资料缺乏准确性和可信度，必须在严格审查与评估后使用。

## 二、全面调查、典型调查、重点调查、抽象调查

按照调查对象的范围可分为全面调查、典型调查、重点调查、抽象调查。

**1. 全面调查**

全面调查是对市场调查对象总体的全部单位进行调查。如某商业银行要对所在社区客户进行了解，他们利用十天时间，对社区内的500名用户逐一进行询问，获取了丰富信息。

**2. 典型调查**

典型调查是在对市场调查对象总体进行分析的基础上，从市场调查对象中选择具有调查性的部分单位作为典型进行深入系统的调查，并通过对典型单位的调查结果来认识同类市场现象的本质及其规律性。

**3. 重点调查**

重点调查是从市场调查对象总体中选择少数重点单位进行调查，并用对重点单位的调查结果反映市场总体的基本情况。重点单位是指在调查对象总体中单位数不多，但其调查的标志值在总体中占有很大比重。通过对重点单位的调查，可以了解总体某一天数量的基本情况。如某银行为了了解所服务企业的存款变动的基本趋势，选择存款占全行存款比重达60%的十户企业进行了解。

**4. 抽样调查**

抽样调查是按照随机原则从调查对象中抽取一部分单位进行调查，用调查所得指标数值对调查对象相应指标数值作出具有一定可靠性的估计和推断的一种调查方法。抽样调查分为随机抽样和非随机抽样两类。随机抽样包括简单随机抽样、类型抽样、等距抽样、整群抽样。非随机抽样包括任意抽样、判断抽样和配额抽样。

## 三、直接调查法、访问调查法、报表法、问卷调查法

从搜集资料的方法分类，金融营销方法可分为直接调查法、访问调查法、报表法、问卷调查法。

**1. 直接调查法**

直接调查法是指调查人员亲自到现场对调查项目进行直接清点、测量，以取得资料的一

种方法。

**2. 访问调查法**

访问调查法是指派访问员向被调查者提问，根据回答情况来搜集资料的一种调查方法。

**3. 报表法**

报表法是指由报告单位根据原始记录，依据一定格式及要求，由下及上报送资料的调查方法。

**4. 问卷调查法**

问卷是根据调查目的设计，由一系列问题、答案、代码表组成的文件，是调查中常用的工具。根据不同场合使用的情况，可设计不同类型的问卷，问卷可长可短，方便实用，使用频率很高。

## 活动三　金融市场调研流程

一般地讲，一个完整的金融市场调查流程包括确定金融市场调查的目标、探索性研究、设计调研方案、实验性调查、收集数据资料、整理资料、分析资料、撰写调研报告。

### 一、确定金融市场调查的目标

确定金融市场调研目的要明确这样两个问题：一是调研所得信息是为了解决什么决策问题；二是在费用既定的情况下，调研所得信息要达到怎样的准确程度。调查目标要和决策者沟通交流，根据实际情况确定具体可行的市场调查目标。

### 二、探索性研究

探索性研究是根据确定的调查目标，对承载调查目标的调查项目进行初步认识，提供对调研问题的理解和观察，为以后的问卷及调研方案的设计打下坚实的基础。探索性调研是非正式调研，在对调研问题的认识、内容与性质不够明确和了解的情况下可采用。

### 三、设计调研方案

金融市场调研方案是整个市场调查的行动纲要。当决定进行正式调研以后，就要制定正式的调研方案。调研方案包括确定调研目标、具体调研项目、选择调查方法、确定调查的具体时间、调查人员及经费安排、设计调研问卷等相关问题。

### 四、实验性调查

实验性调查指在一次调查之前，先用小样本来验证调研方案是否可行以及是否存在漏洞。如果有问题，则可能要返回到探索性研究中，对调查项目及调研方案作重新修改。

以上四个阶段是市场调查的准备阶段，准备阶段为将要进行的收集和分析数据指明了方向，习惯上也称为调研企划。

### 五、收集数据资料

根据调研方案具体实施调查。在调研实施过程中，要注意资料来源渠道的选择和资料收集方法的选择要与调查方案相一致，以确保资料质量，减少调查误差。

## 六、整理资料

整理资料包括三个步骤：首先，对收集来的资料要先进行审核，主要看资料是否具备及时、准确、完整这三个特征；其次，对审核后的资料进行编码，即把文字资料转化为计算机能识别的数字符号；最后，把资料录入计算机。

## 七、分析资料

根据金融市场调研的要求，要对收集的资料和数据进行处理。在这一过程中，先做频数分析，接着可根据变量的特点，进行多变量或是建立模型分析。

## 八、撰写调研报告

根据调查资料和整理结果撰写金融市场调研报告，提出问题的解决方案和建设性意见，为制订营销计划提供参考。调研报告具体包括调研目的、调研方法、调研结果及资料分析、对策建议和附录等。

## 活动四　调查问卷设计原则

金融市场调研是产品研发及顾客需求的第一步，这就需要通过已有顾客的售后反馈初步设计问卷。在设计问卷时，需要遵循以下原则。

### （一）相关性

即所设计的问题要与问卷主题相关。不同的产品满足的客户需求不同，同样的产品注重的点也不同。这就要求企业对产品要有清晰的定位，明确顾客需求。例如，由商业银行和正规金融机构自行设计并发行的产品，需要了解怎样的理财产品能够吸引客户，同时是否有合适的期限以及科学的收益分配方式等。要尽量避免问卷中出现与主题不相关的问题。

### （二）一般性

即问卷问题是否符合一般的常识。问卷问题如果出现常识性错误，不仅不利于问卷的数据分析，还会使被调查者轻视调查者水平，降低调查质量。

### （三）逻辑性

问卷的设计要有整体感，这种整体感即是问题与问题之间要具有逻辑性，独立的问题本身也不能出现逻辑上的谬误。问题设置要有相关性，调查对象就会感到问题集中、提问有章法。相反，假如问题是发散的、带有意识流痕迹的（比如在基础信息部分提问产品相关问题，然后又问基础信息），问卷就会给人以随意性而不是严谨性的感觉。那么，将市场调查作为科学经营决策过程的企业就会对调查失去信心。逻辑性的要求是与问卷的条理性、程序性分不开的。在一个综合性问卷中，调查者可将差异较大的问卷分块设置，从而保证每个"分块"中的问题都密切相关。

### （四）明确性

明确性即问卷的问题要清晰明确，这是单就问题本身而言的。首先要求问题本身不能有歧义，没有语病；其次要求问题便于回答。一般问卷填写时间应在20分钟之内，若问题复杂，会对被调查者的体验造成影响。

### （五）非诱导性

非诱导性就是问题中不能携带个人感情，更不能通过心理效应诱导顾客。诱导顾客的情况是要坚决避免的，这会导致数据分析出现毁灭性误差，进而影响产品设计。另外一个无法避免的问题是问卷设计者会带入个人的价值观。这是与生俱来与后天个人经历所致的，无论个人怎么控制都无法摆脱。这就需要进行团队合作，多个成员共同对问题进行修改。

### （六）便于整理分析

企业或个人自媒体发布问卷的最终目的是通过问卷调查进行数据分析，进而了解顾客需求。如果所设计的问卷整理分析困难，那便失去了意义。因此数据要能够进行累加，且累加后的相对数要有意义，能为实际问题提供参考。拿手机来说，颜色就是一个不错的调查项目，因为选择某种颜色的次数可以累加，可以得出各颜色的百分比，还可以知道哪种颜色是最受欢迎的。这些结果可以为设计手机颜色提供参考。

## 案例分析

### M公司的个人金融服务市场调研

自2009年起，中国零售银行业的收入以每年30%的速度递增，并有望于2020年突破2.6万亿元人民币（超过4 300亿美元）大关。届时，中国将成为亚洲最大的零售银行市场，各零售银行争夺客户的竞争将愈演愈烈。为了更深入地了解中国银行业个人金融客户，M公司在2014年展开了个人金融服务市场研究，对中国一至四线城市的3 500余名零售银行客户进行了调查。

此次研究的几大发现归纳如下：

（1）中国零售银行个人客户的忠诚度在亚洲范围内处于较低水平。例如，一旦有银行提出更优惠的价格，只有不到一半的个人客户仍会对其主要银行保持忠诚，而在亚洲新兴国家这一数字将近70%。

（2）中国各地区零售银行客户的需求及消费行为正在趋同。例如，一些金融产品在不同级别城市的渗透率差异低于5%。

（3）中国四大国有商业银行主导地位走弱（四大国有商业银行指中国银行、中国建设银行、中国工商银行及中国农业银行）。例如，在不同级别城市及各收入群体中，四大银行的市场占有率均在下降。

（4）互联网金融服务正在成为主流。如今，超过70%的中国个人金融客户愿意开办纯数字银行账户。

上述调研结论对传统零售银行和互联网公司的意义深远。对零售银行而言，未来成功的关键在于实施全方位服务模式（全方位服务模式为一种市场战略，即金融服务供应商有能力提供满足消费者各个方面需求的服务，如覆盖所有产品类型）。

根据调研结果，国内零售银行得到启示，针对目标客户群应采用全方位服务模式，而非以产品为主导。就长期而言，以产品为主导的模式在现有市场中将不可持续，且难以维持客户的忠诚度或黏性。国内零售银行应将目标客户锁定为价格敏感度更低且更富裕的互联网金融消费者，发展以品牌、个性化及易用性为基础的三大根本价值主张。个性化及易用性是提升富裕互联网金融客户体验的核心要素。

市场调研是金融服务营销的开始，它能准确地界定当前金融公司及产品面临的营销问题，为营销决策提供准确的数据。市场调研已成为公司业务经营、内部管理和制定市场发展战略的重要依据。

思考：
1. 金融机构为什么要做市场营销调研？
2. 金融营销调研对金融机构活动有何帮助？
3. 金融机构该怎样更好地进行市场营销调研？

## 延伸阅读

### 阿里小贷的大数据调研

阿里金融推出的纯信用贷款产品阿里小额贷款（简称"阿里小贷"）得益于大数据，它依托阿里巴巴（B2B）、淘宝、支付宝等平台数据，不仅可有效识别和分散风险，为阿里巴巴会员提供更有针对性、多样化的服务，而且批量化、流水化的作业使得交易成本大幅下降。

每天，海量的交易和数据在阿里的平台上跑着，阿里通过对商户最近100天的数据分析，就能知道哪些商户可能存在资金问题，此时的阿里贷款平台就有可能出马，同潜在的贷款对象进行沟通。

通常来说，数据比文字更真实，更能反映一个公司的正常运营情况。通过海量的分析得出企业的经营情况，这就是大数据在互联网金融领域的应用。正像阿里小额信用贷款所体现的那样，这种新型微贷技术不依赖抵押、担保，而是看重企业的信用，同时通过数据的运算来评核企业的信用，这不仅降低了申请贷款的门槛，也极大地简化了申请贷款的流程，使贷款业务有了完全在互联网上作业的可能性。

大数据的价值已经得到互联网公司以及金融机构的认可，笔者认为："谁掌握的'拼图'图块多，谁就能快速拼出客户的图谱，成为真正的王者。"然而，目前来看，谁都不愿意轻易地交出自己手上的"拼图"，于是，互联网公司、银行、支付机构等各个海量数据的拥有者展开了激烈的金融数据争夺战。

（资料来源：http://www.36dsj.com/archives/14424，2016-10-10 16:35:05）

任务实战演练：
1. 以个人为单位，利用课余时间，针对所在地区的1~2家金融企业的服务品种，如信用卡、货币市场基金或人寿保险单的市场需求情况，设计金融企业客户服务需求调研问卷。
2. 结合实际，应用所做的金融企业客户服务需求调研问卷进行实地调研。
3. 对回收的金融企业客户服务需求调研问卷进行分析。

## 任务二　开展金融市场环境分析

### 活动一　金融市场宏观环境分析

金融营销环境是指金融企业生存和发展所需的、独立于企业之外的、对企业营销绩效起着潜在影响并约束其行为的各种外部因素或力量的总和。这些因素和力量可分为宏观营销环境和微观营销环境两部分。任何金融企业都身处一定的环境之中，这种环境既给金融企业带来了机遇，也带来了挑战。

#### 一、宏观营销环境分析

随着经济、社会、科技等方面的迅速发展，特别是世界经济全球化进程的加快、全球信息网络的建立和消费需求的多样化，企业所处的宏观环境更为开放和动荡。这种变化几乎对所有企业都产生了深刻的影响，金融企业也不例外，因此，宏观营销环境分析成为金融企业制定营销战略的开端。

宏观营销环境指对社会各行各业产生影响的各种因素和力量的总和，这些因素和力量包括政治/法律、经济、人口、技术、社会文化、自然环境六个方面，对金融企业影响最大的因素是政治/法律、经济、人口、技术、社会文化五个方面。

（一）政策和法律环境

政治和法律环境指金融企业面临的外部政治或法律形势及状况，国家方针政策、法律法规的变化对金融企业产生的各种影响。政治环境可分为国内政治环境、国际政治环境两部分。一个稳定的政治环境是金融企业开展营销活动的先决条件。

改革开放三十多年以来，我国经济取得长足进步，与我国处于一个相对稳定的国际、国内的政治局势有着重大关系。而突发战争等意外事件，则会不同程度地影响金融市场的运行。在金融企业涉及的法律方面，我国目前已形成了国家法律、行政法规、部门规章、其他规范性文件等多层次的金融法律规章体系。

随着我国金融服务业的发展，外资金融企业大量涌入，对于优质客户的争夺日趋白热化，而国内同行业之间的竞争更加激烈。面对新的市场环境，采用何种竞争策略才能在竞争中争取最大的市场份额，一方面需要金融企业竞争能力的不断提升；另一方面需要国家政策、行业法律法规的日益完善，为金融企业营造相对健康的市场竞争环境。

（二）经济环境

经济环境是指金融企业面临的外部经济因素，具体指一个国家或地区经济发展水平与发展速度、经济制度与市场体系、收入水平、财政预算、贸易与国际收入状况以及政府的各项经济政策等因素的变化对金融企业产生的各种影响。

在国家的经济政策中，财政及货币政策对金融企业影响巨大。宽松或从紧的经济政策，往往对金融市场起着直接影响。同时，政府对金融行业采取的改革措施也深刻改变金融行业的运行方式。近年来，我国对汇率已经逐步进行市场化改革，截止到2016年，中国的利率市场化已基本完成，未来将逐步放松银行存贷款的利率限制。这无疑会使得银行资金成本提高，存贷利差逐步缩小，这将给银行以利差为主的赢利模式带来巨大压力，银行业必须密切注意这种趋势对其行业产生的重大影响。

目前互联网金融浪潮的冲击来势汹汹。我国中小企业数量占全国企业总数的90%以上，在工业总产值和实现利税中的比重分别为60%和40%，但其在全部银行信贷资产中的使用比率不到30%，银行对其贷款的满足率也仅为30%~40%。经济下行环境中，中小企业比大型企业需要更多的资金支持，只有继续扶持中小微企业的发展才能可能推动实体经济的持续发展。而金融行业只有把服务对象瞄准更多的中小微企业，才能在未来迎得更多的发展空间。

互联网时代，金融的细分趋势越来越明显，金融行业已步入分化阶段：以小额分散的消费贷款为主的P2P平台和以大额企业贷款为主的P2C平台正朝着不同的发展方向迅速壮大。

2016年，中国网络经济营收规模达到14 707亿元，同比增长28.5%。其中，PC端网络经济营收规模为6 799.5亿元，移动网络经济营收规模为7 907.4亿元，移动网络经济首次超过PC端。电商营收规模为8 946.2亿元，占比超过60%，是推动网络经济增长的主要力量。随着互联网及电子商务的进一步发展，互联网将继续向传统金融领域渗透，我国三、四线城市的消费潜力、投资潜力将得到进一步开发，网民的消费投资行业甚至理念都将随着网络、经济的发展而逐步改变，尤其是网购的兴起，为"互联网+金融"的发展降低市场、教育成本提供了新型渠道和用户基础。

（三）人口环境

人口环境主要指一个国家的人口数量增长趋势、地理分布、年龄、性别、家庭、职业等。人口是市场的第一要素。人口数量直接决定市场规模和潜在容量，人口的性别、年龄、民族、婚姻状况、职业、居住分布等也对市场格局产生着深刻影响，从而影响着企业的营销活动。企业应重视对人口环境的研究，密切关注人口特性及其发展动向，及时调整营销策略以适应人口环境的变化。目前，我国人口中老龄化现象对金融企业影响很大。国际上通常把60岁以上的人口占总人口比例达到10%，或65岁以上人口占总人口比重达到7%作为国家或地区进入老龄化的标准。截至2015年年底，我国60岁及以上老年人口占总人口的16.1%，中国已经进入老龄化社会。同时，中国还是一个发展中国家，所以，我们正面临着与发达国家不同的人口局面：未富先老。老龄化社会意味着原来的高储蓄将难以维持，银行贷款增长会放缓，一些融资需要通过资本市场进行。与此同时，资本市场会有较大的发展空间，无论是股权、债权还是租赁，都会有比较强劲的需求，创新金融工具尤为重要。

在互联网时代，除了已经爆发的新势力，还有一些不可忽略的潜力股，它们正在蛰伏、酝酿着拓宽金融行业的赛道。比如，继消费金融之后的又一个万亿级市场——养老金融，人口结构决定我国现已进入加速老龄化阶段，居民养老的结构性需求迅速增加。加快发展养老产业已成为我国深入推进经济结构调整，积极应对人口老龄化的重要举措。而养老金融作为支持养老产业发展的重要一环，面临着新的发展机遇，未来的发展空间巨大。

此外，国家也已注意到"养老金融"的战略意义，并连续出台了多项政策，2014年《关于加快发展现代保险服务业的若干意见》（新"国十条"）、2015年《关于推进医疗卫生与养老服务相结合的指导意见》《基本养老保险基金投资管理办法》等均明确了，"金融推动养老"不仅是解决民生问题的政策思路，更是指导改革方向的长期国家级战略。尤为值得注意的是，

2016年3月21日，中国人民银行、民政部、银监会、证监会、保监会联合发布《关于金融支持养老服务业加快发展的指导意见》（以下简称《意见》），进一步明确了养老金融相关政策。《意见》提出，积极应对人口老龄化，大力推动金融组织、产品和服务创新，改进完善养老金融领域服务，加大对养老服务业的金融支持力度，促进社会养老服务业的发展，力争到2025年建成与人口老龄化进程相适应的金融服务体系。

从现阶段来看，我国养老金融发展尚处于起步阶段，以养老储蓄为代表的传统养老金融服务依然处于主流地位。我国市场上为未退休人群提供的养老储备型金融产品以及为退休人群提供的金融服务均十分匮乏。因此，金融企业未来在养老金融这片领域将大有作为。

### （四）技术环境

科学技术是人类在长期实践活动中所积累的经验、知识和技能的总和。科技对金融企业的影响巨大。进入21世纪，新技术的应用，如芯片技术、互联网和无线技术在金融领域的广泛应用，促使自助取款、电子汇兑、网上银行走进千家万户，全国联网的个人信用信息基础数据库的建成、"金卡工程"与"联网通用"扎实推进，也为金融业务的全面普及、发展提供了必要条件。

### （五）社会文化环境

社会文化环境指一个国家、地区的民族特征、价值观念、生活方式、风俗习惯、宗教信仰、伦理道德、教育水平、语言文字等的总和。每个国家或地区都有自己传统的思想意识、风俗习惯、思维方式、宗教信仰、艺术创造、价值观等，它们构成该国家或地区的文化，并直接影响人们的生活方式和消费习惯。对于金融企业营销人员来说，经营活动必须适应当地的文化和传统习惯才能得到当地人的认可，金融产品才能被人们所接受，在西方的消费观念中，享受生活、超前消费是其消费准则，而在中国人传统的消费观念中，量入为出、勤俭节约是传统美德。但是，随着时代的发展，人们的消费观念也开始发生变化，特别是2000年以后，随着中国房地产市场的发展、按揭贷款、消费信贷也开始慢慢被中国人接受。构成文化的因素中，知识水平影响人的需求构成及对产品的评判能力，在知识水平高的地区，复杂的金融产品会有很好的销路；而简单的金融产品则在知识水平低的地区才能找到销路。在文化因素中还有一个不容忽视的方面，即宗教信仰及传统风俗习惯的影响，金融市场营销活动必须尊重当地的宗教信仰，否则易引起当地人的反感抵触，导致营销活动失败。

## 活动二　金融市场微观环境分析

### 一、微观营销环境分析

金融企业微观环境分析主要是对与金融机构产品开发活动直接发生关系的具体环境的分析。微观环境对金融机构的影响具有直接性，因此对微观环境的分析至关重要。下面对具体的几个因素进行分析。

### （一）金融用户

金融企业微观营销是指进入金融消费领域的最终消费者，也是金融企业营销活动的最终目标客户。具体包括企业用户和个人用户两类。

**1. 企业用户**

目前,广大的金融企业服务的相当一部分客户是大型的国有及民营企业。国有大型企业对金融企业的资金需求越来越大;国家要选择每个行业的龙头企业作为国有金融企业支持的重点;国有金融企业要支持一大批大型企业,增强其市场竞争力。与此同时,小微企业作为我国劳动力主要的吸收主体,却面临着贷款难的问题,这是我们当前金融业面临的一个难题。

**2. 个人用户**

互联网时代,个人的用户体验越来越重要。在过去,只有买你产品的人才值得重视,而现在只要用你产品的人都必须重视,因此,不能一开始就想着赚用户的钱。应该先从个人用户的体验维护开始,持续地增加黏度,只有产品口碑得到一定的积累才能占据市场一席之地。所以我们要对个人用户因素的影响进行分析。

根据其主要资产分布情况,个人用户可分为五类:储蓄型客户、理财型客户、投资型客户、结算型客户、负债型客户。

同时,随着投资和消费观念的变化,个人用户对金融企业营销的影响日益加大。

(1)储蓄营销的难度不断增加,储蓄存款在银行资金中的比例继续下降。

(2)贷款需求尤其是消费性贷款需求呈上升趋势。

**(二)公众**

公众是指对金融企业实现其市场营销目标的能力有着实际的或者潜在的兴趣或影响的任何团体,具体包括传媒公众、政府公众、团体组织、内部员工等。目前政府公众及传媒公众对金融企业有着较大影响。企业需要通过不断发展与各种社会公众团体的关系,协调好与它们的利益,以求得或保持一个最有利的营销环境。因此,公共关系已经成为企业的一项重要营销管理内容。

**(三)供应商**

供应商是向指向企业及其竞争者提供生产产品和服务所需各种资源的企业或个人。例如,印刷企业为金融企业提供各类印刷品;设备制造商为金融企业提供各类设备,包括ATM、计算机、点钞机和复印机等。

**(四)营销中介**

营销中介是指为企业营销活动提供各种服务的企业或部门的总称。营销中介对金融企业营销产生直接的影响,只有通过营销中介提供的服务,金融企业才能把产品顺利地送达目标消费者手中。例如,保险企业的营销中介包括保险代理人、保险经纪人、保险公估人、广告代理商、咨询公司、银行等。

营销中介是市场营销不可缺少的环节,大多数企业的营销活动都必须通过它们的协助才能顺利进行。例如,生产集中与消费分散的矛盾就必须通过中间商的分销来解决,生产者或供应商资金周转不灵须求助于银行或信托机构等。营销中介的主要对象包括中间商、物资分销机构、营销服务机构和金融机构。

**(五)金融企业**

金融企业是一个复杂的整体,内部由各职能机构组成。如保险企业内部的职能部门主要有最高管理者、营销部、财务部、核保部、理赔部、人力资源部、市场研究与开发部、投资部。营销部门只是保险企业的内部结构之一,其工作需要其他各相关部门的协作与配合,所有这些部门都同营销部门发生着密切的关系。

### (六) 竞争者

金融行业的竞争既包括银行企业与非银行金融企业间的金融竞争,也包括金融企业间的同业竞争。这种竞争格局的产生,一方面造成我国银行企业的储蓄存款不断下降,增加了银行的储蓄竞争与营销难度;促使我国金融业向低利和微利方向发展,将会失去行业优势。另一方面,互联网时代大量金融服务企业以不同形式加入其中,以用户体验为核心导向的互联网思维的冲击,激发和增强了金融竞争,同时也带来了机遇,包括创新的金融企业经营管理理论、方法、手段、技术等。营销环境的特征决定了它对金融企业的生存与发展、营销活动及决策过程会产生有利或不利的影响,产生着不同的制约作用和效果。一方面,它为金融企业提供了市场营销机会;另一方面,市场营销环境也会给金融企业造成某种威胁。

金融企业对营销环境具有一定的能动性和反作用,它可以通过各种方式影响和改变环境中的某些因素,使其向有利于金融企业营销的方向发展,从而为金融企业创造良好的外部条件。

## 案例分析

### 改变环境,创造奇迹:艾柯卡贷款公关术

20 世纪 70 年代末,号称美国三大汽车公司之一的克莱斯勒公司由于管理不善和第二次石油危机的冲击而陷入内外交困的窘境,濒临破产。然而,临危受命的公司新任董事长兼总经理艾柯卡却借公关活动的回天之力,奇迹般地使克莱斯勒重新崛起,其奥秘何在?

在当时克莱斯勒资金困难、筹措无门的情况下,为重整旗鼓,艾柯卡不得不求助于政府的担保贷款。但这一行动一开始就遭到舆论的猛烈抨击。为扭转舆论宣传,艾柯卡制定了"扭转形象、重建信誉、赢得人心、争取公关"的工作方针,采取"花钱买名声"的广告公关策略,在报刊上刊登显示公司信心和主张的图片及公司计划,亲自拍摄阐述公司经营发展战略和质量意识的广告片;为争取公众的信任,采取不掩饰、讲真话的态度,主动解答公众的疑问;邀请供应商、推销商到公司实地考察;开展声势浩大的游说活动。通过这些活动,舆论终于转向,各界公众纷纷以各种方式表达对克莱斯勒的支持,国会也以压倒性多数投票通过了给克莱斯勒的担保贷款。

艾柯卡凭借着这笔贷款开发出了新的轿车,站稳了市场。1983 年克莱斯勒公司从亏损户一跃成为年盈利 9.25 亿美元的企业,公司股票每股价格从 3.5 美元猛升至 35 美元,艾柯卡也成为受美国人尊敬、世人瞩目的风云人物。

(资料来源:赖丹声,银行营销实战案例[M]. 北京:清华大学出版社,2006.)

**思考:**
1. 克莱斯勒公司是怎样起死回生的?
2. 艾柯卡所采取的策略对于处于困境中的金融企业有何借鉴意义?

**任务实战演练:**
1. 利用课余时间,针对你所在的地区,锁定 1~2 家金融企业,调查该企业所处的宏观环境与微观环境,完成一篇不少于 1 500 字金融企业营销环境调研分析报告。

2. 提交调研报告,由学生与主讲教师共同评定,给出成绩。
3. 成果展出。提交的调研报告电子稿由教师存档,纸质稿作为课堂学习成果予以展示;如有必要,可将调研报告向被调研企业予以反馈。

## 项目小结

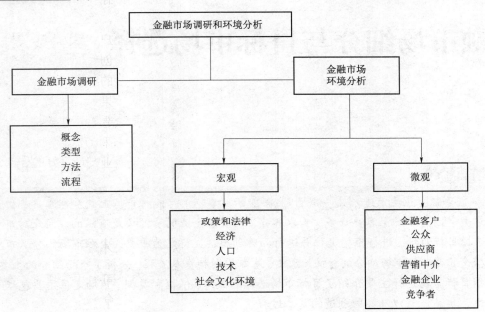

# 金融市场细分与目标市场选择

## 引言

当一家金融企业决定进入某一市场时,一般情况下不太可能将市场上的全部客户都视为自己的目标客户。因为市场上客户众多,需求各异,而金融企业的资源又是有限的。因此对市场进行细分,选择目标市场,进行市场定位并进行品牌创造就显得尤为重要。金融市场细分从市场细分的基本概念出发,如市场细分的含义、意义、基本原则和基本流程,分析了市场细分的主要类型。金融营销目标市场选择主要介绍了目标市场选择的概念、依据和类型。市场定位主要包括市场定位的策略、实施流程以及品牌创造的基本过程。

## 项目学习目标

### 知识目标

1. 掌握市场细分含义、原则、标准以及方法。
2. 理解目标市场选择的标准和模式。
3. 掌握市场定位的基本类型和方法。
4. 熟悉品牌创造的内涵、流程。

### 技能目标

1. 学会运用细分市场的方法对市场进行有效细分。
2. 通过运用目标市场选择的标准和模式对目标市场进行有效选择。
3. 运用市场定位的常见方法对市场进行有效定位。
4. 熟悉了解品牌创造的过程。

## 案例引入

### 中国工商银行国内首推银联品牌黑金卡

2017年3月27日,中国工商银行私人银行成立九周年主题论坛活动暨"工银私人银行黑金卡"首发仪式在北京举行。据悉，中国工商银行将针对高端的私人银行签约客户，推出具有私人银行客户"身份识别介质、消费主账户、标准化增值服务主入口"三合一功能定位的国内首张钛合金材质的银联品牌黑金信用卡。

据了解，黑金卡是世界公认的高端银行卡，持卡人可以享受尊贵的专属礼遇、权益和服务。本次工商银行与银联合作推出的"工银私人银行黑金卡"将为高端客户提供包括日常商旅、健康、生活、教育、酒店等在内的 8 大类、22 项权益。其中重点打造的 10 项免费明星权益和服务包括：为客户提供免费的不限次的全球机场贵宾厅、全球随身 Wi-Fi 及签证协助安排服务；为客户带来免费无限次全天候道路救援、最高百万美元全球医疗救援和 3 200 万元人民币免费航空意外险以及最高 1 000 万元人民币保额的账户安全险服务；为客户提供免费高端洁牙服务；除此之外，客户还可以尊享全球近 50 家凯悦酒店美食 88 折优惠，更有包括凯悦、喜达屋等知名酒店集团在内的超百家星级酒店免费房型升级及延住礼遇。

（资料来源：http://www.icbc.com.cn/icbc/个人金融/贵宾服务/私人银行/最新动态/中国工商银行国内首推银联品牌黑金卡.htm）

思考：
1. 中国工商银行为何对服务客户进行市场细分？
2. 金融市场细分的基本原则是什么？
3. 金融市场可以细分为哪些类型？

## 任务一　细分金融市场

### 活动一　金融市场细分的概念

#### 一、金融市场细分的含义

市场细分是金融企业根据客户需求的不同，把整个市场划分成不同的客户群的过程。之所以将客户分成不同的客户群，其客观事实是客户需求的异质性和金融企业资源的有限性。

进行市场细分的主要依据是不同性质市场中需求一致的客户群，实质就是在不同性质的市场中寻求相同性质的客户群。

市场细分的目标是在不同需求的市场中将具有相同性质的客户聚合在一起。因此，客户需求之间存在的绝对差异使得将市场进行细分非常有必要，客户彼此之间存在相同性质的需求使我们将市场细分的现实基础成为可能。

金融企业为了有效地进行竞争，就必须对金融市场进行细分，从中选择利润空间最大的目标细分市场，即集中有限资源、制定有效的竞争战略，以期取得和增加自身的竞争优势。

市场细分的本质就是将不同客户群及其需求作为金融企业进行营销的一种策略。这样，金融企业可以根据客户的需求变化，持续改进其金融产品和服务，适时调整市场营销策略，以取得最好的经营成果。

#### 二、市场细分对金融企业的意义

金融企业在决定进入某一市场时，为了在市场竞争中取胜，通常情况下不会将所有客户都作为自己的目标客户。市场客户众多,需求各异,而金融企业手中的资源又是有限的。因此,金融企业往往会在对市场进行一定的调研之后,将自己更为擅长的、更具优势的产品或服务投放到某一特定人群中,满足客户的需求。市场细分对金融企业而言主要具有以下三方面的意义。

第一,寻找机会,进入市场。通过市场细分,金融企业可以了解到不同客户群的需求,与此同时通过市场调研了解到细分市场中竞争对手的营销实力和市场占有率,这样,金融企业就可以避重就轻,寻找潜在的市场需求,发现适合自身发展目标的细分市场。由于不同的细分市场对金融产品的需求存在一定的差异性,金融企业可以结合自身优势,对目标市场进行定位,制定相应的市场营销组合策略。

第二,集中有效资源,创造最佳效益。通过市场细分,金融企业可以在竞争十分激烈的市场中把握住有利时机,根据自身情况选择有力的细分市场,集中有效的人力、物力、财力以及信息等一切资源投入到定位的细分市场,使有效的资源得到合理的优化配置,在竞争中发挥自身优势,争取获取最佳的经济效益。

第三,获取市场竞争的主动权。一般情况下,在细分市场中,客户的需求非常相似,金融企业要能够及时准确地观察到市场需求的变化,根据这些变化迅速、准确地调整自身的市场营销策略,在竞争中取得主动权。

### 三、金融市场细分的基本原则

金融企业需要根据市场结构、潜在客户的特点以及自身所具备的优势,对金融市场进行细分,这是一项非常具有创造性的活动,进行金融市场细分时必须遵守以下原则。

第一,具有可衡量性。可衡量性是指细分市场的各类因素变量是可以进行测量的,同时细分出来的各个细分市场的规模和购买力水平也是相对确定的。细分市场必须能够被识别和衡量,细分市场要有清晰的边界,同时,细分市场的各种市场特征是能识别和表达的。

第二,具有可赢利性。可赢利性是指细分市场的规模要具备足以让金融企业实现赢利的潜力和量级,即金融企业所选择的目标市场是否易于进入,根据金融企业目前的人、财、物和技术等资源条件能否通过适当的营销组合策略占领目标市场。

第三,具有可进入性。可进入性是指金融企业能够通过适当的营销策略进入目标的细分市场,并在市场中为客户提供有效的金融服务,即所选择的细分市场要有足够的需求量且有一定的发展潜力,能够使金融企业赢得长期稳定的利润。应当注意的是:需求量是相对于本企业的产品而言,并不是泛指一般的人口和购买力。

第四,具有充足性。如果过度地进行市场细分,则所形成的市场板块会过分狭窄,以致每个板块的服务成本超过所产生的收益。因此,细分金融市场的规模应该足够大,要有足够的客户容量吸引金融机构去经营。

第五,具有稳定性。被细分市场必须在一定时期内保持相对稳定,以便对其进行合理的规划,制定较长期的市场营销组合战略,有效地占领目标市场而避免短期行为。

第六,具有可反馈性。细分市场能对金融机构的不同营销组合活动做出及时迅速的反应,以便金融机构调整营销策略。

### 四、进行金融市场细分的基本流程

金融企业市场细分的基本流程如图3-1所示。

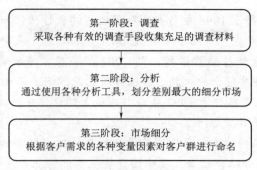

图 3-1　金融企业市场细分流程

第一阶段：调查。

金融企业的调查人员与客户进行非正式的交流，将客户划分成若干个组，通过交流了解客户的需求动机、态度和行为。在此基础上，调查人员将准备好的正式调查问卷发放给客户进行填写，最终收集所有的调查资料以便分析。调查问卷的内容主要包括客户对金融企业知名度的了解、金融企业提供的服务体验及其评价、金融企业资源的广度和深度、对金融企业需要提供的新产品或服务的态度和建议等。为了能够进行准确的市场细分，金融企业需要收集足够数量的调查资料。

第二阶段：分析。

金融企业专业分析人员可以通过各种有效的统计学方法对收集的资料进行分析，剔除相关性弱的变数，采用集体分析法划分差别最大的细分市场，分析每个客户群的同质性，要求不同的客户群之间具有较大的差异性。

第三阶段：市场细分。

根据客户的态度、行为、人口、心理和生活习惯等对目标客户进行划分，再根据客户群的不同特征为每个细分市场命名。

## 案例分析

### 德国施豪银行专攻住房金融

在德国，从事住房金融业务的主要金融机构有四大类型，即信贷银行、储蓄银行、抵押银行和住房储蓄银行。其中，住房储蓄银行是专业办理住房储蓄业务的金融机构，其贷款额占全部住房贷款额的 23% 左右。

施豪银行成立于 1931 年，是德国 34 家住房储蓄银行中最大的一家，截至 2001 年年底，资产总额为 324 亿欧元。2001 年度施豪银行新签合同 89 万份，合同额达 207 亿欧元，市场份额占 25.8%，位居同行业第一名。目前，每 13 位德国公民中就有 1 位是施豪银行的客户，每 4 个家庭便有 1 个与施豪银行签订了住房储蓄合同，施豪银行被客户誉为"最友好的银行"。

施豪银行经过 70 年的实践积累形成的经营技术及经营管理体制已成为施豪银行的无形资产，并在捷克、斯洛伐克、匈牙利等国家通过与当地银行建立合资银行，将其独有的技术诀窍和经营管理体制注入合资银行，在当地开展住房储蓄业务，取得了较好的经营业绩。

在斯洛伐克，施豪银行于1992年与当地及奥地利的合作伙伴合作，建立了该国第一家住房储蓄银行，到2001年年底，市场占有率是68%。在捷克，施豪银行于1993年与当地的两家银行合作建立了合资住房储蓄银行，到2001年年底，市场占有率是41%，已成为捷克共和国最重要的提供住房融资的机构，该银行现已是欧洲第二大住房储蓄银行，仅位于施豪银行之后。在匈牙利，施豪银行于1997年与当地最大的合作银行建立了合资住房储蓄银行，到2001年年底，市场占有率是31%。

从1999年起，施豪银行就希望与中国建设银行合作建立住房储蓄银行，将其技术诀窍及管理优势与建行的网络优势结合起来，在中国开展住房储蓄业务。

（资料来源：http://3y.uu456.com/bp_5m3xu51try5nrap1sknf_1.html）

思考：
1. 德国施豪银行取得成功的原因是什么？
2. 金融企业进行市场细分时应该如何进行分析？

## 活动二　金融市场细分的类型

根据客户性质的不同，可以将客户分为个人客户和公司客户两个基本细分市场。

### 一、个人客户市场细分

**1. 人口因素细分法**

人口因素主要包括年龄、性别、教育、职业、收入、家庭人口、社会阶层、生命周期等。例如，客户年龄不同，对金融企业服务的要求也就不同，老年人群要求金融企业提供养老保障或管理财产之类的服务，而一些年轻人群则要求金融企业为其提供服务于建设家庭的金融产品。按社会阶层，个人客户可以分为高、中、低三个收入阶层。按照生命周期，个人客户可以划分为未成年人群体、独立生活群体、独立生活未婚群体、新婚无子女群体、子女未独立家庭群体、子女独立家庭群体、退休和孤寡老人群体。

**2. 心理因素细分法**

心理因素细分法对于金融企业而言具有重要意义：首先，可以通过预测客户行为和区分客户细分市场，了解客户对于金融企业有关的活动是否感兴趣，金融企业可以据此估计某种反应的可能性；其次，在对客户心理进行细分的过程中，金融企业员工通过与客户交流、沟通感情、增进了解和友谊；最后，可以从客户身上获取有价值的信息，金融企业将更有效地分析未来客户的需求，为开发新的业务提供参考。

通过了解客户的心理需求，可以对不同的客户群采取不同的营销策略。按照心理因素的不同可以将个人客户划分为好强型、交际型、权欲型、懒惰型、勤奋型等。

**3. 地理因素细分法**

地理因素主要是指与个人客户相关的地理位置和地理环境，主要包括地理区域、地形、气候、人口密度、风俗习惯、生产力布局、交通运输条件等。

金融企业可以根据个人客户不同的地理位置和地理环境设计采用不同的市场营销策略。比如，人口密度是决定储蓄资源、借款需求量的重要因素。按照此种划分方式，金融企业可以将个人客户分为城市、乡镇和农村，发达地区、普通地区和落后地区，大、中、小城市，国内和国外等。

#### 4. 行为因素细分法

行为因素主要包括购买时机、购买方式、购买数量、使用状况等。例如,未成年人在选择金融企业服务时受家庭影响最大;在一个经济独立的家庭中,妻子在金融企业开户方面的决定权大于丈夫,该比例为70%左右。金融企业只有在深入了解不同群体、民族、性别等客户行为的基础上,才能更好地因人而异地制定出不同的营销策略。

#### 5. 利益因素细分法

不同的客户追求的利益也不尽相同,利益诉求的优先排序也是不同的,因此,需要根据客户在购买金融产品时所追求的不同利益来细分市场,据此采取不同的营销策略。一些研究认为,客户对金融企业的期望和要求主要包括自我提高、位置便利、价格、诚实可靠、专业知识、时间便捷。从利益的角度出发,可以将市场细分为盈利、方便、安全、情感、友谊等不同的利益诉求。不同的客户寻求的主要利益是不同的。比如,低阶层的客户把方便和安全放在首位,而高阶层的客户则突出自我提高价值和丰厚收益的动机。当然,有些利益如诚实可靠、位置便利等是任何客户都希望得到的。金融企业必须根据自身金融产品的特点突出其个性,最大限度地吸引某一消费群体。

### 二、公司客户市场细分

#### 1. 行业细分法

不同的行业在不同的发展时期,经营效果、发展形势各不相同。因此,金融企业都非常注意研究不同时期不同行业的发展态势,从而制定金融企业支持和限制发展策略。比如,在我国物资短缺的时期,商业、物资、粮食、外贸等部门是商业银行服务的重点对象;而今天,邮电、通信、能源、交通、证券等行业则成为各行竞争的主要焦点。

#### 2. 业务细分法

按客户与银行的业务关系,金融企业客户可以分为主办行公司、非主办行公司,既有贷款和存款又有结算关系的客户、只有结算和存款关系的客户、单一存款户。实际上,金融企业对不同客户采取的推销业务手段是不一样的。如对确定本行为主办行的企业,金融企业往往会从资金、外汇、结算、信息咨询等方面为其提供全方位服务。

#### 3. 公司规模细分法

按照公司规模可将公司客户划分为大、中、小型企业,具体分类标准如表3-1所示。其中,大型企业常常是金融企业竞争业务的重点关注对象。

表3-1 企业规模划分标准

| 行业名称 | 指标名称 | 计量单位 | 大型 | 中型 | 小型 | 微型 |
| --- | --- | --- | --- | --- | --- | --- |
| 农、林、牧、渔业 | 营业收入($Y$) | 万元 | $Y \geq 20\ 000$ | $500 \leq Y < 20\ 000$ | $50 \leq Y < 500$ | $Y < 50$ |
| 工业企业 | 从业人员($X$) | 人 | $X \geq 1\ 000$ | $300 \leq X < 1\ 000$ | $20 \leq X < 300$ | $X < 20$ |
| 工业企业 | 营业收入($Y$) | 万元 | $Y \geq 40\ 000$ | $2\ 000 \leq Y < 40\ 000$ | $300 \leq Y < 2\ 000$ | $Y < 300$ |
| 建筑业 | 营业收入($Y$) | 万元 | $Y \geq 80\ 000$ | $6\ 000 \leq Y < 80\ 000$ | $300 \leq Y < 6\ 000$ | $Y < 300$ |
| 建筑业 | 资产总额($Z$) | 万元 | $Z \geq 80\ 000$ | $5\ 000 \leq Z < 80\ 000$ | $300 \leq Z < 5\ 000$ | $Z < 300$ |

续表

| 行业名称 | 指标名称 | 计量单位 | 大型 | 中型 | 小型 | 微型 |
|---|---|---|---|---|---|---|
| 批发业 | 从业人员（X） | 人 | $X \geq 200$ | $20 \leq X < 200$ | $5 \leq X < 20$ | $X < 5$ |
| | 营业收入（Y） | 万元 | $Y \geq 40\,000$ | $5\,000 \leq Y < 40\,000$ | $1\,000 \leq Y < 5\,000$ | $Y < 1\,000$ |
| 零售业 | 从业人员（X） | 人 | $X \geq 300$ | $50 \leq X < 300$ | $10 \leq X < 50$ | $X < 10$ |
| | 营业收入（Y） | 万元 | $Y \geq 20\,000$ | $500 \leq Y < 20\,000$ | $100 \leq Y < 500$ | $Y < 100$ |
| 交通运输业* | 从业人员（X） | 人 | $X \geq 1\,000$ | $300 \leq X < 1\,000$ | $20 \leq X < 300$ | $X < 20$ |
| | 营业收入（Y） | 万元 | $Y \geq 30\,000$ | $3\,000 \leq Y < 30\,000$ | $200 \leq Y < 3\,000$ | $Y < 200$ |
| 仓储业 | 从业人员（X） | 人 | $X \geq 200$ | $100 \leq X < 200$ | $20 \leq X < 100$ | $X < 20$ |
| | 营业收入（Y） | 万元 | $Y \geq 30\,000$ | $1\,000 \leq Y < 30\,000$ | $100 \leq Y < 1\,000$ | $Y < 100$ |
| 邮政业 | 从业人员（X） | 人 | $X \geq 1\,000$ | $300 \leq X < 1\,000$ | $20 \leq X < 300$ | $X < 20$ |
| | 营业收入（Y） | 万元 | $Y \geq 30\,000$ | $2\,000 \leq Y < 30\,000$ | $100 \leq Y < 2\,000$ | $Y < 100$ |
| 住宿业 | 从业人员（X） | 人 | $X \geq 300$ | $100 \leq X < 300$ | $10 \leq X < 100$ | $X < 10$ |
| | 营业收入（Y） | 万元 | $Y \geq 10\,000$ | $2\,000 \leq Y < 10\,000$ | $100 \leq Y < 2\,000$ | $Y < 100$ |
| 餐饮业 | 从业人员（X） | 人 | $X \geq 300$ | $100 \leq X < 300$ | $10 \leq X < 100$ | $X < 10$ |
| | 营业收入（Y） | 万元 | $Y \geq 10\,000$ | $2\,000 \leq Y < 10\,000$ | $100 \leq Y < 2\,000$ | $Y < 100$ |
| 信息传输业* | 从业人员（X） | 人 | $X \geq 2\,000$ | $100 \leq X < 2\,000$ | $10 \leq X < 100$ | $X < 10$ |
| | 营业收入（Y） | 万元 | $Y \geq 100\,000$ | $1\,000 \leq Y < 100\,000$ | $100 \leq Y < 1\,000$ | $Y < 100$ |
| 软件和信息技术服务业 | 从业人员（X） | 人 | $X \geq 300$ | $100 \leq X < 300$ | $10 \leq X < 100$ | $X < 10$ |
| | 营业收入（Y） | 万元 | $Y \geq 10\,000$ | $1\,000 \leq Y < 10\,000$ | $50 \leq Y < 1\,000$ | $Y < 50$ |
| 房地产开发经营 | 营业收入（Y） | 万元 | $Y \geq 200\,000$ | $1\,000 \leq Y < 200\,000$ | $100 \leq Y < 1\,000$ | |
| | 资产总额（Z） | 万元 | $Z \geq 10\,000$ | $5\,000 \leq Z < 10\,000$ | $2\,000 \leq Z < 5\,000$ | $Z < 2\,000$ |
| 物业管理 | 从业人员（X） | 人 | $X \geq 1\,000$ | $300 \leq X < 1\,000$ | $100 \leq X < 300$ | $X < 100$ |
| | 营业收入（Y） | 万元 | $Y \geq 5\,000$ | $1\,000 \leq Y < 5\,000$ | $500 \leq Y < 1\,000$ | $Y < 500$ |
| 租赁和商务服务业 | 从业人员（X） | 人 | $X \geq 300$ | $100 \leq X < 300$ | $10 \leq X < 100$ | $X < 10$ |
| | 资产总额（Z） | 万元 | $Z \geq 120\,000$ | $8\,000 \leq Z < 120\,000$ | $100 \leq Z < 8\,000$ | $Z < 100$ |
| 其他未列明行业* | 从业人员（X） | 人 | $X \geq 300$ | $100 \leq X < 300$ | $10 \leq X < 100$ | $X < 10$ |

备注：本标准来自《国家统计局关于印发统计上大中小微型企业划分办法的通知》（国统字〔2011〕75号）"。关于划分办法的具体说明如下：

　　a. 大型、中型和小型企业须同时满足所列指标的下限，否则下划一档；微型企业只须满足所列指标中的一项即可。

　　b. 附表中各行业的范围以《国民经济行业分类》（GB/T 4754—2011）为准。带*的项为行业组合类别，其中，工业包括采矿业，制造业，电力、热力、燃气及水生产和供应业；交通运输业包括道路运输业、水上运输业、航空运输业、管道运输业，装卸搬运和运输代理业，不包括铁路运输业；信息传输业包括电信、广播电视和卫星传输服务，互联网和相关服务；其他未列明行业包括科学研究和技术服务业，水利、环境和公共设施管理业，居民服务、修理和其他服务业，社会工作，文化、体育和娱乐业，以及房地产中介服务，其他房地产业等，不包括自有房地产经营活动。

　　c. 企业划分指标以现行统计制度为准。Ⅰ从业人员，是指期末从业人员数，没有期末从业人员数的，采用全年平均人员数代替。Ⅱ营业收入，工业、建筑业、限额以上批发和零售业、限额以上住宿和餐饮业以及其他设置主营业务收入指标的行业，采用主营业务收入；限额以下批发与零售业企业采用商品销售额代替；限额以下住宿与餐饮业企业采用营业额代替；农、林、牧、渔业企业采用营业总收入代替；其他未设置主营业务收入的行业，采用营业收入指标。Ⅲ资产总额，采用资产总计代替。

**4. 企业性质细分法**

在我国，根据企业的不同属性，可以将其划分为国有企业、股份制企业、合伙企业、私人企业等。国有企业是指一个国家的中央政府投资或参与控制的企业，有时还包括由地方政府投资参与控制的企业。国有企业在国民经济和人民生活中起着重要作用，也是很多金融服务机构一贯关注的重点。股份制企业是指两个或两个以上的利益主体，以集股经营的方式自愿结合的一种企业组织形式，这类企业是日常经济生活中最常见的企业类型，也是众多金融服务机构服务的主要群体。合伙企业是指由各合伙人订立合伙协议，共同出资，共同经营，共享收益，共担风险，并对企业债务承担无限连带责任的营利性组织。私人企业往往由家族、股东小组或个人所有，其所有权份额不公开出售。虽然合伙企业和私人企业大多规模较小，但是成长性较强，已逐渐引起金融企业的重视。

**5. 企业等级细分法**

根据企业信用情况，可以将企业划分成不同的等级。例如中国银行的客户信用分为AAA级、AA级、A级、BBB级、BB级、B级、CCC级、CC级、C级和D级，共十个信用等级。AAA—A级对应的信用度分别为"特优、优、良"，表明客户信用很好，整体业务稳固发展，经营状况和财务状况良好，资金负债结构合理，经营过程中现金流量较为充足，偿债能力强。BBB—B级对应的信用度分别为"较好、尚可、一般"，表示客户信用较好，现金周转和资产负债状况可为债务偿还提供保证，授信有一定风险。CCC—C级对应的信用度分别为"较差、差、很差"，说明客户信用较差，整体经营状况和财务状况不佳，授信风险较大，应采取措施改善债务人的偿债能力和偿债意愿，以确保银行资金安全。D级对应的信用度为"极差"，主要表现为客户信用很差，授信风险极大。

### 三、金融市场细分的注意事项

**1. 市场细分的标准是动态的**

随着社会生产力及市场状况的变化市场细分发生了相应变化。年龄、收入、城镇规模、购买动机、购买渠道、消费理念等市场细分标准都会发生变化。

**2. 不同金融企业在进行市场细分时应采用不同的标准**

金融企业自身的条件、资源、资金实力、营销战略等不尽相同，因此需要结合自身情况选择适合的市场细分标准。

**3. 市场细分标准的变量因素可多可少**

金融企业在进行市场细分时可采用单一变量因素标准，也可以采用多个变量因素组合或系列变量因素标准。

## 案例分析

### 形式多样的儿童银行卡

**一、小鬼当家卡**

小鬼当家卡是民生银行在全国范围内推出的儿童理财卡，该卡准备了适合儿童及家庭的金融理财套餐产品，包括教育储蓄、智慧型理财产品、成长型理财产品等。

这张卡片有着借记卡的功能,还可以选择附加产品,如"活期储蓄+赠送父母账户信息即时通",让父母随时了解孩子的消费动态。教育储蓄针对小学四年级以上的学生办理,让家长提前为孩子做好日后上大学的准备。"钱生钱 B 计划"是为青少年短期大额教育资金提供的一项增值理财产品,自资金存入日起每天(最短一天)按照对应币种的通知存款利率自动结息,同时将上一结息日的本金和利息自动转入下一计息周期,复利计息,可以随时支取,申请起点金额为 5 万元。

## 二、宝贝成长卡

宝贝成长卡是中国工商银行专为16岁以下的未成年客户及其父母打造的主题卡。该卡以家庭为单位,按照"宝贝卡+父爱卡+母爱卡"的方式发行。该卡除了具有一般借记卡功能外,还有成长基金、成长保障、成长纪念、感恩回报等特色功能。如父母可以定期由父爱卡、母爱卡向宝贝卡存入资金,为孩子提供零花钱、教育金等,同时免收宝贝成长卡与父爱卡、母爱卡之间的异地结算手续费。同时,拥有这套卡还可享受专属少儿教育保险产品——太平快乐宝宝综合理财计划,并在此基础上享受儿科专家预约、健康短信及国内外急难救助服务,以及向持有宝贝成长卡的儿童赠送的人身意外险等。

## 三、太平洋儿童借记卡

太平洋儿童借记卡是交通银行为16周岁以下的儿童推出的专属个性化借记卡。

该卡不仅具有借记卡的各项功能,还针对儿童需求进行了服务与功能整合,能让孩子安全开启丰富多彩的理财体验。太平洋儿童借记卡申办简捷,由监护人携本人有效身份证件、儿童身份证或户口簿、证明两者之间直系亲属关系的户口簿、出生证明或独生子女证到任一交通银行网点即可办理。

### 四、快乐伙伴卡

招商银行推出的快乐伙伴卡是以 16 周岁以下的少年儿童为主要对象发行的银联标准一卡通借记卡。

快乐伙伴卡可与父母的一张一卡通建立亲子关联，成功建立后双方可通过大众版、自助查询终端的亲子转账界面实现两卡之间的人民币活期账户资金互转。父母的一卡通与子女的快乐伙伴卡建立亲子关联后，父母可为子女制订零花钱储蓄计划，即要求招商银行于指定周期从一卡通活期账户自动向子女快乐伙伴卡的活期、整存整取、零存整取或教育储蓄账户进行转账。持卡小朋友与其父母在注册成为用户后，可在"魔力财智"组件中进行亲子互动，"魔力财智"根据父母及儿童设置不同身份角色，活动场景包括许愿池、记账本、魔法豆家。

### 五、长城花季卡

长城花季卡是中国银行专为 10～16 周岁青少年办理的借记卡。长城花季卡以个人结算账户为基础账户，此外还可以勾连普通活期账户、活期一本通、定期一本通、零存整取、存本取息、个人支票及信用卡等多个账户，可实现勾连账户之间的转账，免除了携带多个存折的不便及风险。

### 六、小小银行家卡

光大银行推出的小小银行家卡是以 16 周岁以下的少儿为主要对象发行的银联标准借记卡，该卡除具有借记卡的各项功能外，还特别针对亲子教育、理财教育及少儿的个性化需求进行了服务与功能的整合，为青少年提供了适合其特点的丰富理财体验。

小小银行家卡具有多项个性化功能，比如"亲子卡关联"功能，该卡可与父母的任意一张光大阳光卡建立亲子关联，实现两卡之间的人民币活期账户资金互转；再比如"零花钱/压岁钱储蓄计划"，父母可通过亲子卡关联或指导孩子自己制订储蓄计划，并可通过网银为每个储蓄计划定制充满个性的目标名称。此外，小小银行家卡还是一张公益卡，每开通一张小小银行家卡，将由孩子拿出一元钱投入捐款箱中，再由光大银行拿出一元钱，每产生一笔有效捐款就自动转入中国妇联公益项目"母亲水窖"基金账户中，这项活动有助于培养孩子的爱心意识。

（资料来源：百度百科）

思考：
1. 儿童银行卡是根据什么进行市场细分得来的？
2. 儿童银行卡的客户需求是什么？
3. 你认为儿童银行卡这个细分市场是否成功？为什么？

## 任务二　选择金融营销目标市场

### 活动一　目标市场选择的概念

#### 一、目标市场的含义

目标市场是指金融机构在市场细分的基础上确定的将要提供重点服务的客户群，也是金融企业为满足现实的或潜在的产品和服务需求而开拓的特定市场。

#### 二、目标市场选择的含义

目标市场选择是指金融企业在众多细分市场中选择一个或几个准备进入的细分市场。金融企业在市场中选择一个或几个特定的客户群，集中资源满足其金融需求，同时带来企业利润和市场的成长。

#### 三、目标市场选择的目的及意义

进行目标市场细分的目的在于为金融企业选择客户和研究开发相关的金融产品或服务需求市场导向，使金融企业根据市场划分的情况选择适合于自己的目标市场，吸引客户和占领更多的市场份额。业内流行"二八理论"，即 20%的客户占了业务量的 80%，这 20%的客户就是主要目标市场。

如何选择目标市场以及怎样占领目标市场，是金融企业进行目标市场选择所要解决的问题。对于金融企业而言，目标市场的选择有利于分散金融企业经营风险，有利于维持和提高金融服务市场占有率，有利于扩大金融企业的利润来源，有利于保持金融企业的可持续发展等。

## 活动二　目标市场选择的依据

确定了目标市场后，就应该为其提供产品或服务，在进行目标市场选择时，金融企业应该重点参考以下依据。

### 一、目标市场是否有未满足的现实或潜在需求

为了找出目标市场，金融企业要分析所面对的主要环境、趋势、机会和威胁，对第一潜在市场的选择要详细考察，以便了解该市场的主要特征，确定该市场需求的规律性和稳定性，使金融企业能够进入并开发这一市场。具体评估判断指标包括：消费者或用户总量、购买力水平、购买率（实际购买者/潜在购买者）、需求总量、某产品的拥有量、需求增长率等。

### 二、目标市场是否具有竞争优势

在众多细分市场中，可能有许多市场对金融企业都有吸引力，但金融企业却不能贸然进入这些市场，在选择目标市场时必须发挥本地资源与竞争优势，选择适合于自己的目标市场。

### 三、企业资源和目标市场的吻合度

从赢利的角度来看，具有理想的规模和发展特征的细分市场未必具有吸引力。现有细分市场企业间的竞争、潜在新侵入者的威胁、替代产品或服务的威胁、供方砍价能力、买方砍价能力，这五种作用力决定了细分市场的赢利预期。

## 活动三　目标市场选择的类型

### 一、单一性目标市场

单一性目标市场是指金融企业选择一个细分市场进行集中经营，将人力、物力、财力等资源集中投入的某一特定市场。例如，专门经营房地产信贷业务的金融公司、专门办理房地产融资业务的金融公司、专门开展中小企业贷款业务的金融公司。这类市场的优点是可以集中力量形成专业优势，缺点是风险过度集中。

### 二、密集性目标市场

密集性目标市场是指金融企业把自己的力量集中在某一个或几个细分市场，针对这市场进行密集性经营。针对密集性市场，金融企业采取的策略不是全面撒网捕鱼式的经营，并不追求在较大市场上占有一定的市场份额，而是在较小的细分市场上占有较大的市场份额。这种经营策略的优点在于可以分散经营过程中存在的风险，即使金融企业在某一个细分市场上失利也可以在其他细分市场上赢利。

### 三、差异性目标市场

差异性目标市场是指金融企业在市场细分的基础上，根据自身的条件和环境，为不同类型的客户群提供不同类型或不同服务范围。金融企业在市场细分的基础上，根据自身资源及实力选择若干个细分市场作为目标市场，并为此制订不同的营销计划。例如，美国花旗银行

对于大众市场提供各种低成本的电子服务,为高收入的客户提供广泛的私人银行业务,为富有的上层客户提供更加个性化的服务。

### 四、无差异目标市场

无差异目标市场是指金融企业认为所有客户对某种金融产品或服务有着共同的需求,忽略客户之间实际存在的差异,把整个市场看作一个大目标市场。在面对这种市场时,金融企业用各种产品或服务满足客户群体的需求,在所有市场上同时开展业务。一般情况下,只有大金融企业才有如此实力。

## 案例分析

### 硅谷银行的中国之路

作为对中国市场的试探,2008年,硅谷银行将目标首先锁定在了担保业务上,投资入股了浙江中新力合担保有限公司。而2009年通过与上海杨浦区的合作,硅谷银行成功获得了进一步渗透中国市场的敲门砖——成立了上海办事处,并帮助杨浦区政府管理若干只基金。

此前数月,在时任美国加州州长施瓦辛格访问上海期间,硅谷银行与上海市金融办、上海杨浦区政府签署了一系列框架协议,意在推进高科技风险投资。不过,硅谷银行相关人士在接受媒体采访时曾表示,受制于金融牌照,硅谷银行目前在中国还无法开展足够多的业务。

2010年12月21日浦发银行晚间公告称,12月18日,公司与美国硅谷银行签署《发起人协议》,拟在中国设立一家专注服务科技型中小企业的合资银行。

2011年10月20日晚,浦发银行正式发布公告,称和美国硅谷银行有限公司在上海筹建的中外合资银行"浦发硅谷银行有限公司"获银监会批准,这将是中国第一家拥有独立法人地位的"科技银行"。

2012年8月15日,浦发硅谷银行正式开业,总部落地于上海杨浦区。浦发硅谷银行注册资金为10亿元人民币,浦发与硅谷银行双方各持有50%的股权。原浦发银行副董事长、行长傅建华出任浦发硅谷银行董事长,而行长则由美国硅谷银行现任董事长魏高思(Ken Wilcox)亲自担任。

在新组建的合资银行中,浦发银行与硅谷银行在资源、市场、人才等方面将发挥互补优势,既要有国际化经验,也要能植根中国市场。

浦发硅谷银行将专注于服务创新型企业,它的优势包括:通过创新型资产价值的评估模式,为科技创新企业提供资金支持;度身定制金融服务方案,满足企业在各个发展阶段的需求;提供全球化合作平台,为国内企业向海外市场的发展搭建桥梁。

(资料来源:百度百科)

思考:

1. 硅谷银行为何看好中国市场?
2. 硅谷银行选择与浦发银行合作的主要原因是什么?
3. 硅谷银行采用何种策略选择目标市场?

## 任务三  市场定位与品牌创造

### 活动一  市场定位

#### 一、市场定位的含义

金融企业市场定位是根据竞争者或其产品在市场上所处的位置，针对消费者或用户对某种特征、属性等的重视程度，强有力地塑造出本金融企业或本金融企业产品和服务与众不同的、给人印象鲜明的个性或形象，并把这种个性或形象生动地传递给顾客，从而使本金融企业或本金融企业产品和服务在市场上确定适当的位置。

#### 二、市场定位的策略

金融企业市场定位的策略主要包括避强定位策略、迎头定位策略、创新定位策略、重新定位策略。

**1. 避强定位策略**

避强定位策略是指企业力图避免与实力最强的或较强的其他企业直接发生竞争，而将自己的产品定位于另一市场区域内，使自己的产品在某些特征或属性方面与最强或较强的对手有比较显著的区别。

**2. 迎头定位策略**

迎头定位策略是指金融企业根据自身实力，为占据较佳的市场位置，不惜与市场上占支配地位的、实力最强的竞争对手发生正面竞争，从而使自己的产品进入与对手相同的市场位置。

**3. 创新定位策略**

创新定位策略是指寻找新的尚未被占领但有潜在市场需求的位置，填补市场空缺，提供市场上没有的、具备某种特色的产品。采用这种定位方式时，金融企业应该明确创新定位所需的产品在技术、经济上是否可行，有无足够的市场容量，能否为金融企业带来合理而持续的利润。

**4. 重新定位策略**

重新定位策略是指金融企业在选定市场定位目标后，市场情况发生变化，于是考虑重新定位。如遇到竞争者定位与本企业的定位接近，侵占了本企业部分市场，或由于某种原因消费者的偏好发生了变化，特别是当外部宏观环境与内部条件（如实力）发生了重大变化时应执行此策略。

#### 三、市场定位的实施流程

**1. 识别可能的竞争优势**

（1）竞争对手的定位状况。在市场上客户最关心的是金融企业的产品或服务的属性。因此，金融企业首先要明确竞争对手在目标市场上的定位，准确衡量竞争对手的潜力，判断其有无潜在竞争优势，据此进行本企业的市场定位。

（2）目标客户对产品或服务的判断依据。金融企业要把客户感兴趣的金融产品或服务的最大偏好和愿望、对金融产品或服务优劣的评价标准，作为市场定位的依据。

### 2. 选择合适的竞争优势

假定金融企业发现了若干个潜在的竞争优势，那么，金融机构必须选择其中几个竞争优势，据以建立市场定位战略。金融企业必须决策重点宣传哪几种优势。金融企业应打造自己的风格，展示自己的实力，以此给社会公众造成一种"心理定式"，树立良好的个性形象，从而提高竞争力。

### 3. 传播和送达选定的市场定位

一旦明确市场定位，金融企业就必须采取切实步骤把理想的市场定位传达给目标客户，要有具体的行动而不是空谈。如果金融企业决定的市场定位是更高质量的产品和服务，那么必须围绕它设计市场营销要素组合，提供高质量的产品和服务，制定较高的价格，训练高素质的服务人员或服务中间商，通过高效便利的网络渠道销售产品，在高质量的媒体里做广告，直至将定位送达目标客户，让客户感知并产生心理认同。

## 活动二　品牌创造

### 一、品牌创造的意义

金融企业创造的品牌就是金融服务，金融企业以信用为基础，生产"服务、产品"。在创造品牌的过程中，从选择目标市场、制订计划、产品设计到营销推广等，必须围绕金融服务来进行。

### 二、品牌创造的过程

#### 1. 品牌定位过程

品牌定位包含产品或服务的定位，产品或服务是品牌的载体，是品牌和客户之间接触的基础。一个好的产品或服务是一个好的品牌的坚实基础。金融企业的品牌定位过程也是一个创造品牌差异的过程，如图3-2所示。

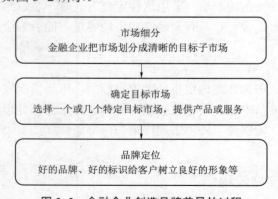

图3-2　金融企业创造品牌差异的过程

#### 2. 品牌推广过程

金融企业的品牌推广主要是通过人员推广、广告、公共关系、公共宣传等方式及其组合来进行的。选择好的大众传媒具有非常重要的意义。目前，金融企业可以选择的媒体主要有以下三类：一是大众传媒，包括报纸杂志、广播电视等传统媒介；二是交互式媒介，包括各种公关活动、商业赞助、俱乐部、展销会等；三是新媒体，如网络、微博、视频、APP、直播等新媒体。

**3. 品牌维护过程**

品牌作为金融企业的重要资产，其市场竞争力和品牌的价值来之不易。但是，市场不是一成不变的，需要金融企业不断地对品牌进行维护。

金融企业品牌在竞争市场中的品牌知名度、品牌美誉度提升以及销售、市场占有率增加等都是品牌进行良好维护的结果。金融企业品牌的生命力取决于客户的需求。如果品牌能够满足客户不断变化的需求，那么这个品牌就在竞争市场上具有旺盛的生命力。品牌维护要求品牌产品或服务的质量不断提升，加大品牌的核心价值，进行理性的品牌延伸和品牌扩张。在竞争环境中，金融企业品牌的市场表现将直接影响金融企业品牌的价值。因此不断对品牌进行维护，能够使金融企业在竞争中不断保持竞争力。

## 案例分析

### 成功企业的优势来源于准确的市场定位

我国香港地区的金融业十分发达，占所有行业份额的四分之一，在小小的香港，各类银行达几千家，它们如何在这个狭小的市场上找到生存空间的呢？关键在于定位，就是要按实际业务范围把自身同竞争对手区别开来，提供有差异的产品和服务，以成为某一细分市场中的最佳银行，显示出自己吸引顾客的特色。定位的目的在于帮助顾客了解竞争银行之间真正的差异，这样顾客就能挑选出最适宜的、能为他们提供最大满足的银行。

中国银行——定位于有强大后盾的中资银行，直接针对有民族情节、依赖中资的目标客户群；

恒生银行——定位于本土化、充满人情味、服务态度最佳的银行，通过走感情路线赢得顾客的心；

渣打银行——定位于历史悠久、安全可靠的英资银行，树立其"老大哥"的形象，让顾客对其充满信任；

汇丰银行——定位于分支机构最多、全港最大的银行，以实力、便利为竞争优势，同时是最主要的港币发行行。

（资料来源：http://www.doc88.com/p-6783977515074.html）

思考：
1. 案例中的各家银行是如何从自身出发进行市场定位的？
2. 你认为这几家银行的市场定位合理吗？为什么？

## 延伸阅读

### 互联网金融值得关注的八大细分领域

1. 农业互联网金融

代表公司：领鲜金融

领鲜金融由三个知乎大V号创立，笔者认识这家公司也是从一篇《可能是一篇招聘启事》的知乎专栏了解的。

目前公司已经获得险峰华兴的千万级别的风险融资。

该公司是涉足土地经营权（收益权）抵押贷款的互联网金融公司，也是中国最早专注农业与农村的互联网金融企业。

2. 能源互联网金融

代表公司：绿能宝

绿能宝创始人为彭小峰，其之前曾创立赛维LDK。

绿能宝致力于绿色能源领域，是以融资租赁业务为基础的能源互联网类金融公司。其产品主要在太阳能资产租赁领域。

3. 社交金融领域

代表公司：你我金融

你我金融的母公司是团贷网。

这是一款基于众保模式的移动社交金融平台，其APP基于陌生人地理位置，担保人确认借款后，担保放款，担保人也有一定收益；属于信用借款，模式十分新颖，具有社交属性、金融属性和众保属性。

4. 消费分期领域

代表公司：趣分期、乐分期

趣分期于2014年4月成立，成立8个月后拿到C轮1亿美元融资；乐分期也拿到了由DST领投的亿级美元B轮融资。

消费分期主要面对高校学生消费3C产品的市场。切入点非常准确，目标客户明确，也为后期的大数据做了准备，学生毕业后依然是稳定的潜在客户。美国也有一家类似的公司SoFi，也都获得了十足发展，得到了大笔融资。

5. 微信端超级理财大V

代表公司：悟空理财

悟空理财在2015年9月成立，母公司是玖富时代，拿到了1.1亿美元融资。

悟空理财是拥有200万粉丝的微信端超级理财大V。前期靠内容和病毒式传播获得大量粉丝，也依靠独特的营销方式：1个月6%的利率，2个月6.5%的利率……最高到13%，让投资人感觉很划算。

6. 股票配资方向

代表公司：米牛、658金融

米牛成立于2014年4月份，获华映资本4 980万元A轮融资。

658金融成立于2014年年初，获天沃科技A轮4 000万元融资。

随着股市走牛，一路过了4 400点，股票配资方向的互联网金融企业一路走红，是互联网金融热点，发展速度值得关注。

7. 学院派、供应链金融领域

代表平台：道口贷

道口贷于2014年12月上线，由清华控股旗下公司发起，是基于五道口金融学院互联网金融实验室的研究成果。

平台专注供应链金融，贷款项目的企业也是"清北"等顶尖高校的校友。

8. 手机移动端方向

代表公司：手机贷

手机贷于 2013 年 10 月上线，目前获得清科、红杉等超千万美元融资。

其定位于易被金融企业忽视的群体——刚刚开始工作的职场新人，他们还没有足够的消费能力，但是发展潜力巨大。在掌握他们消费习惯等大数据的情况下，在后续的岁月里可能会伴随着各种相关服务。

（资料来源：http://money.163.com/15/0424/12/ANVF1PCA00253B0H.html）

**任务实战演练：**

1. 请同学们以 5～8 人为小组，调查了解移动支付 APP 使用市场。
2. 根据调查了解的情况，将客户群体进行细分，分析不同类型的客户的使用习惯、消费习惯。
3. 根据不同客户的特点，制定不同的移动支付推广策略。
4. 请各小组根据调查的手机移动支付市场情况、客户细分情况、移动支付推广策略等进行汇总，制作成 PPT，进行汇报。

# 项目小结

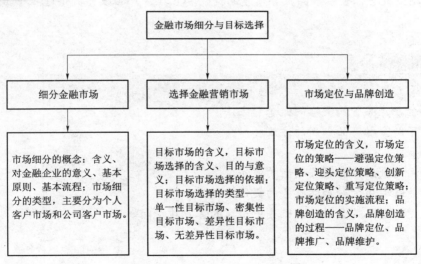

## 项目四

# 金融营销产品策略

### 引 言

随着我国金融企业之间的战略联盟与合作、金融产品链条的不断丰富和完善，国内金融交叉产品的销售能力提高，金融产品的营销能力将成为金融机构竞争的关键。本项目将介绍金融产品的相关概念，金融产品服务质量的提供和管理，产品服务提供过程中出现的问题和处理方法。

### 项目学习目标

**知识目标**
1. 了解金融产品营销策略的概念和方法。
2. 重点了解金融产品创新的方法。

**技能目标**
1. 学会运用金融产品服务创新的方法。
2. 能够熟练运用金融产品服务的提供技巧。
3. 能够灵活地化解金融产品服务中出现的客户抱怨问题。

### 案例引入

2016年9月5日，期货投资平台微期宝邀请到14位花椒视频平台的人气网红，参加微期宝在花椒平台举行的"微期宝超级期货王大赛"。为号召更多自家粉丝扫码关注微期宝，参加模拟大赛，加入主播所在战队，并参与当晚直播PK大赛一起赢取万元现金大奖，在长达两个半小时的直播中，14位风格各异的美女主播展示着自己模拟账户的真实涨跌，与粉丝进行高效互动交流，耐心演示报名参赛的具体操作流程。主播们纷纷使出自己的看家本领，有霸道理性的、红包豪气冲天的、卖萌求助的、晒盈利成果的、才艺展示的，风格不一。活动有效带动了粉丝的好奇与参与热情，最终吸引了超过100万网友围观，粉丝主动关注微期宝公众号的数据和报名参赛的转化数据也十分理想。本案例中，微期宝就充分利用了网红的信息传播渠道价值、煽动示范作用和背书价值。

（资料来源：搜狐公众平台）

思考：
1. 该企业通过什么样的金融产品策略有效地提高了微期宝的使用量？
2. 该企业为什么会采用该策略？

# 任务一　认识金融产品和服务

## 活动一　认识金融产品

### 一、金融产品的概念

随着社会的不断发展，金融产品和人们的生活联系日趋紧密。然而，人们对金融产品的理解不尽相同。

以信用卡为例，持卡者既可以享受便捷的消费，也可以显示身份的高贵；对于银行而言，信用卡是一种针对个人消费的信贷工具，可以带来利息和费用收入；对于信用卡组织（如VISA、银联等）来说，信用卡不仅能够招揽顾客，提高销售额，而且能够降低结算风险。

金融产品是指金融机构为市场提供的有形产品和无形服务的综合体。狭义的金融产品是指金融机构创造的、可供客户选择的在金融市场上进行交易的金融工具。广义的金融产品是指金融机构向市场提供的，并可由客户取得、利用或消费的一切产品和服务。

金融产品也指金融机构通过开展各类业务活动为客户提供的各种类型的产品和服务，包括储蓄、信贷、结算、证券投资、商业保险和金融信息咨询等。

（1）金融产品与实物资产的关系：很多金融产品都是由实物资产演变而来的。如微软公司的股票是由微软公司的实际资产演变而来的，微软公司的股票期货和期权又是由微软公司的股票演变而来的；房屋抵押证券是由房屋而来的。

（2）金融产品、金融资产和金融工具之间的关系：金融产品是各种经济价值的载体，如现金、股票和期货等。比如，张三用300万元买了股票，现在这些股票的市场价值不到100万元。

### 二、金融产品的层次

金融产品从顾客需要到具体产品的形式和内容有着复杂的组成部分，对其进行详细的划分有利于企业提高服务水平，改进服务质量，确定竞争策略。通常一个整体的金融产品可以划分为以下几个层次。

**1. 核心产品**

核心产品由基本的服务产品组成，如银行开立的存、贷款户。核心产品的实质是为解决客户的某一主要问题而提供的服务，能够满足客户的某一种金融需要，并能给客户带来特定利益。金融客户实际所需要的东西是金融产品的基本内容或核心部分。金融产品的需求者不是为了消费金融企业所提供的各种金融工具而是通过金融工具获得其他东西。

金融客户的核心利益是多种多样的，甚至一种产品能够包括金融客户多种需要，这些核心利益包括利息、股息、分红、便利、透支、安全、保险、保值、地位、自尊和各种预期等。

不同金融产品有着不同的核心利益,现在金融机构也注重不断开发能够同时给客户提供多种核心利益、满足多种需要的金融产品,如信用卡。

**2. 期望产品**

期望产品是指客户在购买某种具体的金融产品或消费其提供的能够满足核心利益的服务时,期望这些产品或服务所具备的一些属性和条件,如获取产品的便利性、查询有关信息、提供咨询或建议等。在相同的情况下,如果一家金融企业提供比其他竞争者更多的能够满足客户期望的产品与服务,无疑对消费者更具有吸引力。期望产品与普通产品一起构成需要满足的必备条件,还有一些附加因素,包括信誉可靠的银行、舒适的环境、快捷准确的服务、安全、保密等。

**3. 增值产品**

增值产品也称附加产品或延伸产品,它是指为了使得其产品与其他对手的产品有所差别,即给其核心产品加入附加价值。例如,银行为每个活期储蓄存款账户免费发放借记卡,使其活期账户在存款保值的基础上增加了转账、消费功能;又如保险公司的分红型保险,就是保险公司将其实际经营成果优于定价假设的盈余按一定比例向保单持有人进行分配。

**4. 潜在产品**

潜在产品是指现有产品包括所有附加产品在内的,可能发展成为未来最终产品的潜在状态的产品。它由已经或可以被客户利用的所有潜在增加的特征和利益组成。通过重新定义产品和扩展现有产品的功能,建立更换成本,使得顾客难以更换他们现有的金融服务提供者。

### 三、金融产品的特征

相对于其他一般消费品与生产资料而言,金融产品具有以下几方面的特征。

**1. 使用价值归于价值**

一般的消费品具有直接满足人们某种物质需求的功能,而金融产品却不具备。不过,金融产品代表着财富,它可以变成货币进而用货币购买其他商品和服务。因此,相对一般消费产品来说,金融产品的最大特点在于它的使用价值归结于价值;任何金融产品本质上都有一定的价值。与金融产品的价值相联系,金融过程是价值运动的过程,资源配置只不过是价值运动过程中的一个客观过程。

**2. 无形性**

一般消费产品是指有形产品,大多数金融产品是不能预先用五官直接感触到的特殊消费,无法像实物产品一样通过观察其外观及测试其性能,快速、准确地判断其质量和价格是否合理。由于金融产品在使用价值上不存在不同的物质属性,所以金融产品在原则上都可以"非物质化"。由于金融产品可能不具备某些鲜明的物理特征,所以具有较强的抽象特征,这使得金融产品在扩展方面具有比较广泛的想象空间。因此,如何通过某些有形的形式与特点设计使金融产品具有吸引客户的巨大魅力,是金融产品设计开发的关键性因素。

**3. 不可分割性和广泛性**

由于金融产品的无形性,金融机构在提供金融产品时需要把各种相关过程,如金融产品的销售过程与服务过程等联系起来,从而使得金融产品具有不可分割性。因此,金融产品在整个营销过程中需要特别注重各个环节的相互关联。

#### 4. 产品之间的相互替代性

不同消费产品的使用价值不同，因此不同类的消费产品通常是不可替代的，或者只存在非常有限的替代关系。然而对于金融产品来说，由于具备有偿价值和价值合二为一的特点，不同金融产品不存在质的区别，也不存在完全的不可替代性。金融产品的同质性和可替代性决定了金融管理的一大特性，即金融产品之间的相互制约、相互影响、相互替代。

#### 5. 易模仿性

金融业作为第三产业，虽然经营对象是货币资金这种特殊产品，但是也像其他服务业一样，具有服务需求弹性大、提供的产品基本无差异的特点，由此导致金融产品极易被模仿，而且大多不受知识产权的保护，同质性和趋同性特征非常明显。整个金融业呈现出金融产品"你有，我也有"的局面，产品"克隆"的速度非常迅速，这就使得某一金融机构的金融产品和服务很难区别于其他金融机构的产品和服务。而且，由于引进金融产品的金融机构，其产品开发费用较低，引进速度较快，所以导致这类产品的增幅大大提高。再加上现代信息社会及资金市场的区域化与全球化，资金价格的传递迅速并且广泛，所以同类金融产品在国内金融市场甚至国际金融市场上出现价格趋于基本一致的情况，也使得各类金融机构之间的产品竞争更加激烈。

### 四、金融产品的分类

金融产品的内容非常广泛，随着社会发展，种类也越来越多。根据不同的标准，金融产品可以分为许多类型。

#### 1. 根据金融产品的性质划分

根据其性质，金融产品可划分为债务类金融产品、股权类金融产品、衍生类金融产品和合成类金融产品四种。

（1）债务类金融产品

债务类金融产品是指以某种形式的约定票据来体现双方债权债务关系，通常由政府、企业以及金融机构等为了融资或增加杠杆比例而发行。传统上，债务类金融产品通常和优先股一起被称为固定收益证券，但因为金融创新的飞速发展，这个范围已经有所突破。

（2）股权类金融产品

股权类金融产品是指公司财产具有所有权和收益权的有价证券，最基本的形式是普通股。

（3）衍生类金融产品

衍生类金融产品是指从原生资产派生出来的金融工具。其共同特征是保证金交易，即只要支付一定比例的保证金就可以进行全额交易，不需要实际上的本金转移，合约的了结一般也采用现金差价结算的方式进行，只有在满期日用实物交割方式履约的合约才需要买方交足货款。

根据产品形态，衍生类金融产品可以分为远期、期货、期权和掉期四类。

根据原生资产大致可以分为四类，即股票衍生品、利率衍生品、汇率衍生品和商品衍生品。如果再加以细分，股票类中又包括具体的股票（股票期货、股票期权合约）和由股票组合形成的股票指数期货和期权合约等；利率类中又可以分为以短期存款利率为代表的短期利率（如利率期货、利率远期、利率期权、利率掉期合约）和以长期债券利率为代表的长期利率（如债券期货、债券期权合约）；汇率类中包括各种不同币种之间的比值；商品类中包括各类大宗实物商品。

（4）合成类金融产品

合成类金融产品是一种跨越利率市场、外汇市场、股票市场和商品市场中两个以上市场的产品，证券存托凭证（DR）、股指期货等均属于此类。

**2. 根据发行者的性质划分**

根据发行者的性质，金融产品可以分为直接金融产品和间接金融产品两大类。

（1）直接金融产品

直接金融产品是指资金需求方与资金供给方之间直接进行资金融通所使用的工具，由政府、企业等非金融机构发行，主要包括政府债券、公司债券、股票、商业票据等。

（2）间接金融产品

间接金融产品是指金融机构在资金供需双方之间充当媒介，进行间接融资活动时使用的工具，包括银行票据、存单、保险单等。

**3. 根据信用关系存续时间长短划分**

根据信用关系存续时间，金融产品可以分为短期金融产品和长期金融产品。

（1）短期金融产品

短期金融产品是指偿还期在一年以内的货币市场的金融工具，主要包括汇票、本票、支票、国库券等。

（2）长期金融产品

长期金融产品是指偿还期在一年以上的资本市场的金融工具，主要包括长期债券、股票等。

## 活动二　认识金融服务

市场营销学注重的是生产实体产品的企业营销活动，对基于劳务的服务产品营销的重视只是近20年的事。金融行业是不同于实体产品生产的服务行业，虚拟性和重要性又使其成为一个特殊的服务行业，从而使该行业体现了金融产品和金融服务的不可分割性的特点，因此本部分专门针对金融服务的相关概念进行介绍。

### 一、金融服务的概念

金融服务是指金融机构运用货币交易手段融通有价物品，向金融活动参与者和顾客提供的共同受益、获得满足的活动。按照世界贸易组织附件一中关于服务贸易的内容，金融服务的提供者包括下列类型机构：保险及其相关服务机构，以及所有银行和其他金融服务（保险除外）机构。

### 二、金融服务的范围

广义上的金融服务是指整个金融业发挥其多种功能以促进经济与社会的发展。具体来说，金融服务是指金融机构通过开展业务活动，为客户提供包括融资投资、储蓄、信贷、结算、证券买卖、商业保险和金融信息咨询等多方面的服务。

### 三、金融服务的特征

与其他产业部门相比，金融服务具有一些显著特征，主要包括以下方面。

**1. 金融服务投入少**

金融服务的实物资本投入较少，难以找到一个合适的物理单位来度量金融服务的数量，这也就无法准确定义其价格，从而无法编制准确的价格指数和数量指数，因此金融服务业的产出难以确定和计量。

**2. 金融服务融资中介**

传统金融服务的功能是资金融通的中介，而现代金融服务则具有越来越多的与信息生产、传递和使用相关的功能，特别是由于经济活动日益"金融化"，因此，金融信息越来越成为经济活动的重要资源之一。

**3. 金融服务劳动密集型**

金融服务传统上是劳动密集型产业，而随着金融活动的日趋复杂化和信息化，金融服务逐渐变成了知识密集和人力资本密集型产业，人力资本的密集度和信息资源的多寡在现代金融服务业中已经成为决定金融企业创造价值的能力，以及金融企业生存和发展前景的重要因素。

**4. 金融服务自由化**

在当今这样一个国内和国际竞争加剧的时代，金融服务正处于大变革的过程中，信息技术、放松管制和自由化的影响已经改变并在不断塑造着金融服务业领域，而且这种趋势还将持续下去。

### 案例分析

红星贸易公司是我办理的第一个签约"支付密码器"的客户。这家公司存款额度不大，但资金调度频繁，老板是个疑心颇重的大姐，印章等重要物品都是自己保管，亲自跑银行办理业务，还经常到省内各地出差。向其成功营销通存通兑业务两个月后，我问起这位大姐："支付密码器用得怎么样？"大姐非常爽快地回答："早给我推荐就好了！我现在可放心了，只要密码器在手，印章丢了都不怕。"接着，她向我讲了一个实例：一次去沈阳进一批非常紧俏的货，供货方宣称谁的货款先到，货就给谁。于是，大姐跑到附近的建行转账支付，行内实时到账，最后成功签约，抢到先机赚了一大笔。听了大姐的讲述，我认真筛选了一批与大姐情况类似的客户，并向他们逐一推荐通存通兑业务。功夫不负有心人，半年后，共有17家客户签约了"支付密码器"。

（资料来源：中国建设银行辽宁省分行《柜面服务案例与礼仪规范》）

思考：

1."支付密码器"和"通存通兑"满足了人们哪些方面的需求？

2."支付密码器"和"通存通兑"具有哪些竞争优势？

3."支付密码器"和"通存通兑"在促销方面可以怎么做？

## 任务二　开发新产品

### 活动一　新产品开发概述

企业的外部环境若是创造型的（企业处于剧烈变动的环境中），则要求企业战略模式和组织形式也必须是创造型的。战略模式、组织与环境这三个要素只有协调一致、相互适应,企业效益才能提高,反之则会降低。

## 一、新产品开发的概念

新产品开发是指从研究选择适应市场需要的产品开始到产品设计、工艺制造设计,直到投入正常生产的一系列决策过程。广义而言,新产品开发既包括新产品的研制,也包括原有的老产品改进与换代。新产品开发是企业研究与开发的重点内容,也是企业生存和发展的战略核心之一。企业新产品开发的实质是推出不同内涵与外延的新产品,对大多数公司来说,是改进现有产品,而非创造全新产品。

## 二、金融产品开发的概念

金融企业为了适应市场需求而研究设计出与原有产品具有显著差异的金融新产品,即金融产品中任何一个层次发生了更新或改变,使得产品增加了新的功能或服务,并能给客户带来新的利益和满足新的服务需求,称为金融产品开发。

## 三、金融产品开发的目标

在科学技术迅速发展、市场状况瞬息万变的当今社会,金融企业要想获得持久性的盈利增长就必须不断进行产品开发,而在进行新产品设计时企业应根据市场环境与自身特点制定适宜的目标。金融产品开发的目标主要有以下几方面。

**1. 开拓新市场,吸引新客户**

金融市场上不同客户的需求各不相同,针对不同的客户,金融企业应根据其不同的需求来开发金融新产品,从而最大限度地吸引客户,扩大产品销售,不断占领新市场。例如,支票存款账户既能获得利息又能开支票,从而吸引了许多潜在客户;而房屋抵押贷款的证券化既有助于加强资产的流动性,又可有效地规避风险,自然吸引了一大批新客户。又如,招商银行为了吸引存款客户,推出了集本外币、定期、活期存折存单等业务于一身的"一卡通",具有一卡多户、自动提款、商户消费、贷款融资、自动转存、长话服务、电话查询、通存通兑等多项功能,充分显示其安全、简便、灵活、高效等特点,受到了广大客户的青睐。该卡在全国已销售 46 万张,吸收储蓄存款超过 30 亿元,该产品的开发之所以取得成功,在一定程度上得益于招商银行明确设立了新产品开发的市场目标。

**2. 巩固现有产品的市场份额**

金融产品开发不仅是为了开拓新市场,而且还要巩固已有市场,增加现有产品在市场上的销售量。这一目标的实现可以依靠以下两项措施:

(1)增加产品的交叉销售。即不断扩大与改善企业服务范围或对金融产品进行重新组合,以便为客户提供更加便利、全面的服务,从而增强对客户的吸引力。

(2)吸引竞争对手的客户。金融客户在选择金融企业时考虑的一个重要因素为便利性,因而为了吸引竞争对手的客户,金融企业必须不断设计新产品、开发新服务,以使客户获得新的利益。可见,金融企业必须对现有市场上的客户进行调查分析,以巩固其现有产品的市场份额。

**3. 提高工作效率，降低经营成本**

金融产品开发应有助于提高金融企业的融资效率与工作效率，不断降低经营成本。金融新产品的开发必须要以简化业务手续、减少流转环节、降低管理费用作为重要目标，而金融业务的电子化、网络化管理是降低管理费用、提高服务品质的有效途径。

**4. 树立金融企业的良好形象**

金融产品开发必须要以改善企业形象作为基本目标，因为金融产品无专利可言，为了使本企业在众多竞争者中异军突起，应该使金融产品具有鲜明的特色，以增强对客户的吸引力。因此，在金融产品开发时，企业应对市场需求进行充分调查，使产品能更好地满足客户需求，树立金融企业的良好形象。

### 四、金融产品开发的基本要求

**1. 开发的新产品必须有足够的市场**

金融机构在推出新产品之前，应力求对将要开发的新产品的市场需求进行较为准确的预测，以保证新产品进入市场后有相当的销路，为顾客所接受。

**2. 开发的新产品必须有自己的特色**

新产品的特色主要体现在创新方面：不论是全新或是换代，还是改进，抑或是仿制的新产品，均应反映出市场需要与金融机构的经营特色。只有这样，才能满足和刺激顾客新的需求。

**3. 开发新产品，金融机构必须具备足够的能力**

新产品的开发要耗费一定的人力、财力、物力，特别是需要一定的技术力量支撑等，因此，金融机构在进行新产品开发时，必须充分考虑自己的能力，做到量力而行。

**4. 开发的新产品必须与顾客特点相适应**

开发的新产品必须与相应顾客层的社会文化、价值观念、消费习惯等相适应，以使开发出的金融产品能够较快地为市场及一定的消费群体所接受。

**5. 开发的新产品必须能够产生效益**

对金融机构而言，开发金融产品必须能够为它创造一定的经济效益。当然，对这种效益的衡量可能有短期与长期之分。有的金融产品的开发在短期内或许不一定能对金融机构产生正效益，此时需要金融机构对其未来的或潜在的发展潜力作出判断，以确定是否开发与推广这种新产品。另外，对一个国家或地区而言，金融产品的开发还应具备一定的社会效益。

### 五、金融产品开发的原则

开发新产品具有较高的失败率，这主要归因于金融产品的研发技术要求较高，对市场的分析和预测要求非常高，如信用卡、保险险种、经纪人服务项目等。因此，金融机构在开发新产品过程中应遵循以下原则：

**1. 适应市场需求，开发适销对路的产品**

从国际金融业的发展趋势看，金融机构的产品范围会越来越大。但金融产品不同于其他产品，它基本上是虚拟的，必须对客户的资金量、偏好、习惯等因素进行分析，把具有相同意向的客户进行归并，从而设计出不同的金融产品品种。可见，金融行业产品设计的重心在于了解客户需求。只有清楚客户需求，才能设计出被市场广泛接受的产品。

美国金融机构在20世纪90年代中期即已意识到：未来的成功者将是把客户关系同信息技术结合，针对客户需要及时地构造金融新产品的企业。因此，金融机构要整合客户产品、关系等信息，按照人口统计、文化、社会阶层、盈利贡献等要素对客户细分，定位合适的目标市场，有针对性地设计差别化、满足不同层次客户，特别是优质客户需求的新产品，通过交叉销售、低成本渠道转移、合理定价等方法，以推动客户的购买力和提高金融机构的盈利水平。

**2. 量力而行，明确开发方向**

各种金融机构层次不同，规模不一，任何机构都不可能对市场上所有有需求的金融产品进行统一开发，只有那些既具有市场需求又是本企业擅长的项目，才是新产品的开发方向。

**3. 加强调研，密切关注金融业的发展动向**

金融业的发展突飞猛进，全球化、一体化、自由化是金融业发展的必然趋势。在经济新常态、供给侧改革和互联网金融的冲击下，如何突破现有的制度框架是我国金融机构必须思考的严峻问题。只有加强调研，认真分析并明确所面临的机遇和挑战，才能在激烈的市场竞争中占得先机，立于金融产品创新的潮头。

## 六、新产品开发的策略

选择和确定金融新产品开发的策略是开办新产品业务的一个重要环节，金融机构应该根据新产品的内容和特点，从目标市场的实际出发，来选择和确定适当的开发策略。由于新产品的内容、形式具有复杂性、多样性，因此开发策略也是多种多样的。一般来说，开发金融产品可以采取以下策略。

**1. 独立式开发**

这是由本机构独立进行金融新产品开发的全部过程。这种方法主要适用于经济实力与研发实力较雄厚的大型金融机构，中小型金融机构可以通过这种方法进行复杂程度不高的或仿制型、改进型产品的开发。

**2. 协作式开发**

这是由金融机构、高等院校或科研机构协作进行新产品的开发。这种方式被大、中、小型金融机构广泛采用。金融产品涉及各个方面，通过多头协作，可以取长补短，发展群体优势，通常情况下会收到比独立开发更好的效果。如上海春秋旅行社与中国工商银行合作推出免息旅游贷款，中国交通银行天津分行与天津肿瘤医院等多家医院建立业务合作关系，联合推出"康复之光"医疗贷款等，这些都是协作式开发的成功实例。

**3. 技术引进式开发**

这是通过引进国外技术、购买专利来开发新产品。发达国家金融市场经过百余年的发展，金融工具种类繁多，而且大多数经过了市场的检验。通过技术引进方式开发新产品，对我国金融机构迅速达到世界先进水平、进入国际市场将起到重要作用。

**4. 进攻式开发策略**

进攻式开发策略又称为抢占市场策略或先发制人策略。金融机构抢先开发新产品，投放市场，使某种产品在激烈的市场竞争中处于领先地位。这样的上市产品才是正宗的产品，具有强烈的占据市场"第一"的意识。具有较强的科技开发能力和雄厚的财力保障的金融机构开发出的新产品不易在短期内被竞争者模仿。

**5. 防御式开发策略**

防御式开发策略又称为模仿式开发策略。它不是被动性防御，而是主动性防御，即金融机构并不投资研制新产品，而是当市场出现成功的新产品后，立即进行仿制并适当改进，消除上市产品的最初缺陷而后来居上。具有高水平的技术情报专家，能迅速掌握其他机构研究动态、动向和成果，具有高效率研制新产品的能力，能不失时机地快速解决消费者关心的问题的金融机构可采用这种开发策略。

**6. 系列化开发策略**

系列化开发策略又称为系列延伸策略。金融机构围绕产品进行全方位的延伸，开发出一系列类似的，但又各不相同的产品，形成不同类型、不同规格、不同档次的产品系列。金融机构针对消费者在使用某一产品时所产生的新的需求，推出特定的系列配套新产品，可以加大产品组合的深度，为新产品开发提供广阔的天地。具有设计、开发系列产品资源，具有加大产品深度组合能力的金融机构可采用这种开发策略。

**7. 差异化开发策略**

差异化开发策略又称为产品创新策略。市场竞争的结果使市场上产品同质化现象非常严重，金融机构要想使产品在市场上受到消费者的青睐，就必须创造出与众不同的、有自己特色的产品，满足不同消费者的个性需求。这就要求金融机构必须进行市场调查，分析市场，追踪市场变化情况，调查市场上需要哪些产品，哪些产品使用现有的技术能够生产，哪些产品使用现有的技术不能生产。对这些技术，金融机构要结合自己拥有的资源条件进行自主开发创新，创新就意味着差异化。具有市场调查细分能力、具有创新产品技术和资源实力的金融机构可采用这种开发策略。

**8. 超前式开发策略**

超前式开发策略又称为潮流式开发策略。众所周知，一般商品的生命周期可以分为导入期、成长期、成熟期和衰退期四个阶段。而消费流行周期和一般商品的生命周期极为相似并有密切的联系，包括风格型产品生命周期、时尚型产品生命周期、热潮型产品生命周期等特殊类型。在消费者日益追求享受、张扬个性的消费经济时代，了解消费流行的周期性特点有利于金融机构超前开发流行新产品，取得超额利润。具有预测消费潮流与趋向能力、具有及时捕捉消费流行心理并能开发出流行产品能力的金融机构可采用这种开发策略。

## 活动二　金融产品开发流程

### 一、金融产品开发的类型

新型金融产品是基于精心的设计和努力开发的产物，也可以是为了满足客户的特殊要求所设计的方案产品化后的结果。金融产品开发可以划分为以下四种类型。

**1. 产品发明**

产品发明指金融机构根据金融市场需求，利用新原理与新技术开发出新的金融产品。这种新产品可改变客户的生活方式或生活习惯。产品发明难度越大，就需要越多的资金投入与先进技术的采用，并且开发周期也越长。因而产品的开发可以充分反映金融机构实力与市场竞争能力。

## 2. 产品改进

产品改进指金融机构对现有金融产品进行改进，使其在功能、形式等方面具有新特点，以满足客户需求，扩大产品销售。当前，金融产品种类繁多，为了避免发明新产品所需的大量资金、人力、时间等，金融机构可以对现有产品进行改造或重新包装，以增加产品的服务功能，更好地满足客户需求。

## 3. 产品组合

产品组合指金融机构将两个或两个以上的现有产品或服务加以重新组合，从而推出金融新产品。金融机构拥有的产品越多，就越难从整体上开展有效的金融营销活动，因为客户难以充分了解全部产品。为了更好地让客户接受本机构的产品，金融机构可以对原有的业务进行交叉组合并在某个特定的细分市场中推广，让客户获得一揽子服务，这样就易于占领该市场并不断吸引新的客户。

## 4. 产品模仿

产品模仿指金融机构以金融市场上现有的其他产品为样板，结合本机构以及目标市场的实际情况和特点，加以改进和完善后推出新产品。由于金融新产品是在学习别人的经验、结合自身的特点的基础上加以效仿产生的，金融机构在开发时所花费的人力、物力、资金等都较低，简便易行且周期较短，所以被金融机构广泛使用。

## 二、金融产品的开发流程

为了使新产品适应市场的需求，提高新产品开发的成功率，减少供需差异造成的产品开发风险，加强对新产品开发管理程序的设计显得特别重要。金融产品的开发流程大致分为构思、筛选、产品概念形成、商业分析、新产品研制、试销、商品性投放七个阶段。

### 1. 构思

1）构思的外部来源。

（1）由客户提出的非正式提议。

（2）由联营方式合作伙伴提供的设想。

（3）由政府提出的社会需求方向。

（4）竞争对手的反应和建议。

（5）现有的研究成果和其他文献资料。

2）构思的内部来源。

（1）金融机构本身的研究开发部门的建议。

（2）金融机构本身的市场营销部门的建议。

（3）有经验的高级管理人员和基层员工的建议。

### 2. 筛选构思

筛选阶段的主要目的，是选出那些符合银行发展目标和长远利益，并与银行资源相协调的产品构思，扬弃那些可行性差或获利少的产品构思。筛选的过程应遵循如下标准。

（1）市场成功条件。

（2）金融企业内部条件。

（3）销售条件。

（4）利润收益条件。

在实际操作中，筛选包括初选、更为系统的审查、决定取舍等三个步骤。筛选阶段应力求避免两种偏差：一种是忽略了良好的产品构思，对其潜在价值估计不足，草率删除，失去发展机会；另一种是采纳了错误的产品构思，仓促生产，造成新产品开发失败。

**3. 产品概念的形成**

产品概念的形成是对已经成型的产品进行设计与鉴定。产品设计的基本任务是将产品构思发展为几种产品设计方案，描述出比较明确的产品概念；设计鉴定则是对每一个具体方案加以具体的评价，根据市场状况、投资盈利率、生产能力及银行资源等标准反复权衡，得出每个产品方案的潜在价值，并将产品方案提供给有代表性的顾客群进行测试，最后经过综合分析，选定一种最佳的设计方案。

**4. 商业分析**

商业分析即产品的经济效益分析，其任务是在初步拟定营销规划的基础上，对产品方案从财务上进一步判断，究其是否符合预期目标。包括两个具体步骤：预期销售额和推算成本与利润。为进行商业分析，需要拟定一项营销方案，主要内容包括：产品结构、目标市场、消费行为、新产品的市场形象和定位、产品定价、营销渠道、预计销量和预计销售费用、预计长期销量及利润目标。

**5. 新产品研制**

这一步是将经过商业分析后的新产品方案交给研究开发部门，将方案变为现实模型或样品的过程。这一过程也包括包装及品牌的设计。只有进入产品研制阶段才能发现产品方案的不足，并确定方案在技术上、商业上的可行性。应当指出的是，研制过程同时应包括专业人员的功能测试及消费者测试。目前功能测试是在一个仿真的操作环境内，由专业人员对产品的性能质量及安全性进行测试；消费者测试是指以消费者试用样品进行测试。测试结束后要出具测试报告，写明测试结果。

**6. 试销**

少量生产已通过测试的样品为正式产品，投入到有代表性的小范围市场上进行试销，目的在于检验新产品的市场效应，并由此判断是否大批生产。并非所有的新产品都需要经过试销，这取决于企业对新产品成功率的把握。如果金融机构已经收集了用户关于新产品的反馈意见，并对缺点进行了改进，对其市场潜在销量有信心，就可以直接正式销售。

**7. 商品性投放**

新产品试销成功后就可以正式批量进入生产，全面推向市场，金融机构在此阶段应注意以下问题。

（1）投放时机。

如果新产品是代替原有老产品的，应在原产品使用趋少的时机投放市场；如果新产品的需求是有较强季节性的，则应在最恰当的季节投入，如银行公交汇卡应选择在乘公交车的夏冬旺季。

（2）投放地区。

必须确定投放市场是在城市还是在乡村、是国内市场还是国际市场。一般情况下，每一金融新产品的设计都是针对不同的使用阶层的，如汽车贷款、消费贷款、个人住房信贷等。科学地选择投入区域的主要评价标准有：市场潜力、金融企业的市场信誉、营销费用、市场竞争、投放区的扩散影响等。

## 活动三　金融产品创新

### 一、金融产品创新的概述

近几十年来,世界金融业的发展突飞猛进,其速度远远超出以往任何一个时代。新的金融工具不断产生,金融市场不断细化,非银行金融机构获得了极大的发展,新兴的国际金融市场也不断涌现。

1921 年,著名经济学家 J.A.Schumpeter 在其所著的《经济发展理论》一书中首次提出了"创新"一词。他认为,创新就是企业家将生产条件和生产要素进行新的组合,进而"建立一种新的生产函数"的过程。这种"新组合"内容非常宽泛,既可以组合新产品、新工具、新技术、新方法,也可以组合出新的管理制度、新的组织形式、新的市场运作方式;在这种"新组合"的方法上,既可以有开创式的首创性"新组合",也可以有借鉴吸纳式的引进性"新组合"。

既然创新是企业家对生产要素的一种新的组合,那么我们就可以这样理解金融创新:金融创新是银行家对金融业内部各种要素的新组合或将新的事物、新的观念、新的方法等引入金融业。当然,与一般企业的创新相比,金融创新更多的是金融产品生产程序或业务操作中的程序创新、经营观念创新、管理手段创新、制度创新和组织结构创新等。

### 二、金融产品创新的方法

创新是金融产品的活力源泉,是金融产品衍化发展的内在动力。金融产品不创新,就不能满足客户不断变化的需求,就无法适应更加激烈的竞争。品种创新不仅需要满足不同层次客户的需求,使客户建立起对金融产品的忠诚,愿意尝试使用和放弃转换,而且要有特色、有新意、有优势,并与其他竞争者的产品区别开来。越是独一无二的创新产品越能给客户耳目一新的感觉,并可在一定程度上防止对手低成本的模仿。

**1. 借鉴产业政策,做好风险防范**

目前,不同政策部门和不同专家、学者对金融产品创新的监管思路和发展问题上有不同的意见。其中,一种观点认为,在发展新的金融产品时,必须要先建立规则,充分借鉴国际经验。这种说法有一定的道理,但在实践中存在一些问题。首先,国际范围内的经验和教训并不相同,不同国家之间存在显著差异。另外,在缺乏实践经验的基础上建立规则往往需要花费很长时间,甚至规则始终不得出台,建好的规则的可操作性和健全性也有待进一步观察。从方法论上看,一切必须先建规则才能实践,有悖于人类通过实践提高认识的客观规律。因此,在现阶段的金融产品创新过程中,可以更多地借鉴产业政策的有关做法,通过设立正面清单和负面清单的方法加以规范和解决。对于那些国际范围内较为成熟的产品,具有较强风险控制能力的金融机构在开展创新业务时可采取负面清单的做法,也就是说"未经法律明确禁止的业务品种,均可以开发"。而对于那些不是十分成熟、有可能带来系统性风险的金融产品,则采取正面清单的方式加以规范。

**2. 细分市场,寻找利基点**

利基市场是指被竞争对手所忽视而又能带来利润的细分市场。在做好大众化产品的开发和营销的同时,区分细分市场,寻找特殊小群体客户的需求,已成为开拓新产品的一条有效途径。尤其是在个人金融市场的产品创新中，客户在区域、年龄、职业、教育、收入等方面存在差异，因此会产生不同的需求。如国内一些银行按客户群体不同的年龄段开发了"学生投资理财计划""婚礼储蓄"等。

**3. 金融机构之间互相合作**

互相合作开发新产品的趋势在国外已遍及各类金融机构，如商业银行与证券公司、商业银行与保险公司、信托银行与证券公司、国内银行与国外银行之间都可以开发出组合式金融产品或金融服务方式。

**4. 明确金融产品的定位**

在金融创新产品的过程中，要合理明确金融产品的定位，主要区分面向机构投资者和面向个人的产品。鉴于机构投资者一般拥有机构优势，有较强的分析判断和抗风险能力，因此面向机构投资者的产品在许可证上更为宽松，面向个人的金融产品在准入方面应更为谨慎，在信息披露和监管方面应更为严格。其中，针对高端客户的金融创新产品和普遍服务的金融创新产品应有所区别。此外，对于一些包括衍生品在内的定价和风险控制更为复杂，面向复杂的金融机构的金融创新产品也需要在监管上加以区别对待。

**5. 满足客户需求，实现"利益最大化"**

金融产品创新的一个重要原则是从客户的需求和利益出发，使产品尽可能满足客户"利益最大化"的投资目标，在方便客户、使客户满意的同时，为自身带来良好效益。

## 活动四　金融产品生命周期

金融产品和其他任何产品一样，在市场上的销售情况和获利能力并不是固定不变的。从被投入市场开始，金融产品的销售能力与获利能力会随着时间的推移和市场环境的变化而变化，并可能最终被市场所淘汰。这个过程有如生物体一样，会经历诞生、成长、成熟和衰亡的生命过程。

所谓金融产品的生命周期，就是金融产品从进入市场到最后被淘汰的整个过程。产品的生命周期通常可以分为四个阶段：初创期（也称为导入期）、成长期、成熟期和衰退期。每一个时期都有不同的特征和营销策略。

### 一、初创期

**1. 初创期的阶段性特征**

这是金融产品初次进入金融市场的时期，在这一时期，对于新产品，客户需要一个从认识到接受的过程。因此，本阶段以产品销售量的缓慢增长为特征。初创期，投入的费用和成本较高，一般包括：开发、创新或引入新产品的费用，为使市场认识而必须支出的广告费用，将新产品投入市场所必需的分销体系的建设支出等。因此该阶段的产品利润相对较低，亏损是经常发生的现象。

例如，我国商业银行为了方便客户自动存取款、查询账户，同时减轻柜面人员的负担，引进了自动柜员机（ATM）。在自助服务刚刚推出时，银行设置了少量的柜员机作为试点，但是由于客户对该项服务不熟悉，仍习惯于传统的柜面交接，因此业务量很小，银行的投入产出率非常低。

**2. 初创期的营销管理**

处于初创期的金融产品刚投入市场，未被广泛接受，其销售量肯定不大。在短期内，产品难以建立高效率的分销模式和最理想的营销渠道，而且风险大、费用多，利润也较少。这个阶段可以采用以下管理策略。

（1）高价格高促销的"双高策略"。

这种策略在金融产品新颖有特色、客户求新心理强的情况下容易奏效，它以高价格配合大量促销活动，可以先声夺人，迅速占领市场。

（2）渗透性策略。

这种策略适用于市场规模小、竞争威胁不大、可供选择的产品种类少的情况。该策略易于被客户接受。

（3）低价位低促销的"双低策略"。

这种策略适用于产品规模较大、价格弹性大、促销弹性小，且产品已经被众多用户所了解的状况。

（4）密集型渗透策略。

这种策略适用于市场规模较大、市场对本产品不太了解、同业竞争非常激烈的状况，可以用最快的速度进行市场渗透。

## 二、成长期

**1. 成长期的阶段性特征**

这一阶段的特点是产品的销售量日益增加。因为金融产品经过投入期的试销后，产品已经被客户所了解、熟悉并接受，产品的分销渠道已经形成，并有了一定的市场需求，所以产品的成本开始下降。同时，由于金融产品易于仿效，同业竞争者因为看到产品有利可图而纷纷进入市场，提供同类的产品。所以，这个阶段会出现这样的局面：亏损转变为盈利，竞争趋于激烈，销售量加速提升，利润逐步增长。

1997年，招商银行推出了"一网通"，短短几年的初创期之后，随着网络普及速度加快及我国居民生活水平的提高，越来越多的客户接受了该方式。网上金融产品和网上银行每月完成的现金结算量占到招商银行对公结算总量的22%（按金额）和13%（按笔数），"一网通"业务开始进入快速发展时期。

**2. 成长期的营销管理**

金融产品经过初创期的试销，进入成长期后，已经被客户所了解、熟悉和接受，形成了广泛的市场需求，成本开始下降，利润开始上升。但由于金融产品易于仿效，会有大量同行进入市场，同业竞争激烈。针对这种情况，具体的营销策略有以下几种。

（1）根据客户需求，进一步增强产品功能，提高服务质量和水平。

例如，从2002年开始，我国信用卡业务开始提速，各商业银行通过各种手段抢占市场份额，招商银行在认真了解客户需求的基础上，对信用卡业务进行了大胆创新，具体策略有：先消费，后还款；一卡双币，全球通行，拥有人民币和美元账户；免担保人，免保证金……通过以上策略，"一卡通"迅速成为众所周知的品牌。

（2）经营新的细分市场。

例如，2003年，广东发展银行采取了导入细分的特色化营销策略，推出"广发民营100"

品牌和"广发女性卡",占领了细分市场,成为当时市场的亮点。

(3) 扩大营业网点,延长营业时间,开辟新的销售渠道。

例如,为了使信用卡业务更加深入人心,方便持卡人,商业银行不断突破时间和空间限制,出现了 24 小时自助银行。在这一时期,应尽可能使产品市场份额的增长大于成本费用的增加,实现利润的持续上升。

### 三、成熟期

**1. 成熟期的阶段性特征**

在金融产品的成熟期,由于市场需求量趋于饱和,金融产品的市场普及程度虽然继续扩大,但增长速度减缓。同时,金融产品和服务的激烈竞争使价格迅速下降,营销费用却开始增加,导致在成熟期虽然业务量仍在增加,但利润额却可能保持在比较稳定的水平,甚至趋于下降。

从信用卡的某些业务中可以发现,为了鼓励持卡人刷卡消费,在很多消费场所安装有 POS 机,商业银行向商户收取一定的费用,但是随着市场竞争程度的加剧,费用会出现下调趋势。

**2. 成熟期的营销管理**

进入成熟期后,金融产品的销售量基本达到饱和状态,销售量增幅趋缓,利润开始稳中有降,这个阶段可以采取以下营销策略。

(1) 市场改革策略。

市场改革策略是指开发新市场,寻求新客户,重新为产品定位。

(2) 产品改革策略。

产品改革策略是指产品的再推出,包括质量的提高和用途的拓展。

(3) 营销组合改革策略。

营销组合改革策略是指通过改变定价、销售渠道以及促销方式来加强服务,延长产品的生命周期。

### 四、衰退期

**1. 衰退期的阶段性特征**

因为设计产品时没有充分考虑到可能产生的风险,导致产品推出后不能为金融机构带来可观的利润收入,甚至出现严重亏损,使金融机构被迫放弃。由于成熟期市场竞争非常激烈,或者出现了改进的新型金融产品,或者市场需求发生变化,最后导致无利可图,所以只好停止提供该项金融产品的服务,产品退出市场,结束整个生命周期。

**2. 衰退期的营销管理**

在衰退期,金融产品的销售量急剧下降,导致利润下降。如果是由于市场经营策略不当所导致,不应该马上放弃,而应该调整营销策略;如果是产品真正进入了衰退期,则要综合分析,根据不同情况选择不同的淘汰策略。

(1) 放弃策略。

如果金融机构已经做好了替代性新产品的准备,或者该产品的资金可以迅速转移,或者该产品的价格不足以补偿费用支出,就应该立刻放弃该产品。

(2) 逐步放弃策略。

如果马上放弃会造成更大的损失,就应该逐步减少供给,使资金秩序性地转移,逐步投入代替性新产品。

（3）集中经营策略。

以最有利的市场来赢得尽可能多的利润。

（4）回旋策略。

可以通过降低产品的销售费用来增加利润。

### 五、金融产品生命周期的判断方法

实际上，判断金融产品处于生命周期的哪一个阶段并不容易。因为金融产品和服务所带来的市场份额的变化要受到经济发展、金融机构内部条件、季节性因素和其他随机因素的影响，再加上金融产品专业化程度高，具有无形性和易变形等特征，且金融对整体经济具有不可或缺性，更加难以发现其运动变化规律，根据市场份额的短期变化趋势来判断金融产品的生命周期很容易发生失误。

**1. 以市场份额增长率为标准**

比较当前市场份额与基期市场份额通常以年市场份额增长率为准。这种方法因国情不同、产品类别不同而有所差别。

**2. 经验对比**

与较早投入市场的同类金融产品做比较，以判断产品处于生命周期哪个阶段，并根据已经掌握的信息预测各阶段的持续时间和增长速度。

在实际操作过程中，为了提高判断的准确性，可以将以上两种方法结合。

## 案例分析

### 基于客户关系生命周期的商业银行营销策略

客户关系是商业银行最宝贵的资源，与有价值的客户保持长期稳定的关系是商业银行获得持续竞争优势的关键。客户关系生命周期理论实际上是产品生命周期理论的时代性深化。产品生命周期依其进入市场后，根据不同时期的销售变化可分为投入期、成长期、成熟期和衰退期。西方的一些学者将产品生命周期、CRM和关系营销结合起来，提出了客户关系生命周期理论。

商业银行客户关系生命周期是指商业银行与客户建立业务关系到终止的全过程，它描述了客户关系水平随时间变化演进的发展轨迹，反映了客户关系从一种状态（一个阶段）向另一种状态（另一个阶段）运动的总体特征。客户关系生命周期一般划分为潜在期、开发期、成长期、成熟期、衰退期、终止期六个阶段。

1. 潜在期

发现和获取潜在客户，并通过有效渠道提供合适的价值定位以获取客户。客户借助一定渠道了解商业银行的业务，商业银行通过一定的投入成本开发某一区域的客户，商业银行与客户开始交流并建立联系，客户已进入潜在期。此时，客户只是对商业银行提供的产品或服务感兴趣，收集与商业银行产品或服务有关的信息和资料，并对商业银行所做的营销努力作出反应。在这一阶段，商业银行与潜在客户还没有发生交易，真正意义上的客户关系尚未建立。这一时期，客户并没有对商业银行做出贡献。

2. 开发期

经过商业银行营销人员的多方努力，原先对商业银行产品或服务感兴趣的预期客户作出了首次购买决策，双方实现了交易，客户关系随之建立。这时客户关系便进入了生命周期的第二个阶段，即开发期阶段。在这一阶段，客户通过购买和使用商业银行的产品或服务对商业银行的营销策略有了一定的感受，对产品或服务的了解进一步加深。此阶段商业银行的主要任务就是选择目标客户群进行开发，并最大限度地满足他们的需求，商业银行此时逐渐增加投入，作为开发期，目标客户为商业银行所做的贡献很小，甚至没有。

3. 成长期

商业银行对目标客户开发的成功与否取决于客户满意度、忠诚度的高低。当客户开始信任商业银行，与商业银行频繁发生业务往来时，表明此时已进入成长期。若该客户在使用所购产品或服务时感觉良好，就会重复购买。良好的购后感受还会促使该客户扩大使用本企业产品或服务的范围，以满足该客户的其他需要。客户关系的密切程度进一步增强，客户价值也会随之提高。这一阶段商业银行的投入主要是发展投入，目的是进一步融洽与客户的关系。处于成长期的客户已经开始为商业银行做贡献，商业银行从客户交易获得的收入已经大于投入，开始盈利。

4. 成熟期

商业银行与目标客户进入蜜月期，彼此之间达到了最大信任，成熟期的客户给商业银行带来了最大限度可能获得的市场份额，成熟的标志主要看客户与商业银行发生的业务占其总业务的份额。此时商业银行进入收获季节，对客户的投入较少，客户为商业银行做出较大的贡献。在这一阶段，双方或含蓄或明确地对持续长期关系作了保证。这一阶段有如下明显特征：① 双方对彼此提供的价值高度满意；② 为能长期保持稳定的关系，双方都作了大量有形和无形投入；③ 高水平的资源交换，即大量交易。在这一时期双方的交互依赖水平达到整个关系发展过程中的最高点，双方关系处于一种相对稳定状态。

5. 衰退期

衰退期是客户关系的回落阶段。出于竞争者的挑战，如外资银行的进入，和客户自身经营因素的影响等，如不能及时为客户量身定做他们所需要的金融产品，商业银行与客户的业务交易量就会开始逐渐下降，这说明客户已进入衰退期。

6. 终止期

客户基本上不再与商业银行发生业务关系，商业银行与客户之间的债权债务关系已经理清，这意味着客户关系生命周期的完全终止。此时商业银行有少许成本支出而无收益。客户最终决定终止现有的业务关系，便发出了必要的解约通知。在合同依法解除以前，理论上客户关系依然存在。这时商业银行可以采取必要的补救措施，促使对方收回解约通知。通过商业银行的再三努力，客户决意终止业务关系，并且种种迹象表明双方的业务关系以后再也无法恢复。随着终止期的终了，整个客户关系生命周期便告结束。

以上六个阶段组成了完整的客户关系生命周期系统，而各个阶段可称为子系统。面对激烈的市场竞争，商业银行要掌握客户关系生命周期的不同特点，采取不同的营销模式，提高客户的忠诚度和贡献度。商业银行必须要在进行市场信息调查的基础上，及时掌握客户关系所处市场的不同阶段，以便采取相应的对策。

（资料来源：北京联合信息网中国信贷风险信息库）

思考：
商业银行客户关系生命周期各阶段的营销策略选择是什么？

## 任务三  认识金融服务创新和金融服务质量

金融服务本身就是一个全新的概念，是金融市场竞争日益激烈而引发的金融行业的变革。随着竞争的加剧，金融业对服务越加重视，不断扩大服务的内涵，通过改善服务环境、提高人员素质、实施激励措施等手段，增强员工的服务意识，激发员工不断创新服务内容，以高水平、全方位的服务赢得客户。尤其是目前，金融产品创新已经远远不能满足市场竞争的需要，金融服务创新显得尤为重要。

### 活动一  金融服务创新

#### 一、金融服务理念的创新

以客户为中心是金融服务理念创新的突出标志。随着社会的发展和竞争的加剧，这个理念不断深化，不断被赋予新的内容。当前金融服务理念的创新是以客户满意度为中心，围绕这个中心，金融业的各项服务越来越个性化。

#### 二、金融服务手段的创新

金融服务手段的创新是指在现代信息社会，金融业的电子化得到了充分发展，经营从产品的无形化发展到服务场所的无形化。只要借助现代信息工具，金融产品和服务就可以通过多种渠道传递到客户手中。电话银行、网上银行、自助银行、ATM 网络、POS 网络等分销渠道的产生，使客户享受到更全面的金融服务。科技手段的广泛运用成为金融服务创新的一项重要内容，如各家银行在产品的电子化、多功能化方面都投入较多的精力和财力，争相以科技领先的形象吸引公众，以先进的科技水平全方位地服务于客户。

#### 三、金融服务领域的创新

由于竞争激烈，金融机构多以延伸服务来争取更多客户。

**1. 客户需求的延伸**

过去金融机构的服务只限于满足金融业务的现实需求，而现在金融机构开始研究和满足客户的潜在需求，如银行向客户提供贷款，除了满足客户融资这个需求之外，还可以通过该业务显示客户的信用度，满足其将来获得更多资金支持等潜在需求。银行可以通过公开信用评级结果、颁发信用等级证书、追加授信额度等方式满足客户的这种潜在需求。

**2. 金融服务内容的延伸**

过去金融机构对客户的服务仅限于金融业务范围，但个性化营销提倡销售人员像交朋友一样与客户相处，对客户在金融业务以外的某些需求也应尽力满足，以密切与客户之间的关系。

**3. 金融服务场所的延伸**

长期以来，金融机构一直习惯于柜台服务，在以客户为中心的服务理念形成过程中，金融机构的服务场所逐渐延伸到客户的工作场所。而现在的金融服务则延伸到更广的范围，金融机构的主动营销方式及服务手段的电子化，使社区、家庭都可以成为金融服务的场所。

**4. 金融服务种类的创新**

如果金融机构的服务种类单一，即使金融机构销售人员的营销能力十分强，客户也会弃之而去。所以，丰富的金融服务种类是金融机构销售人员营销的有效工具。因此，各金融机构在传统的金融服务之外，纷纷增加金融服务的种类。如理财服务、投资咨询、财务顾问、担任中介、项目融资等中间业务，渐渐成为金融机构的新宠。

## 活动二　金融服务质量

### 一、金融服务质量的概述

金融服务是服务营销学的基础，而金融服务质量则是金融服务营销的核心。无论是生产企业还是金融服务业，服务质量都是企业竞争中制胜的法宝。金融服务质量的内涵与有形产品质量的内涵有区别，消费者对金融服务质量的评价不仅要考虑服务结果，而且涉及金融服务的过程。金融服务质量应被消费者所识别。金融服务质量的构成要素、形成过程、考核依据、评价标准均有别于有形产品。

金融服务质量是产品生产的服务或服务业满足规定或潜在要求（或需要）的特性和特征的总和。特性是用以区分不同类别的产品或服务的概念，特征则是用以区分同类服务中不同规格、档次、品位的概念。金融服务质量最表层的内涵应包括服务的安全性、适用性、有效性和经济性等一般要求。

预期服务质量即顾客对服务企业所提供服务预期的满意度。感知金融服务质量则是顾客对服务企业提供的服务实际感知的水平。如果顾客对服务的感知水平符合或高于其预期水平，则表明顾客获得较高的满意度，认为企业具有较高的服务质量；反之则会认为企业的服务质量较低。从这个角度看，金融服务质量是顾客的预期服务质量同其感知金融服务质量的比较。

### 二、金融服务质量的判定标准

**1. 零距离**

零距离并不单指营销人员与客户面对面的接触，面对面接触只是营销过程中的一个环节，是营销人员与客户沟通的一种表象。这里的零距离是指金融机构与客户之间的感情处于一种没有障碍的状态。金融机构通过服务与客户之间形成一种互助、互慕、互惠的关系，双方相互依赖、相互信任，使客户的忠诚度更加牢固。

**2. 零投诉**

零投诉并不是说没有投诉。任何事物都不可能没有瑕疵，金融服务也是如此。有时是企业的服务出错，有时是遇上了爱挑剔的客户，这时金融服务就会出现偏差，甚至会引起投诉。这里所说的零投诉是指通过纠偏的做法，使投诉带来的不良后果为零，避免客户因为投诉而离开金融机构。金融服务的纠偏方法主要有：道歉并把客户的意见记下来，立刻解决问题，给客户一定的补偿，介绍适合的产品给客户，留下客户的联系方式并与他长期保持联系等。

**3. 零成本**

零成本并不是指金融机构不用付出一点服务成本，而是指通过优质的服务用最小的成本赢得和发展客户，客户越多，分摊到每一个客户和业务的服务成本就越低，服务的成功率越高。

### 案例分析

招商银行在自 2009 年开始的"二次转型"中提出三个转变：由大客户为主向中小企业客户转变；由传统产业向新兴产业转变；由简单的存贷款业务向多元化综合金融服务转变。2010 年，招商银行在"二次转型"的战略导向下提出了"创新型成长企业培育计划"，通过打造股权融资服务平台和设计创新的债权融资产品两项手段，创新打造了契合企业生命周期各阶段特征的金融服务链，实现了企业直接融资和间接融资的合理匹配，促进了创新型成长企业快速发展。

2010 年上半年，招商银行实现净利润 132.03 亿元，比上年同期增长 59.8%，每股收益 0.65 元。实现营业收入 329.34 亿元，同比增长 33.48%；净利息收入 263.43 亿元，同比增加 77.20 亿元，增幅 41.45%；年化平均净利息收益率为 2.56%；非利息净收入 65.91 亿元，同比增加 5.41 亿元，增幅 8.94%。招商银行"创新型成长企业培育计划"的发展目标是：每年在一些新兴产业中选出 1 000 家创新成长性企业，未来三年内建立 3 000 家的客户群，未来其中一些企业可以走向资本市场，实现扩张。招商银行将建立适应创新型成长企业需求的信贷政策和风险管理模式；建立适应创新型成长企业需求的产品体系和服务体系，面向创新型成长企业，建立从小到大、从创业到资本市场的长期战略合作。

（资料来源：经营管理）

思考：
1. 请针对该案例进行 SWOT 分析。
2. 对招商银行采取的金融服务创新手段进行总结归纳。

## 任务四　分析金融服务失误和失误补救

金融服务营销具有无形性、异质性、生产与消费同步性和不可储存性等特点，因此，即使是最优秀的金融机构也不可完全避免服务营销的失误与失策。而失误是影响客户满意度的一个非常重要的因素。对金融服务营销失误处理是否得当，会对客户满意度产生重大的影响。

### 活动一　金融服务失误

#### 一、金融服务失误的概念

金融服务失误是指金融服务表现未达到客户对服务的评价标准。从这一定义中我们可以看出，金融服务失误取决于两方面：一是客户对金融服务的评价标准，即客户的金融服务预期所得；二是金融服务表现，即客户对金融服务真实经历的感受，也就是客户在服务过程中的实际所得。

只要客户认为其需求未被满足或是金融机构的服务低于其预期水平，就预示着金融机构有可能发生服务失误。金融服务失误的大小可以表述为由于金融服务失误给顾客带来的损失的大小程度。金融服务失误的程度越大，顾客的满意度越低。金融机构在金融服务补救过程中，要对不同程度的服务失误给予不同的对待。

## 二、金融服务失误的原因

**1. 金融服务质量构成的特殊性**

与有形产品质量的技术质量相比，服务质量是由技术质量、职能质量、形象质量、真实瞬间构成。其中，技术质量是服务过程中的产出。职能质量是在服务推广过程中，客户所感受到的服务人员在执行职责时的行为、态度、着装和仪表等给客户带来的利益和享受。形象质量是企业在社会公众心目中形成的总体形象。真实瞬间是服务过程中客户与企业进行服务接触的过程。一般来说，技术质量有客观的标准，容易为顾客所感知和评价，而职能质量、形象质量和真实瞬间带有强烈的主观色彩。对金融服务质量的认可取决于金融服务的提供者和金融服务的接受者，而金融服务的提供者和金融服务的接受者对同一服务产品的质量认识并不相同，特别是金融服务接受者对金融服务质量的评价不但要考虑服务的结果，还要注重服务过程的质量。

**2. 金融服务提供者的原因**

从金融服务提供者（商家）的角度来看，失误包括金融服务的系统性失误和员工的操作性失误两方面。系统性失误是由于金融服务架构的缺损而导致服务中的失误，通常表现为，金融机构的服务体系不够完善、设计不科学、金融服务架构不完备、金融服务要求不到位、缺乏有效的金融服务监管体系或没有完备的金融服务保障措施来满足客户的要求等。员工的操作性失误一般表现为金融机构的员工在接待客户的过程中，因违反服务规程而出现的行动迟缓、态度欠佳、业务不熟、用语不当等现象，从而引发金融服务失误或金融服务失败。

**3. 客户方面的原因**

从金融服务接受者（客户）的角度来看，金融服务具有生产与消费的同步性等特点，从而在很多情况下，客户对于金融服务失误也有一定的责任。客户的金融服务期望中既有显性的金融服务需要，也有隐性的金融服务欲求，还有模糊的金融服务期盼。如果客户无法正确地表述自己的金融服务期望，就会带来金融服务失误与失败。

**4. 随机因素的影响**

在有些情况下，随机因素也会造成金融服务失误，如电脑病毒突然发作，使收银系统发生故障，导致客户长时间排队等候而引发不满等。对于由此造成的服务失误，金融机构补救的重点应是如何及时准确地将金融服务失误的原因等信息传递给客户，与客户进行沟通，以期得到客户的理解。

金融服务失误的后果有隐性后果和显性后果。金融服务失误的显性后果是导致顾客流失。目前，随着竞争的不断加剧，金融机构间的竞争十分激烈。在激烈的竞争下，金融服务的失误、失败必然会导致顾客的流失。而金融服务失误的隐性后果则是"坏口碑"的形成与传播，即不满意客户的"抱怨"在周围人群中迅速传播，使潜在客户对其产生不良印象。由于金融服务产品具有较高的不可感知性和经验性特征，客户在接受服务、购买产品前，其金融服务或产品信息更多地从人际渠道获得，客户通常会认为来自关系可靠的人群或专家的信息更为可靠。因此，对金融服务产品的口头传播是消费者普遍接受和使用的信息收集手段。"坏口碑"传播导致的结果是金融机构形象受损，潜在客户减少，竞争能力下降，形成恶性循环。可见，金融服务失误的后果是严重的，对失误的金融服务进行及时的补救则是至关重要的。

## 活动二　客户的抱怨行为

由于金融服务具有无形性，服务结果往往与客户预期的结果有所偏差。当客户期望的服务与金融机构提供的服务相去甚远时，虽然有时并不是金融机构的责任，但是客户往往会归咎于金融机构，从而导致金融服务失误。为了更好地进行金融服务补救，我们需要对客户以及抱怨的原因进行分类。

### 一、抱怨者的种类

**1. 消极者**

这类客户极少会采取行动。他们不大可能对服务人员说任何事，也不大可能向第三方进行抱怨。他们怀疑抱怨的有效性，不会感到与市场疏远。

**2. 发言者**

这类客户乐于向服务人员抱怨，但不大可能传播负面信息，也不可能改变供应商或向第三方讲述不满。他们愿意给予服务提供者改正的机会，有公司改进服务。他们认为抱怨对社会有益，不会感到与市场疏远。

**3. 发怒者**

这类客户更有可能极力向朋友、亲戚传播负面消息并改变供应商。他们向供应商抱怨，但不太可能向第三方抱怨，逐渐感到同市场疏远。他们相信抱怨能给社会带来利益，但又不愿给服务提供者改正的机会。

**4. 积极者**

这类客户在各方面都具有抱怨的习性：对供应商、他人、第三方。他们对所有类型抱怨的潜在正面结果都感到非常乐观。这类客户比其他群体更疏远市场。

### 二、客户抱怨的原因

（1）抱怨有一个像压力阀那样的作用——它使抱怨者释放挫败中的情绪，为抱怨者提供了发泄情绪的手段。

（2）抱怨为想重新获得某种控制手段的人提供了工具，如果抱怨者可以影响其他人的评价，就能重新建立控制。

（3）为了得到别人的同情并试验别人对其抱怨的认同，以证实抱怨者对导致抱怨事件的主观评价的合理性。

（4）抱怨者为创造一种印象而抱怨。

### 三、客户不抱怨的原因

（1）由于服务的无形性，对服务提供过程的评价基本上是主观的。客户经常很难做出客观的评论，因此可能会怀疑自己的评价。

（2）由于服务的不可分离性，客户经常会对服务过程提供输入。因此在遇到不想要的结果时，往往会更多地责备自己。

（3）许多服务是技术性的或专业化的，客户可能会因缺少相应的专业知识而感到自己没有足够的资格提出抱怨。

## 四、抱怨的结果

（1）提出抱怨。客户口头表示对某金融机构或产品的不满意。
（2）离开。客户不再光顾某金融机构或使用其产品。
（3）报复。客户会采取精心策划的行动来破坏金融机构的日常经营运行，或损害金融机构将来的业务。

## 五、客户抱怨的期待

客户在投诉时，尤其想要正义和公平：① 结果公平；② 过程公平；③ 相互对待公平。

## 活动三　金融服务补救

任何有过营销学基础的人都了解：留住老客户比开发新客户的花费要少得多，调查资料表明，吸引新客户的成本是保持老客户的 5 倍以上。根据 80/20 法则，80%的业绩是借助 20%的客户。老客户的重复购买创造的利润通常比新客户高很多，据统计分析，新客户的盈利能力是老客户的 15/1。因此，80/20 法则的另一种解读是：80%的业绩来自老客户的重复购买和推介，20%的业绩来自新开发的客户。老客户的长期重复购买是企业稳定的收入来源，老客户的增加对利润的提升起着重要作用。

留住老客户，不仅可以降低企业成本，还可以增加企业利润。美国学者弗里得里克·里奇海尔得的研究表明：重复购买的客户在所有客户中所占的比例提高 5%，企业的利润会增加 85%。

如何提高客户满意度，最大程度地保有老客户、留住新客户，成为增加金融机构盈利能力的关键。因此，准确地解读抱怨并采取恰当的金融服务补救策略，对赢得客户起着至关重要的作用。

### 一、金融服务失误的原因和后果

从金融服务提供者角度看，由于服务具有差异性特点，导致服务质量在不同时间、不同员工之间存在差异，其原因既有技术方面的，也有服务过程方面的。如果服务差距过大，就会形成服务失误。从客户方面看，由于服务具有生产和消费的同时性特点，服务质量不仅取决于员工是否按照企业所设定的服务标准为客户提供服务，也取决于客户参与的有效性，所以在很多情况下，客户对于服务失误也具有不可推卸的责任。在有些情况下，随机因素也会造成很多失误。

### 二、金融服务补救的策略

#### 1. 重视客户问题

客户认为，最有效的补救就是金融机构一线服务员工能主动地出现在现场，承认问题的存在，向客户道歉（在恰当的时候可加以解释），并将问题当面解决。金融机构应做到使客户始终处于知情状态。一般情况下，客户希望看到金融机构承认金融服务失误，并希望知道金融机构在采取措施解决这一问题。如果不能当场解决金融服务失误，就应坦诚地告知客户，金融机构正在努力，需要一段时间。当问题得到解决后，应告知客户解决的结果和金融机构从这次服务失误中所得到的经验教训以及将来如何避免此类事情的发生。

**2. 建立金融服务补救预警系统**

有效的金融服务补救策略需要金融机构不仅能通过客户的抱怨和投诉来确定企业服务失误产生的原因,还能查找那些潜在的金融服务失误。

金融服务失误和金融服务错误可以在任何时间和地点发生。这需要通过对服务过程、人力资源、服务系统和客户需要的详尽分析,寻找金融服务失误的"高发地带",预测补救需求和采取措施加以预防。有时一个金融服务失误会引发一系列反应,对这一类问题必须高度重视,做好预防工作。复杂的 IT 系统是引发服务失误的另一"危险地带",因为从目前的技术水平来分析,智能化程度再高的机器也不能和人相比。当然,通过引进新系统可以较好地解决这个问题。寻找金融服务失误的"高发地带"并采取相应措施,可以使金融服务补救取得更好的效果。

**3. 测算补救的成本和收益**

金融服务失误会导致客户流失,这样就需要金融机构获取新的客户来弥补客户流失所造成的损失。更重要的是,客户流失会给金融机构带来"坏口碑"。获取新客户的费用通常比维系老客户的费用要高出好几倍,而"坏口碑"会使金融机构获取新客户更加困难。良好的服务可以有效地避免因服务失误而付出的额外费用,但金融机构很少能意识到金融服务失误所带来的经济损失。因此,较为准确地测算这笔费用有利于提高金融机构的质量意识。一个重要的衡量指标就是客户终生价值,即金融机构在客户整个生命周期里从客户那里获取的全部价值。当某一客户的终身价值远低于为了弥补金融服务失误所增加的服务成本时,就应该重新思考是否有必要采取金融服务补救措施。

**4. 积极鼓励客户抱怨和投诉**

调查显示,在那些不满的客户当中,只有4%的客户会向公司投诉,96%的不满意客户不会采取投诉,而会将自己的不满告诉16~20个人。从这个意义上来说,如果客户不满,他们不投诉比投诉更可怕,因为这样将会严重影响公司的形象和口碑。因此,对于客户投诉不能只停留在口头上的欢迎或是过于被动地"坐等",而应积极地采取措施,为客户创造更加便利的投诉渠道。

(1)鼓励投诉。

要在金融机构内部建立尊重客户的企业文化,并通过各种渠道告知客户他们拥有投诉的权利,更重要的是要让全体员工认识到客户的投诉可为金融机构提供取得竞争优势的重要线索,而不是给工作带来麻烦。那些直接向金融机构投诉的客户是金融机构的朋友和忠诚的用户,而对金融机构"沉默"的客户会给企业造成更大损失。他们最容易转向与金融机构竞争的对手交易,而且还会散布对企业不利的信息。为鼓励客户直接反映情况,金融机构应制定明确的产品和服务标准及补偿措施,清楚地告诉客户如何进行投诉及可能获得的结果。

(2)培训客户投诉。

在鼓励客户投诉的基础上,金融机构还要采用各种方式培训客户如何投诉。如通过促销材料、产品包装、名片等客户能够接触到的媒体,告知客户投诉部门的联系方式和工作程序。

(3)深化金融机构质量文化,降低失误发生概率。

深化金融机构的质量文化,引导员工对自身或他人的工作进行评定与反思,从根本上提升企业的整体形象。同时,运用标杆管理,对员工的工作质量进行审评,根据客户的满意程度制定相对的激励及惩罚措施,给员工的工作设置基本的底线,从而有效地降低失误发生的概率。

(4) 提高员工素质,树立金融服务失误及补救的正确观念。

大部分的失误是由于员工的金融服务不当造成的,因此,从企业的一线员工到经营管理者都要树立对待金融服务补救的正确观念,把每一次金融服务补救都当成提高金融服务水平的机会。正确观念的树立绝不是一蹴而就的,而是在平时的积累中完成的。可以通过人力资源部招聘培养一批拥有可塑性的员工,对其正确地灌输金融服务观念。

## 案例分析

### 银行服务补救策略

在当前的形势下,如何在个人金融服务工作这个平台的实际操作中响应号召,身体力行,成为摆在金融从业人员面前的一道值得深思和践行的课题。在银行实际业务的处理过程中,与客户发生纠纷与矛盾、产生服务失误几乎是不可避免的。并且,随着公众法制意识的提高,客户轻则要求看央行或银监会的相关文件,重则要到媒体曝光,或要到政府部门(如市长公开电话、信访办等)投诉,甚而干脆直接把银行告上法庭,发生类似冲突显然与构建社会主义和谐社会的原则背道而驰。

顾客日渐挑剔,银行发生服务失误的可能性也越来越大,甚至就算银行做对了,顾客也会鸡蛋里挑骨头——反正提供服务的银行又不是只有你一家。在这种情况下,银行应该怎么做才能避免因服务失误而导致利益损失?或者,能否通过成功的服务补救而增加利益?

所以,对待此类客户的关键是如何进行"服务补救",我们必须正视并承认问题的存在,向客户解释道歉,使服务失误所带来的负面影响减少到最小程度。接下来,还需要向顾客做出带有补救性质的第二次服务,这是维持客户忠诚度和满意度的一种方法。而银行一系列服务补救政策的提供是一线员工解决服务问题的有效方法,如进行赔礼道歉、适当补偿等。恰当、及时和准确的服务补救可以减少客户的不满情绪,部分地恢复客户的满意度和忠诚度,甚至可以变坏事为好事。因此建立服务补救系统,授权一线员工解决服务失误是非常重要的。

在银行整个服务补救过程中,组织学习是极其重要的,银行应该通过学习在服务方式、内容、范围等方面不断地进行创新。银行应将服务补救与组织学习结合起来,向全体员工灌输"从服务补救中学习"的观念,把这种观念融入银行文化中去。一般来说,服务补救策略包括:

及时性策略。进行服务补救关键是要做到快速反应,反应速度越快补救效果越好,否则没有得到妥善解决的服务失误就会很快扩大并升级。

区分不同客户的策略。我们面对的,客户形形色色,其中会有个别"问题客户",典型的如明明是商业银行从业人员按照央行的规定持证没收假币,被没收者为要回已盖"假币"章的假币而与前台柜员发生纠纷,竟自己打"110"报警电话,要求民警赶来处理等情况。这些客户会对我们的任何服务补救都不满意,他们的数量不多却给银行的一线员工造成很大的困扰,对这些"问题客户"我们要以特别的补救方法来对待。如启动应急处理机制,由保卫处工作人员出面报警并会同民警将"问题客户"带离现场,恢复银行正常的工作秩序。

授予一线管理人员解决问题权力的策略。由于一线员工服务水平的高低将直接影响到服务补救的效果,因此各部门要针对可能出现的服务失误进行服务补救训练,培训他们如何听取客户的抱怨,正确处理人际关系,提高随机应变能力、选择解决方案的能力和使用授权的能力等。

(资料来源:企业管理)

**思考:**
1. 银行的工作人员经常面对的服务失误有哪些?
2. 对于发生的这些服务失误,银行工作成员应该如何补救?请分别进行分析。

## 延伸阅读

### 互联网金融产品该采取怎样的运营策略

互联网金融主要的产品模式相对来说比较简单,就是卖资产,主要资产类型包括:活期、定期、票据、保险、基金、股权众筹、债权转让等。这里结合某一家 P2P 网站的业务形态分析一下其产品策略及对应的运营策略。

**一、活期类产品:零钱计划**

活期类产品主打随存随取,适合对资金流动性要求比较高的用户。这类产品是流量型产品,在品类结构里面承担的是用户获取和首次转化的职责。其特性是:投资门槛低,收益比银行活期高,比定期低;受平台知名度的影响,平台类产品有较大的价格优势,刺激了在绝对资金安全性和收益性之间更偏向于收益性的用户的投资转移。很多用户在初期更多的是试探性投资心理,如果一上来就让用户投一个定期类的产品,用户转化的门槛会非常高,因此这个产品面向的更多的是散户和一些试探性投资者,他们的核心诉求是保本,尝试投资,对收益率敏感,对于流动性要求高。

这类产品的运营策略:强化新手特权,刺激用户首次投资;提高特权标收益,不限购买时间,不限购买次数,只限购买特权额度。保持在同类型网站间的利率优势,挖掘出刺激用户资金转移的敏感系数,进行合理的资产定价;强化网站安全性,强化品牌背书。

**二、定期类产品:懒人计划**

主要是指固定收益类理财产品,针对的是有一定闲散资金,短期或中长期对资金流动性没有要求,同时又有资金增值诉求的用户。在讲定期系列产品之前,需要先普及一下互联网金融产品背后的定价逻辑。

收益性、安全性和时间性密切相关,用户购买理财产品,本质上是让渡资金在一定时间周期的使用价值,在一定风险定价的基础上换取资金的收益汇报。因此,风险越高,收益率越高;时间周期越长,收益率越高。下面讲一下这类产品的风险性和时间性。

1. 风险性

1)平台的整体风险性

平台的整体风险性分为以下两类:

一类是大型互联网公司类的金融产品,用户会把整体作为一个风险等级的平台去看,包括蚂蚁金服、360你财富、京东、陆金所等。用户会在这几家之间切换，谁家高我就投谁。因为这些公司都有强大的母体背书，用户相信钱放在这些平台是绝对安全的。

另外一类是P2P公司，这类平台的风险等级在用户心理相较大型互联网公司的产品就大打折扣，它们吸引用户投资的主要动力就是资产收益率，通过收益率杠杆来撬动用户发生资金的转移。因此，我们能看到很多P2P网站主打的都是高收益，平台越小收益率越高，因为没有差异化，品牌又不行，就只能通过利率杠杆去撬动用户。

平台的品牌背书能力越强，对于用户的议价能力越强，获取顾客成本越低。宜人贷坚持要去纳斯达克上市，就是为了给平台找一个强大的品牌背书，提高获取顾客能力，降低用户获取成本。宜人贷上市成功之后，我们看到的结果是宜人贷的收益率下降，发行了资产证券，降低了资金获取成本。

这两类平台的定价策略和用户运营策略围绕：明确自己是什么类型的平台、所处市场和竞争环境如何，找准同类型平台进行资产定价，通过价格杠杆和差异化的服务让用户和资金发生转移；定价过高是成本的浪费，定价过低用户很难获取用户。

2）不同资产类型风险性

在同一个平台内部，需要根据不同的资产类型做不同的风险定价。站在资产端的角度来说，每一笔资产的风险等级都不一样。从大的类型来说，P2P类的和基金类的肯定不是一个风险等级，车贷类资产、房地产直接融资类资产、供应链金融、个人消费贷、票据类资产等这些产品应该在平台自身风险定价的基础上，再根据资产的风险等级制定一个收益率价格系数，从而生成一个最终的投资收益率。

2. 时间性

在资产定价方面，对同一风险类型的资产而言，时间周期越长，资产的收益率越高。前面讲到了品类结构，具体到落地可购买的每笔资产上，可以时间周期为单位进行多种产品组合，形成丰富的资产产品矩阵，从而满足多种类型的用户需求。

把每笔资产当成一个SKU（库存量单位）。理论上来说，平台资产品类越全，SKU越丰富，覆盖的用户需求越广，越容易带来投资转化。

因此，在产品策略上，平台应该设计出以时间周期、收益率、风险等级、资产类型等因素形成的产品组合，规划出一条逐步引导用户由浅入深投资路径的产品矩阵。

（资料来源：http://36kr.com/p/5051532.html）

**任务实战演练：**

1. 5～8人为一个小组，熟悉金融产品营销的流程，了解客户的分类，针对不同的客户选择不同的营销策略。

2. 2～3人一组展开金融产品活动，分别对客户的需求进行分析；针对不同客户采取不同的营销策略；遇到服务失误时，该如何采取补救措施等方面进行情景设定。

每组除客户和服务人员外，设置观察员，观看和倾听两方的表演，并判断服务人员沟通的技巧和效果如何。

活动结束时，对活动过程进行总结。活动时间由观察员控制，建议时间分配如下：角色准备10分钟，角色表演5分钟，讨论和反馈10分钟，总结10分钟。

## 项目小结

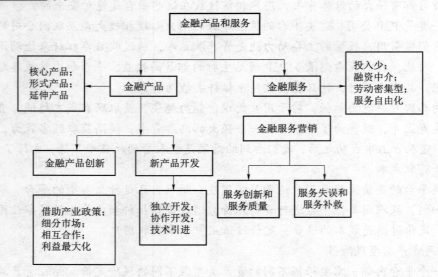

# 项目五

# 金融营销定价策略

## 引 言

在营销组合中,价格是唯一能够为企业创造收入的因素,而其他的因素只能增加成本。任何一个企业中,产品的定价决策都是非常重要的一环,金融机构也不例外。企业要想生存、发展,必须以一定的价格出售自己的产品或服务。如何使定价既能让消费者接受,又能使企业获取利润最大化,这是非常关键的问题。

## 项目学习目标

### 知识目标

1. 了解金融产品价格的构成。
2. 了解金融产品定价的基本步骤。
3. 了解金融产品定价的影响因素。

### 技能目标

1. 学会运用金融产品定价的方法。
2. 学会运用金融产品定价的策略。

## 案例引入

你清楚钱包里的每一张卡提现时将被收取多少手续费吗?你知道每家银行 ATM 同城、异地的收费标准是什么吗?你是不是还习惯性就近选择银行取款呢?近日有网民将部分银行借记卡收费情况列表做了一个比较:"异地同行 ATM 取款,每笔收取手续费 10 元;异地异行 ATM 取款,每笔 12 元手续费。"这是某银行执行的标准,即异地取款最低收取 10 元的手续费。而另一家银行是最低 2 元,还有银行是最低 1 元……

为什么同样的服务,不同的银行会收取不同的费用?这就需要了解一下金融产品价格制定的过程和方法。

## 任务一 认知金融产品定价目标

### 活动一 金融产品定价概述

#### 一、金融产品的价格

金融产品的价格是指金融机构用货币形式表现的金融产品对客户的价值。金融产品种类的繁多决定了其价格形式的多样性。金融产品的价格表现为利率、手续费、保险费、股票佣金等。

**1. 利率**

利率是金融机构收取利息与借出资金的比例。利息是指金融机构向贷款人借出资金而获得报酬,是金融机构尤其是银行利润的主要来源之一,利率作为收取利息的标准,在金融产品的价格中具有重要意义。表5-1为2017年各大银行利率情况。

表5–1  2017年各大银行利率                          %

| 银行 | 一年定期利率 | 二年定期利率 | 三年定期利率 | 五年定期利率 |
| --- | --- | --- | --- | --- |
| 基准利率 | 1.500 | 2.100 | 2.750 | — |
| 中国银行 | 1.750 | 2.250 | 2.750 | 2.750 |
| 建设银行 | 1.750 | 2.250 | 2.750 | 2.750 |
| 工商银行 | 1.750 | 2.250 | 2.750 | 2.750 |
| 农业银行 | 1.750 | 2.250 | 2.750 | 2.750 |
| 邮政银行 | 1.780 | 2.250 | 2.750 | 2.750 |
| 交通银行 | 1.750 | 2.250 | 2.750 | 2.750 |
| 招商银行 | 1.750 | 2.250 | 2.750 | 2.750 |
| 上海银行 | 1.950 | 2.400 | 2.750 | 2.750 |
| 光大银行 | 1.950 | 2.410 | 2.750 | 3.000 |
| 浦发银行 | 1.950 | 2.400 | 2.800 | 2.800 |
| 平安银行 | 1.950 | 2.500 | 2.800 | 2.800 |
| 宁波银行 | 2.000 | 2.400 | 2.800 | 3.250 |
| 中信银行 | 1.950 | 2.300 | 2.750 | 2.750 |

**2. 手续费**

手续费是指金融机构通过为客户办理支付结算、基金托管、咨询顾问及担保等服务而收取的费用,是金融机构满足客户需求的同时为自己创造的重要利润来源。手续费与各金融机构积极拓展的新业务、金融创新产品有较大关联。

**3. 保险费**

保险费是指保险公司为投保人提供的保障服务而收取的费用。

**4. 股票佣金**

股票佣金是指证券公司为客户提供股票代理买卖服务收取的费用。

不同的金融机构所提供的产品不同，金融产品的价格表现形式也是多样的，但不同金融产品在制定价格上均遵循基本的原理。

## 二、金融产品定价步骤

金融产品定价一般按照图 5-1 所示的步骤进行。

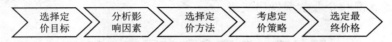

图 5-1　金融产品定价步骤

第一步：选择定价目标。金融产品定价的目标是指金融机构通过对金融产品价格的制定以达到预期的目标，比如选择是完成短期目标还是长期目标，这将对定价产生决定性影响。

第二步：分析影响因素。金融产品的定价不仅仅受金融机构本身的运营情况影响，还受到各方面多层次的因素影响，我们必须考虑这些影响因素对价格的制约。

第三步：选择定价方法。在考察了定价的影响因素后，我们需要根据一种或几种定价方法制定出一个价格范围。

第四步：考虑定价策略。定价策略是在定价方法的基础上对产品的价格做出调整，体现了企业的战略抉择。

第五步：选定最终价格。企业最终确定金融产品的价格，并向消费者进行展示。

# 活动二　金融产品定价目标

金融产品定价的目标主要有以下几种。

## 一、利润最大化

利润最大化是金融机构在一定时期内所能获取的最大利润，企业是以盈利为目的的，所以利润最大化一般是金融机构为产品定价的主要目标之一。

利润最大化具体包括长期利润最大化和短期利润最大化。当利润最大化成为企业的短期目标时，主要是通过制定高价来获取高额利润。但是制定高价也有一定的风险，比如高额利润会吸引竞争对手过来，从而加剧竞争状况，同时高价还容易引发消费者不满，比如一些银行对中小储户收取服务费，很可能引起客户不满，从而转向其他银行。因此金融机构应以长期利润最大化作为其终极目标，这样才有利于实现长远发展。

## 二、提高市场占有率

保持和扩大市场占有率也是大部分金融机构的主要目标之一，因为提高了市场占有率就是提高了市场份额，增加了产品的销售量，为金融机构的利润获取提供了可靠保障。所以一些新成立的金融机构为了在市场中站稳脚跟，获得生存与发展，往往以提高市场占有率为定价目标。

### 三、应对同业竞争

价格竞争是市场竞争的主要形式之一，在同业竞争异常激烈的情况下，金融机构通常的定价目标是应对同行竞争以获得生存发展。

具体形式有：以低于、同于或高于竞争者的价格出售产品。具体采用哪一种形式，应视竞争形式和竞争环境而定。比如，大型金融机构处于领先者地位，一般采取比较稳定的价格策略；而中小型企业为了在竞争中获胜，可能采用低价的方式。

金融产品在选择目标时既可以选择实现其中的一个目标，也可以选择实现多个目标，应根据具体的市场状况和企业状况做出决策。

## 任务二 制定金融产品定价方法

### 活动一 影响金融产品定价的因素

为了吸引更多消费者来购买金融产品，金融机构在制定产品价格的时候要综合考虑多方面的因素，这样才能使得定价合理、具有影响力。

#### 一、成本

由于成本是影响产品和服务价格的基本因素，所以是定价时企业首先考虑的因素，或者说成本确定了价格的最低线，企业在定价时一般不会以低于成本价来制定价格。

对金融企业而言，成本核算也是十分重要的。只有完善成本核算体系，才能确定产品的最低价格。当然在提供相同质量金融产品的同时，成本越低，其金融产品的定价幅度越大、定价自主权越大。

#### 二、市场需求

市场营销理论认为，产品的最高价格是由市场需求所决定的。当某种金融产品受到客户追捧的时候，其价格的走势必然上升，所以金融机构要从客户潜在需求出发，设计出能够很好地满足客户需求的产品，以帮助产品制定更高价格。

同时，市场需求还受价格弹性这一因素的影响，不同的产品，其价格弹性不同。如果需求量的变动大于价格的变动，那么产品被认为是富有弹性的，这时低价将有一定效果；反之，如果产品是缺乏弹性的，则意味着需求量的变动小于价格的变动，这从一定层面可以看出消费者对价格的敏感度不高，那么此时低价并不一定能取得期望中的效果。

#### 三、竞争状况

客户在进行消费的时候往往会与企业竞争对手提供的产品质量进行比较，特别是比较价格。所以金融机构在进行定价前，应该充分参考竞争对手已有的产品价格信息，积极预测竞争对手在同一产品的未来价格走向，为自己定价提供客观依据。

以上三个因素中，成本决定价格的下限，市场需求决定价格的上限，而竞争对手的情况是企业定价时重点参考的因素。

当然金融产品定价还受到政策法规的影响。在我国,金融产品的定价并非完全自由,政策法规会对产品定价进行限制,因此金融企业必须密切关注各项金融政策的出台。

## 活动二 金融产品定价方法

定价方法是金融机构对金融产品定价的重要工具,是为金融产品定价的最重要一环。按照影响金融产品定价的因素,金融产品的定价方法主要分为成本导向法、需求导向法、竞争导向法等。

### 一、成本导向法

**1. 成本加成法**

成本加成法是最传统和简单的定价方法。它是金融机构在单位产品总成本的基础上加上预期利润来确定价格的方法。其中的关键点就是预期利润率,又称利润加成率,其基本计算公式是:

产品单价=单位产品总成本+单位产品预期利润
=单位产品总成本×(1+利润加成率)

以银行贷款利率的确定为例:

贷款利率=借入资金成本率+利润加成率

借入资金成本率=(借入资金总成本/贷款数额)×100%

利润加成率=(目标利润/贷款数额)×100%

其中,目标利润是银行取得放款协议上的预期收益,借入资金的总成本包括存款成本和非资金性成本,即人工成本、管理成本等。

这种方法的优点是:① 定价过程简单易行,计算方便。② 有利于明确界定和完成利润指标。③ 不必考虑市场上的竞争状况,不需要频繁调价,规避了激烈的价格竞争。

这种方法的缺点是:① 缺乏灵活性,适应性较差。② 仅从企业自身角度出发,忽略了市场竞争与需求变化因素的影响。③ 金融产品以服务为主,其成本(包括生产成本和营销成本)结构较为复杂,同时新产品的销售与成本也难以预测,该方法的测算结果不一定与市场状况完全相符。

一般来说,这一方法适用于标准化或竞争性不强的产品,小型金融机构为了便于核算成本,一般也采用此方法定价。

图 5–2 为成本加成法定价步骤。

图 5–2 成本加成法定价步骤

**2. 目标利润加成法**

目标利润加成法是指金融机构按照预期利润来确定产品价格,也就是企业先制定利润目标,再反推出能实现该利润水平的价格。其计算公式为:

产品单价=(产品总成本+目标利润额)/预计销售量

银行信用卡定价采用的就是此种方法。银行以产品总成本的 15%～20% 作为目标收益率，分摊到预计可销售数量的信用卡中，从而计算出每张信用卡所应收取的费用，或者说信用卡产品的价格。

这种方法的优点是：① 目标明确，可以保证金融机构实现既定的利润目标。② 计算比较简单易行。

这种方法的缺点是：① 只考虑利润，未考虑价格与需求之间的关系，因为产品的价格会影响销量。② 不够重视市场需求和竞争对手。

该方法适用于能够准确预计销售量的情况。图 5-3 为目标利润加成法定价步骤。

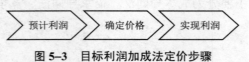

图 5-3　目标利润加成法定价步骤

### 3. 盈亏平衡定价法

盈亏平衡定价法又称保本定价法、收支平衡定价法，它是以盈亏平衡点作为基础的定价方法。所谓盈亏平衡点是指企业的投入与其收入相等时的产品销售量，也就是当金融机构在销量既定的条件下，金融产品的价格必须达到一定点上才能做到盈亏平衡，收支相抵。如果价格低于这一点，企业就会亏损；如果价格高于这一点，企业就会盈利。如图 5-4 所示，当企业在盈亏平衡点时，利润为零。其计算公式如下：

$$销售收入 = 总成本$$
$$销售收入 = 产品单价 \times 总销量$$
$$总成本 = 固定成本 + 单位变动成本 \times 总销量$$
$$产品单价 = 固定成本 / 总销量 + 单位可变成本$$

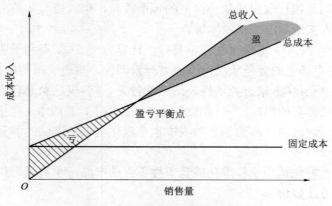

图 5-4　企业盈亏平衡示意图

这一方法的关键是要正确预测市场销售量，如果预测不准，有可能造成不必要的损失。

这种方法的优点是：① 当企业完成预计产品销量时，保本价格便明确了企业不受亏损。② 计算过程简单易行。

这种方法的缺点是：① 企业需要以预计的销量来求出价格，而价格恰恰是决定销量多少的重要因素，因此，实际销量是难以预计的。② 不够重视市场需求和竞争对手。

一般来说，这一方法适用于产品供不应求或者金融机构在市场中处于有利地位时，此时可以用产品的产量来代替销量进行计算。图 5-5 为盈亏平衡法定价步骤。

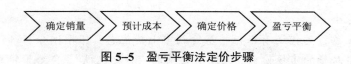

图 5–5　盈亏平衡法定价步骤

## 延伸阅读

### 七折房贷成"非主流"银行坚守的盈亏平衡点

自央行降息后,一些中小银行随即推出七折房贷优惠,在沉寂已久的房贷市场上一鸣惊人。但记者调查发现,虽然央行相关文件显示七折房贷的政策一直存在,但今时不同往日,银行做七折房贷业务已变成赔本买卖,由此银行普遍推出的可能性很小。

**一、闪现七折房贷**

2012 年 6 月 7 日央行宣布降息后,广东华兴银行便率先在其官方网站发布消息称,该行贷款利率浮动区间的下限执行贷款基准利率的 0.8 倍,个人房贷利率浮动区间下限为基准利率的 0.7 倍。

13 日华兴银行又在其网站发布消息,称该行将严格执行国家对房贷的有关规定,实行差别化的房贷政策,首套房贷利率原则上不低于基准利率的 0.9 倍,但对购买首套自住普通住房,且建筑面积不多于 90 平方米,并满足该行个人金融授信条件和综合评分标准的客户,房贷利率按照央行利率政策规定,浮动区间的下限可以低至基准利率的 0.7 倍。

记者以客户身份致电华兴银行客服询问此事,客服回应称,客户若想申请七折利率需要满足一定的评分标准,但目前具体的评分细则仍在制定当中,下周才能确定。

实际上,房贷利率七折优惠从未被明令禁止过。比如央行 6 月 7 日下发的"银发〔2012〕142 号"文件显示,"个人住房贷款利率浮动区间的下限仍为基准利率的 0.7 倍"。

业内人士表示,房贷利率七折优惠始于楼市低迷的 2009 年,但随着 2010 年以来楼市逐渐受到国家调控,加上银根收紧,各银行陆续取消七折优惠,其间监管部门也曾口头通知叫停七折优惠,2011 年打折的房贷基本没有。到目前为止,除存量客户外,七折房贷利率几乎绝迹。

有分析人士称,理论上讲,如果一般贷款利率可打八折,房贷利率七折应该是行得通的,因为根据新的银行资本管理办法,房贷的风险权重要比一般贷款低,银行应该更有动力去做房贷业务,但实际上,从银行的成本粗略估算,七折是完完全全的亏本生意。

**二、亏本生意难做大**

记者就目前实行七折房贷的可行性咨询某股份行深圳分行个贷部负责人李先生,他的第一反应是"银行不可能做这样的亏本生意"。降息后,银行的利润空间已被压缩,如果再实行房贷利率七折优惠,银行只能是"做一单亏一单"。

据测算,房贷七五折是银行不赚不赔的平衡点,如果低于七五折就是负利差,即银行赔钱放贷。

另外,银率网的分析报告称,在 2008 年下半年到 2009 年期间,银行积累了大量的七折优惠利率的存量房贷,这些贷款已不赚钱了,只要借款人不提前还贷,银行就得继续承受这些贷款几十年,这已让银行负担很重了。因此银率网分析师认为,银行普遍执行房贷利率七折优惠的可能性很小。

既然是亏本生意,为何还有银行推房贷利率七折优惠?银率网分析师认为,一些中小商业银行为了要抢占房贷的市场份额,又没有之前的"历史包袱",会给予特别优质的客户七折利率,但这种份额很少,普通房贷者基本享受不到。

从华兴银行 2011 年报很容易可以看出这家新兴银行具备"轻装上阵"的条件。该行 2011 年 9 月 8 日才正式开业,截至 2011 年 12 月 31 日,资产总额为 166 亿元,各项贷款总额 36.82 亿元,一般性存款 72.15 亿元,存贷比为 51.03%;实现净利润 798.48 万元,实现开业当年盈利。并且由于刚开业,该行各项监管指标都比较好,资本充足率为 59.61%,流动性比例为 112.26%,不良贷款率为零。

业内人士表示,一些中小银行推七折房贷固然有揽客和发展业务的初衷,但此举可能会对其他一些银行造成压力,如果惹来银行跟风,掀起房贷减价战,市场就会陷入恶性竞争,到最后谁都不赚钱。

(资料来源:http://bank.hexun.com/2012-06-14/142449102.html)

## 二、需求导向法

需求导向定价法是指企业在定价时不再以成本为基础,而是从客户对金融产品的认知角度出发,以客户需求作为产品定价的基础。因为判断产品价格是否合理最终由客户来决定,只有当实际价格与客户的心理价格相吻合时,产品才能销售出去,实现企业的经营目标。这类定价方法具体包括以下两种方式。

**1. 认知价值定价法**

利用客户对产品价值的认知来定价的方法称为认知价值定价法。客户对产品价值的认知是指客户基于自身对产品的需求、支付能力以及市场供给情况的认知,在各种信息的影响下产生对某一金融产品价格的心理承受能力。当产品的实际价格低于客户的心理承受能力时,客户将很快接受该产品,如果价格高于客户的心理承受能力,则顾客难以接受。

因此,必须尽可能地收集客户对产品价值的评判,判断其心理承受价位,为制定客户可接受的产品价格提供重要的参考依据。

在具体操作上有以下三种方法:

(1)直接评判法。

直接邀请客户与专家对该产品的价值进行评判。

(2)比较评判法。

通过对本产品与其他同类产品进行比较,判断产品的价值。

(3)加权评判法。

先对该产品的各项指标的认知价值进行评分,再运用加权平均的方法计算出总的认知价格。

与此同时,由于客户对金融产品价值的认知程度是决定金融产品价格的关键因素,所以金融产品要采取有效的营销策略,突出产品价值,让消费者认可该产品的价值,从而愿意为其价值支付相应的价格。

**2. 需求差异定价法**

这种方法建立在市场细分的基础上,认为不同细分市场的客户需求程度是不同的,企业应根据客户需求的差异程度来制定不同的产品价格。比如有的客户重视产品的品牌,有的客户重视产品的价格。对于重视产品品牌的客户,拥有较高品牌和声誉的企业可以制定一个较高的价格,从而让消费者强化对该企业的信心。对于重视产品价格的客户,应在保证质量的基础上,尽量简化服务,从而降低成本,最终降低售价。客户需求差异主要体现在以下几方面。

(1) 客户差别。

由于不同职业、阶层、年龄、收入的客户对金融产品需求不同,所以可以针对不同的客户制定不同价格以增加销售收入。比如,按客户对银行利润的贡献率,可将客户区分为高端客户、中端客户、低端客户。在办信用卡时,不同卡有不一样的透支额度。比如,某某银行的楼宇按揭贷款利率,对专业人士和高级公务员比一般客户优惠 0.25%~0.5%。

(2) 地域差别。

生活在不同地域的客户因其环境不同,对金融产品的要求有很大差异,所以产品价格也应该有所体现。例如,我国西部、中部及沿海地区的金融产品价格是有一定差异的。

(3) 时间差别。

不同时期的客户对产品需求并不一致,因此产品价格也可按时间差别做适当调整。例如,商业银行对存款期限不同的客户给予不同的存款利率。

该种定价方式最大的好处是符合市场需求,有利于企业获得最大的经济效益。难点是制定价格的过程比较烦琐,需要考虑较多因素。

## 延伸阅读

### 争夺"90后" 浦发新推青春卡

浦发银行信用卡中心推出了一款为年轻人量身定制的产品"青春卡"。该卡适合刚毕业到30岁的年轻人,通过打造"一万元"梦想金、一万元信用额度等专属的产品权益。

据浦发银行信用卡中心相关人士介绍:"青春卡"针对的正是初出社会的"90后"群体。经调研,首先,他们对品质生活有较高要求,虽然初出茅庐,但对未来充满信心,"借贷消费"可协助其提前实现梦想,享受生活。其次,他们有社交需求,初入社会,需要构建社交圈,餐饮、娱乐等消费需求高。最后,他们依赖网络,喜欢在淘宝上购物,用网上银行,发微信朋友圈。

据浦发银行长沙分行零售业务管理部总经理阳新民介绍,相比大部分银行信用卡"首年免年费,刷卡要达到6次才免次年年费"的规定,浦发"青春卡"给出的额度更高,并有免年费、免挂失费等优惠。此外,分期利率也比其他行同类信用卡低,更加符合年轻人的消费习惯。

(资料来源:《长沙晚报》,2015-02-04)

### 三、竞争导向法

竞争导向法以竞争者的产品价格为定价的主要依据,它的特点是价格与竞争对手的价格直接挂钩,如果竞争对手价格发生变动,即使产品成本与市场需求未发生变化,也应调整价格;如果竞争对手价格未发生变动,即使产品成本与市场需求已经发生变化,也应继续维持原价。这种方法适用于竞争十分激烈的市场,是为了在竞争中保持竞争优势的定价方法。竞争导向定价法主要包括以下三种：

**1. 随行就市定价法**

随行就市定价法又被称为通行价格法。采用这种方法的企业主要根据同类产品在市场的主导价格来确定自身产品价格，从而使自身产品与市场上竞争产品的价格基本保持一致。

该方法的优点：① 稳妥的定价法，企业的价格能反映整个行业的盈亏状况和利润水平。② 在一定程度上可以避免同行之间的价格战。③ 不考虑成本和需求状况，定价简单易行。

该方法的缺点：① 只考虑同行业的价格而忽视企业自身的具体情况。② 长期对市场价格的追随也不利于金融企业自身定价能力的培养。

一般在以下情况下可考虑选用该方法来制定价格：① 难以正确估算成本；② 企业难以了解市场需求情况；③ 企业希望避免激烈的市场竞争。

**2. 竞争价格定价法**

如果说随行就市定价法是一种防御性的定价方法，竞争价格定价法则是一种进攻性的定价方法。竞争价格定价法是指金融企业利用价格因素主动出击，通过在价格上的优势获取竞争优势的一种定价方法。采用这种定价方法，金融企业需要充分了解竞争对手相应的价格策略和产品特点，其次找出本企业产品所具有的优势，作为制定攻击性价格的武器。这种方法适合有较强竞争实力或具有产品特色的企业采用。

**3. 差别定价法**

差别定价是指对同一类型产品采用不同的定价，采用差别定价法的企业需要根据自身特点制定出低于或高于竞争者的价格作为该产品的价格。

（1）产品形式差别定价。

企业按照产品的不同型号、不同式样制定不同的价格，尽管不同型号产品价格之间的差额与成本之间的差额是不成比例的。比如某银行提供两种卡，一种是灵通卡，一种是牡丹卡。如果客户通过灵通卡汇款，则手续费为汇款金额的1%。而牡丹卡则没有汇款的手续费用。

（2）渠道差别定价。

渠道差别定价是指对不同的渠道制定不同的价格，这与企业的战略有关。以某银行的汇款手续费用为例。如果通过网点银行，最低手续费5元，超过1 000元按0.5%收取费用。而如果通过网上银行汇款，则每笔汇款收取5元，跨行汇款收取10元。这说明该银行正在大力拓展网上银行业务，希望通过差异化定价扩大网上渠道的销售量。

此外，还可以根据形象差别定价、地点差别定价、时间差别定价等不同的差异点来定价。

要做好对顾客、市场状况、竞争对手的仔细分析与调查，找到真正的差异点，才能真正发挥差别定价法这一优势。

以上三种定价方法在实践中各有优劣，金融企业在定价时应综合运用这三种方法，结合自身特点制定出适合自己的价格策略。

## 活动三　金融产品定价策略

### 一、新产品定价策略

**1. 撇脂定价**

撇脂定价策略是一种高价策略，即金融机构将新产品投放到市场时，把价格定得很高，以获取高额利润,当产品达到一定的市场占有率或者竞争变得激烈时,再逐步降低价格。这犹如从鲜奶中层层撇取奶脂一样,故而得名。

该策略的使用条件:① 新产品较市场上现有产品有显著特点。② 消费者对新产品好奇、求新,对价格不敏感,需求价格弹性较小。

该策略的优点:在短期内可实现最大利润目标,有利于企业竞争地位的确立。

该策略的缺点:价格高会失去一些购买力低的客户,同时高额利润会吸引大量竞争者进入,导致价格迅速下降。

银行、保险公司推出的创新金融产品可以采取这种定价方法,但由于金融产品没有专利可言,而且随着互联网技术的发展,金融产品的生命周期越来越短,一些好的创新金融工具和产品在很短时间内可能就会被竞争对手模仿,因此,这种定价策略只能短期有效,不宜长期采用,除非金融机构利用自己的信誉、良好的形象、优质特色的服务等稳定自己的客户群,削弱市场对价格的敏感性。比如,金融机构在推出针对高端客户的新产品如贵宾理财服务时,可以使用这种定价策略。这部分客户看重的是产品的质量和优先消费带来的各种满足,而对价格并不斤斤计较。

**2. 渗透定价**

渗透定价策略是一种低价策略,即金融机构在新产品上市之初将价格定得较低,利用价廉物美迅速占领市场,取得较高的市场占有率,当产品达到一定的市场占有率时,再选择合适时机提高产品价格。

该策略的使用条件:① 潜在市场较大,需求价格弹性较大,低价可增加销量。② 随着产品销量的扩大,金融产品的分销成本可实现规模经济。

该策略的优点:低价能迅速打开新产品的销路,便于企业提高市场占有率;可防止竞争对手的进入,便于企业长期占领市场。

该策略的缺陷:投资的回收期长,价格变动余地小。

以保险公司为例,原来以城市人口为对象的养老保险市场呈饱和状态,潜在消费者减少,所以现在针对农村市场开发新产品、新业务,根据农村市场的实际情况可以采取渗透定价策略来进入市场。低价策略要建立在提高管理效率、加强成本与管理费用的控制、降低保险推销成本的基础之上。低价策略是保险公司在保险市场进行竞争的手段之一。

再比如,在银行卡进入我国市场初期,由于人们没有用卡支付结算的习惯,对这一新产品很不认同,因此许多银行在推销自己的银行卡时都采取免费赠送,甚至单位大宗客户上门办理的方式,更有甚者替客户存进 1 元的开户费,以此逐渐培育自己产品的固定消费群,逐渐强化其消费习惯和支付意愿,降低需求的价格弹性,使产品有提升价格的空间。在人们体会到用卡的好处后,再推出更高性能的同类产品,不断提高价格并以此获利。

**3. 满意定价**

满意定价策略,又称平价销售策略,是介于撇脂定价和渗透定价之间的一种定价策略。由于撇脂定价法定价过高,对消费者不利,既容易引起竞争,又可能遇到消费者的拒绝,具有一定风险;渗透定价法定价过低,对消费者有利,对企业最初收入不利,资金的回收期也较长,企业若实力不强将很难承受。而满意价格策略采取适中价格,基本上能够做到供求双方都比较满意。

满意价格策略的优点在于既能避免高价策略带来的风险,又能防止采取低价策略给生产经营者带来的麻烦。

## 延伸阅读

### 美国第一银行的满意度定价

1989年,美国第一银行购买了得克萨斯州一家破产银行。开业之初全无声誉,吸引不了潜在客户。该行用五个条件实行服务保证,并且承诺顾客只要对服务不满,银行分文不收。结果,1989—1995年间,4 500名顾客中只有7位不满意服务并获银行全额退款。如今,美国第一银行得州信托行是全美发展最快的信托银行之一。

银行拥有高质量产品信誉和高水平的个人服务,在目标市场上的整体形象会对银行非常有利,这样银行就可以收取比竞争对手稍高的手续费(或支付较低的利率)。

### 二、折扣定价策略

折扣定价策略是指在基本价格上做出一定让步,通过给予一定形式的折扣,直接或间接降低价格,以争取客户,扩大销量。金融机构常用的折扣定价策略主要有以下几种形式。

**1. 现金折扣**

这是与付款条件有关的折扣,一般是当客户用现金一次性交付或提前付款时,金融机构给予一定的价格折扣率,以鼓励买方用现金交易,提前付款。如银行常把贷款利率与还款条件联系起来,如一年期贷款的年利率为10%,若贷款方未到一年就还清款项,则将贷款年利率降低1~2个百分点,以鼓励客户准时或提前归还贷款。

**2. 数量折扣**

数量折扣是客户购买商品达到一定数量或金额时,企业给予其一定比例的价格折扣,以鼓励客户大量购买某商品。比如,客户贷方余额能保持较大的数量和较长的时间,银行就会在利率上给予特别优惠。

**3. 费率优惠**

费率优惠即在缴付费用、利率等方面给予优惠。比如,保险公司根据保险标的的风险情况、历年的赔付情况和竞争者费率策略等,在客户续保或投保时对其实行一定的费率优惠,优惠幅度一般依不同客户的具体情况而定。表5–2为2017年保险公司对车辆保险投保费率的优惠系数情况。

表5–2  2017年车辆保险投保费率优惠系数

| 出险状况 | 优惠系数 |
| --- | --- |
| 连续3年无出险 | 0.6 |
| 连续2年无出险 | 0.7 |
| 上一年无出险 | 0.85 |
| 新车 | 1 |

续表

| 出险状况 | 优惠系数 |
|---|---|
| 上一年出险1次 | 1 |
| 上一年出险2次 | 1.25 |
| 上一年出险3次 | 1.5 |
| 上一年出险4次 | 1.75 |
| 上一年出险5次 | 2 |

### 三、心理定价策略

心理定价策略是指企业针对客户的消费心理来制定产品价格的定价策略，主要有以下几种形式。

**1. 尾数定价**

尾数定价法是指对金融产品的定价不采用整数，而保留价格尾数，给人以便宜感和信赖感。如银行的贷款利率本为10%，通过尾数定价法则定为9.98%。

**2. 声望定价**

声望定价是针对消费者"价高质必优"的心理，对在消费者心目中享有声望、具有信誉的产品进行定价的方法。由于名牌企业、名牌产品在客户心目中有了声望，享有较高声誉，产生了信任感，即使产品价格较高（如收取的服务费较高），客户也会接受。

**3. 意头定价**

这是针对消费者追求吉利和好意头的心理，在定价时应用的一种策略。例如，我国消费者普遍喜欢8和6这些数字，金融机构在对结算工具、代理、咨询等金融产品定价的时候，选择1、6、8等数字往往能收到较好的效果。

## 延伸阅读

### 美食、观影、洗车 刷光大信用卡畅游10元世界

近日，记者从光大银行了解到，该行信用卡中心正热推"光大10元惠"活动，包括"10元享美食""10元看大片""10元洗靓车"以及部分地区开展的"10元K歌"四项内容，持卡人只需花10元钱即可享受光大银行信用卡带来的尊尚体验。

现今，吃一顿饭、看一场电影、洗一次车至少几十块，在北京、上海、广州、深圳等大城市花销会更高。相比之下，光大信用卡中心主推的"光大10元惠"活动给消费者带来了实实在在的优惠。记者在光大银行官网上看到，"光大10元惠"活动已在全国广泛开展。例如，"10元享美食"已覆盖全国40多个地区，共有近150家合作商户。用户刷光大银行信用卡10元，就可在150家合作商户享用美食，这些美食包括烤肉、火锅、中餐、面食、甜点、蛋糕等。"10元看大片"活动，能让持卡人感受到3D电影的观赏乐趣与实惠。最近好莱坞有多部3D巨制在全国各大院线火热上演，持有光大银行信用卡的幸运儿花10元即可看3D。在洗车

方面也是一样,"光大10元惠"为广大"有车一族"提供了10元洗车优惠。相比几十元洗车市场价,"10元洗靓车"能给持卡人节约不少费用。"10元K歌",目前持卡人可在全国14个地区、16家商户、30家门店享受优惠。

无论是享美食、看大片,还是洗车、K歌,以上都与老百姓的日常生活息息相关。为百姓服务,让持卡人畅游于10元消费世界,光大银行信用卡带给持卡人的是实实在在的利益与回报。即日起,持卡人可登录光大银行官网信用卡地带或手机关注"光大银行信用卡"微信服务号查询优惠信息。

(资料来源:中国光大银行,2014-09-16)

**任务实战演练:**
1. 了解各大银行金融产品定价情况并撰写调查报告。
2. 选择一款互联网金融产品,思考其定价的方法。

## 项目小结

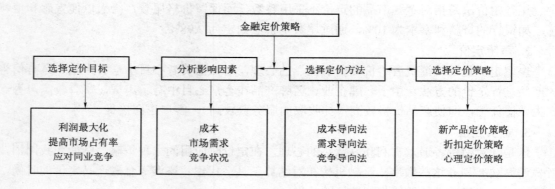

# 金融营销分销策略

## 引 言

金融机构开发出金融产品、确定价格后,就需考虑何时、何地将金融产品和服务传递给顾客,使产品和服务具备的利益、功能等有效地传输给目标受众。这一系列的营销策略便是分销策略。分销渠道既是连接企业和消费者的基本纽带,也是金融企业完成其销售职能的实体,只有通过分销渠道将金融产品和服务销售出去,才能实现公司经营目标。因此分销渠道及分销策略的制定至关重要。

## 项目学习目标

### 知识目标
1. 掌握金融营销分销渠道及其策略的概念。
2. 熟悉金融营销分销渠道的影响因素及功能;熟悉金融营销分销渠道的种类和金融营销分销策略的种类。
3. 理解金融产品和服务的特性对分销策略的影响;理解金融营销分销策略的选择和渠道拓展策略。

### 技能目标
1. 能区分金融产品的特性对分销策略的影响。
2. 能结合案例分析选择分销策略的原则。
3. 能运用金融营销策略的知识分析和解释目前金融机构分销策略存在的不足。

## 案例引入

### 多层次立体化渠道搭建商业银行营销大平台

社会经济生活信息化的快速发展,要求银行必须从战略高度,把握信息时代经济发展的趋势,充分发掘传统渠道和电子渠道的优势,将其进行深度的融合与互补,建立起多层次立体化渠道体系。这一新型渠道体系的目标是：运用可客户化的数据进行总体呈现，使银行能迅速响应客户的需求，同时也建立起不同的信息沟通渠道，使业务机构、客户可以充分利用银行的金融服务资源，有效提高业务机构内部的信息系统管理和系统使用效率，通过对资金流、数据流、信息流的高效控制，为最终用户提供更多样和完善的服务。

多层次立体化渠道体系，是银行渠道建设的一个主要方向，也是银行形成渠道竞争优势的一个战略核心。同时，它也是一种全新的银行产品及服务的营销模式，是在传统渠道的基础上，充分发挥电子渠道的特色，以银行柜台、自助设备、电话银行、手机银行、网上银行、各种智能终端等具有不同特色的系统、设备共同搭建的营销大平台，充分利用了网络的影响力和传播力。

银行传统渠道主要是物理的各营业网点，依靠柜台提供产品及服务，是客户与银行直接接触并保持沟通的主要渠道。该渠道的优势是可降低柜台，进行专家理财服务；缺点是服务提供受到地点和时间的极大限制。

ATM、POS、自助设备等服务的加入拓展了用户享受服务的空间和时间，使银行不仅增加了营业场地，并且可以实现全天候的不间断服务。这一新渠道的发展方向是除存取款、补登存折等服务外，大力拓展个性化服务，包括发布广告、提供金融信息、售卖各种票据、提供互联网服务等。缺点是它们与网点柜台一样固定于某个场所，客户必须赶到这些固定的地方才能够享受到相关服务。

电话银行则将用户享受服务的空间进行了拓展，让用户基本不受时间、不受地点或很少受地点的限制享受到了方便的银行服务。缺点是由于安全等原因，能够提供的银行服务和产品比较有限。

随着网络的迅猛普及，利用网络这一技术手段，再结合电话，也就是常说的CTI技术，发展了Call Center（呼叫中心）。Call Center可以提供人工服务和无人服务两种模式，使得电话银行的服务内容更加充分，功能也得到很大的扩充和提升。呼叫中心还可以实现双向服务，不仅客户可以呼入，银行也可以主动呼出。呼叫中心弥补了其他电子渠道无法与客户进行直接沟通的缺陷，是银行保持与客户沟通的一个有效途径。但它的缺点是安全问题没有得到根本解决，客户依然受到很多限制与不便。

网上银行有效整合了各种电子银行服务渠道，让用户能够更有效、快捷地享受到银行服务。服务成本大大降低，而且安全问题也基本得到解决，因此现阶段网上银行能够提供几乎所有已有的服务及未来预期的服务。因此，网上银行是今后电子渠道业务发展的主流方向。但它仍有缺点，那就是依然受到空间的限制——至少用户还得通过各种途径上互联网。

随着移动电话的大面积普及，手机银行、掌上银行相继推出，让客户真正享受到了无所不在的突破空间的自由服务。当无线电话的带宽能够随第三代（3G）或者第四代（4G）无线网络得到解决，无线电话也将成为另一个非常重要的客户端。

（资料来源：http://www.ccmw.net/article/4255.html）

思考：

1. 什么是渠道？什么是金融渠道？
2. 金融渠道有哪些类型？
3. 金融机构如何选择金融渠道？

# 任务一　认识金融营销分销渠道

## 活动一　金融营销分销渠道概述

### 一、金融营销分销渠道的概念

**1. 分销渠道的概念**

在西方经济学中，分销的含义是建立销售渠道的意思，分销渠道即产品的所有权或使用权从生产者手中转移到消费者手中这一过程所经过的市场通道。

著名的营销大师菲利普·科特勒认为："一条分销渠道是指某种货物或劳务从生产者向消费者移动时取得这种货物或劳务的所有权或帮助转移其所有权的所有企业和个人。因此，一条分销渠道主要包括商人中间商（因为他们取得所有权）和代理中间商（因为他们帮助转移所有权）。此外，它还包括作为分销渠道的起点和终点的生产者和消费者，但是，它不包括供应商、辅助商等。"

分销渠道的概念可以从以下三点进行理解：

（1）分销渠道的起点是生产者，终点是消费者或者用户。销售渠道作为产品据以流通的途径，必然是一端连接生产，一端连接消费，通过销售渠道把生产者提供的产品或劳务，源源不断地流向消费者。在这个流通过程中主要包含两种转移：商品所有权转移和商品实体转移。这两种转移既相互联系又相互区别。商品的实体转移是以商品所有权转移为前提的，也是实现商品所有权转移的保证。

（2）分销渠道是一组路线，是由生产商根据产品的特性进行组织和设计的，在大多数情况下，生产商所设计的渠道策略充分考虑其参与者——中间商。由此可见，分销渠道不仅包括产品提供者本身，还包括代理商、经销商、批发商或零售商等分销渠道的各种成员。

（3）产品在由生产者向消费者转移的过程中，通常要发生两种形式的运动：① 作为买卖结果的价值形式运动，即商流。它是产品的所有权从一个所有者转移到另一个所有者，直至到达消费者手中。② 伴随着商流所有发生的产品实体的空间移动，即物流。商流和物流通常都会围绕着产品价值的最终实现，形成从生产到消费者的一定路线或通道，这些通道从营销的角度来看就是分销渠道。

**2. 金融营销分销渠道的概念**

金融营销分销渠道则指金融产品从金融企业转移到消费领域过程中所经历的市场通道，也就是金融产品和服务通过各种便利性手段和途径推向金融客户的过程。

工商企业的物质产品从生产方转移到消费方一般是通过中间商来实现的，而由于金融产品和服务的特殊性，金融分销渠道是连接金融企业和消费者的基本纽带，有其独特的运作方式，一般是通过建立分支机构网络来实现的。为了适应市场需要，柜台、自助设备、电话、各类 APP 等各种新型分销渠道的出现，构成了多层次立体化分销渠道体系，这些全新的金融产品和服务的营销模式极大地提高了金融分销渠道的作用，增强了金融企业提供金融产品和服务的能力。

## 二、金融营销分销渠道的影响因素

金融营销分销渠道的基本功能是根据客户的不同需要,将金融产品进行有效的组织和传送,从而转换成有意义的产品组合。金融产品分销成败关键在于是否建立和管理金融营销分销渠道,在此过程中,金融机构需要充分考虑金融营销分销渠道的影响因素。

**1. 金融产品特征**

产品特征是影响分销渠道选择的重要因素之一。金融产品因其种类不同而具备不同的特征,这对于分销渠道的选择是一个非常重要的影响因素。由于金融产品的特性包含较多的服务成分,因而客观上要求金融企业设立广泛的分销网络、建立完整的服务体系。另外,金融产品的创新和多样化,使产品质量更为标准化而大大促进了其分销渠道的发展。

**2. 市场因素和金融客户特点**

市场范围、营销方式的敏感性等因素,以及商业银行同业竞争者产品的分销渠道策略,都会影响到分销渠道的选择。对金融客户特点的描述有三种变量:① 消费者类型变量。由于不同类型的消费者对于不同的分销渠道会产生不同的反应,金融机构需要对此进行分析和研究。② 人口统计变量,包括人数、性别结构、年龄结构、地理分布、收入结构等。人口统计变量对分销渠道的设置具有决定性影响。③ 心理统计变量,具体包括客户对金融风险的偏好、对金融产品的忠诚度以及对广告宣传等促销手段的反应等。例如,对金融风险厌恶的人推销股票等风险大的金融产品成功率较低,但推销风险小的国库券希望却较大。

**3. 金融机构的规模和信息科技的发展**

金融机构的规模大小、资金能力、信用能力、销售能力、提供的服务以及要求等,都会影响其分销渠道的选择。信息技术的发展也促使金融机构通过自助设备、电话和网络来提供金融服务,从而扩展分销渠道。

**4. 营销技术**

金融机构的营销技术直接影响其金融产品的销售。对某些产品来说广告十分重要,而另一些则需要通过人员推销。为此,金融机构在对其营销技术进行选择时,只有对自己的营销技术进行正确衡量界定,才能审时度势地进行分销渠道的决策。

**5. 现有分销渠道的可用性**

金融机构在选择分销渠道时必须考虑其现有分销渠道的可用性和可用度,因为分销渠道的再选择,受现有分销渠道适用性的严格控制。

**6. 政策**

政府对各类金融产品所采取的价格政策、税收政策等,会影响金融机构分销渠道的选择。如政策允许自由购销各种金融商品,分销渠道必定会多样化;反之,渠道就会单一化。地方政府的行为也会影响商业银行直销渠道的选择。

## 三、金融营销分销渠道的功能

金融营销分销渠道的基本功能是根据客户的不同需求,更新改进金融产品,将金融产品进行有效的组织和传送,从而转换成有意义的产品组合。其主要职能是:

研究——收集制订营销计划和进行交换所必需的信息。

销售——对金融机构所供应的金融产品和服务进行销售。

接洽——寻找可能的购买者并进行说服性沟通。

配合——对金融机构所供应的金融产品和服务进行符合客户必要性的评分,包括促销活动。

融资——为补偿渠道工作的成本费用而对资金的取得和支用。

风险承担——承担与渠道工作有关的全部风险。

谈判——对金融企业所经营的金融产品和服务的价格及有关条件达成最后协议。

金融营销分销渠道可以在为客户提供方便的同时充分满足客户需求,金融机构可借助分销渠道减少分支机构的数量,节约营销费用,提高经营效率。

## 活动二 金融营销分销渠道的种类

与实体产品的分销渠道类似,金融营销分销渠道可以按是否有中间环节分为两种基本形式:直接分销渠道和间接分销渠道。

### 一、直接分销渠道

直接分销渠道也称零阶渠道,是指金融机构不通过任何中间商将产品直接销售给目标客户,即由金融机构将其产品直接销售给目标客户。直接分销渠道是两个环节的分销渠道,是最短的分销渠道,其分销模式如图 6-1 所示。

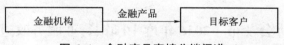

**图 6-1 金融产品直接分销渠道**

金融产品的特殊性决定了在销售产品时,通常与金融机构自身无法截然分离,它往往依靠金融机构直接与目标客户联系,并直接向客户提供金融产品。金融机构的直接分销渠道主要是通过广设分支机构或营业网点、客户经理登门拜访、电子渠道等方式销售金融产品。

(一)分支机构或营业网点

分支机构是金融机构最为传统和经典的直接分销渠道,金融机构在全国乃至全世界设立分支机构、营业网点作为其产品的直接分销网络。例如,我国的商业银行在各省市均设立有分行,分行在各区县设立有支行,而支行在各街区、乡村设立有网点,它们共同构成了商业银行强大的分销网络。保险公司在国内各省市、自治区设立分公司,在各区县设立营业网点构成其分销网络。

金融分支机构、营业网点规模的大小、分布的合理与否均关系到金融机构的经济利益,因此金融机构必须根据自身情况,科学合理地设置分支机构及其营业网点。

(二)人员推销

人员推销是分销体系中不可分割的一部分,是金融机构直接分销渠道中一种重要的形式。银行、证券公司、小额贷款公司的客户经理均是从事面对面营销的直接销售形式。

(三)电子渠道

电子渠道能满足客户的实时服务需求,能有效分流柜台人流、降低服务成本,是快速发展起来的自助式新型营销服务渠道。

电子渠道建设有两个主要目标：① 满足客户需求。电子渠道解决方案必须基于金融机构的特点和随机应变的战略，积极帮助金融机构更新自己的服务网络，使金融机构能够计划和执行其新一代的供应战略，为客户提供快速、高性价比的产品和服务，并能够灵活地对市场环境和客户需求做出响应。电子渠道能改善与客户之间的关系。一方面，提供最新的客户信息和交流，这种交流在提供给客户最新的金融机构信息的同时，也扩大金融机构品牌的影响力。另一方面，金融机构提供的服务应使客户的生活更简化，更有创造性。② 分流客户。通过电子渠道的建设，把大量业务从传统渠道引至电子渠道，从而把网点资源充分利用起来，进行销售性业务。业务成功分流后，金融机构就可以从容实施网点功能转移战略，如实现专家理财服务。金融机构还可以采用倾斜政策引导客户向电子渠道分流，比如，客户通过传统渠道交易要按规定收取的手续费，如果通过电子渠道交易则可以少收或免收。

以电话、电脑、互联网以及当前盛行的各类 APP 等为媒介的电子渠道实现了客户不出门仍能享受到各类服务需求的目标。针对互联网金融的冲击，金融机构通过运用互联网技术与互联网思维，或与电商、互联网企业合作，或基于互联网技术和思维的新平台推出新模式和新业态。如农业银行"E 商管家"电子商务平台为传统企业转型电商提供供应链管理、多渠道支付结算、线上线下协同发展、云服务等定制化商务金融综合服务。

## 延伸阅读

### 中国银行业协会发布《2016 年度中国银行业服务改进情况报告》

2017 年 3 月 15 日，《2016 年度中国银行业服务改进情况报告》在京发布。报告指出，2016 年，中国银行业扎实推进经营转型升级进程，强化自律管理，规范经营行为，服务实体经济、小微企业、"三农"和普惠金融事业，坚持不懈地提升文明规范服务质效，在服务基础管理、服务渠道完善、服务流程优化、产品科技创新、消费者权益保护等方面取得了一定的成绩。

报告显示，截至 2016 年年底，银行业营业网点达 22.8 万个，新增设营业网点 3 800 多个；网上银行交易金额为 1 299 万亿元，交易笔数总计 850 亿笔，同比增长 98%。客服中心人工电话接通率达到 91.6%，连续三年高于 90%；客户满意度达到 98.5%，连续五年持续提高。同时，借助互联网技术手段，银行业智能化步伐加快，在自助银行、电子银行、手机银行方面发展迅猛。目前，银行业离柜业务率为 84.31%，同比提高 6.55 个百分点，极大地方便了广大消费者。

另外，相关部门也在持续深化消保工作，增强消费者维护自身合法权益的能力。据不完全统计，参与 2016 年度中国银行业"普及金融知识万里行"活动的网点数达到 17.93 万个，派出宣教人员 105 万人次，组织金融知识普及活动 35.7 万场次，发放宣传资料 9 000 万份，受众达 2.9 亿人次。

但需要强调的是，相对于全面建成小康社会进程中广大人民群众以及经济社会发展日益增长对银行业服务的需求，银行业服务改进远远不够，需要提升的方面仍然不少。例如，银行业应加大普惠金融工作力度，积极发展互联网金融并广泛宣传普及，通过线上与线下的结合，逐步解决目前银行物理网点较集中的问题，确保金融服务惠及千家万户；在消费者权益保护方面，应进一步建立组织架构，完善机制建设，细化保障措施，积极开展金融知识宣传普及活动，牢固树立消费者权益保护意识。

（资料来源：http://www.financialnews.com.cn/gc/gz/201703/t20170316_114382.html）

## 二、间接分销渠道

间接分销渠道是指金融机构通过中间商向目标客户销售产品，是两个层次（环节）以上的、较长的分销渠道。如银行的间接分销渠道有银行卡代办员；保险公司的间接分销渠道有保险经纪公司；证券公司的间接分销渠道有其分支结构。

其分销模式如图6-2所示。

图6-2　金融产品的间接分销渠道

金融产品很大一部分是以无形的服务存在的，在其整个动态化过程中，一部分金融服务项目会被物化、有形化，这些有形的金融产品可脱离金融机构独立存在，通过中间商传到客户手中，在其分销过程中实现了价值增值。金融产品的分销渠道实际上是一条"价值增值链"，一个或多个金融中间商的介入使得金融产品实现了增值。按照不同的分类标准，间接分销渠道也可分为很多类型。

按金融机构提供的金融产品通过多少环节销售出去，可将分销渠道分为短渠道和长渠道。

**1. 短渠道**

短渠道也称一阶渠道，是指金融机构仅利用一个中间商销售金融产品给目标客户。金融产品在转移过程中，可经过代理商、批发商、零售商，但是中介机构只有一个，由其将金融产品最终销售给目标客户。其分销模式如图6-3所示。

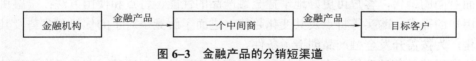

图6-3　金融产品的分销短渠道

短渠道能减少流通环节，流通时间短，信息传播和反馈速度快，省费用，金融产品的最终价格较低，市场竞争力强。由于环节少，金融机构和中间商较易建立直接的、密切的合作关系。但短渠道也迫使金融机构承担了更多的商业职能，不利于集中精力创新金融产品和服务。

**2. 长渠道**

长渠道是指金融机构在金融产品销售过程中，利用两个或两个以上的中间商将金融产品传递给目标客户。长渠道的渠道长、分布密、触角多，能有效地覆盖市场，扩大金融产品的销售，能充分利用中间商的职能作用，市场风险小。但不足的是长渠道使金融机构市场信息传递迟滞；金融机构、中间商、消费者之间的关系复杂，难以协调；金融产品价格一般较高，不利于市场竞争。

长渠道有二阶渠道和多阶渠道两种形式。

(1) 二阶渠道。二阶渠道是指金融机构在金融产品销售过程中利用两个中间商将金融产品传递给目标客户。这两个中间商一般为一个批发商和一个零售商或者一个代理商和一个批发商。其分销模式如图 6–4 所示。

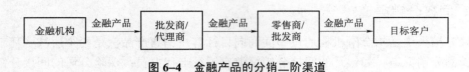

图 6–4　金融产品的分销二阶渠道

在这种金融产品的分销渠道中，一般会由代理商或批发商从金融机构购入金融产品，再转售给零售商，最后由零售商销售给最终的目标客户。如 A 证券公司获得了某家公司股票的包销权后，可以自己销售也可以通过中间商销售，通过中间商销售就属于金融产品的二阶渠道。

(2) 多阶渠道。多阶渠道是指金融机构在金融产品销售过程中利用三个或三个以上的中间商将金融产品传递给目标客户。其分销模式如图 6–5 所示。

图 6–5　金融产品的分销多阶渠道

## 三、直接分销渠道和间接分销渠道的比较

### （一）直接分销渠道的优缺点

金融机构利用直接分销渠道向目标客户销售金融产品具有以下优点：

(1) 有利于产、需双方沟通信息，可以按需开发金融产品，更好地满足目标顾客的需要。由于是面对面的销售，客户可更好地掌握金融产品的性能、特点和使用方法；金融机构能直接了解用户的需求、购买等特点及其变化趋势，进而了解竞争对手的优势和劣势及其营销环境的变化，为按需开发金融产品创造了条件。

(2) 可以降低营销费用。由于去掉了金融产品流通的中间环节，节省了中间商的营销费用，因此金融机构大大节约了流通费用，降低了营销成本，增加了利润。

(3) 增加金融产品销售。金融机构直接分销相当于开展直接促销。例如，金融机构派人员直销，为客户提供了较高质量的售前、售后服务，不仅促进了客户购买金融产品，同时也扩大了金融机构和产品在市场中的影响。

虽然直接分销渠道具有有利于产、需双方沟通信息，降低营销费用，促进金融产品销售的优点，但同时也有不可忽视的缺点。

(1) 在金融产品和目标客户方面：金融机构的规模如果没有达到一定程度，仅凭自己的力量去广设营业网点，往往力不从心，甚至事与愿违，很难使金融产品在短期内广泛分销，很难迅速占领或巩固市场。金融机构目标客户的需要得不到及时满足，客户势必转移方向，购买其他金融机构的金融产品，这就意味着金融机构会失去目标顾客和市场占有率。

(2) 在商业协作伙伴方面：中间商在销售方面比金融机构的经验丰富，这些中间商最了解客户的需求和购买习性,在金融产品流转中起着不可或缺的桥梁作用。而金融机构自销金融产品需要自己开展市场调研,增加人力、物力、财力,加重金融机构的工作负荷,同时也会失去中间商在销售方面的协作,金融产品价值的实现增加了新的困难,目标客户的需求难以得到及时满足。

(3)在金融机构与金融机构之间:当金融机构仅以直接分销渠道销售金融产品,致使目标客户的需求得不到及时满足时,同行金融机构就可能趁势而进入目标市场,夺走目标客户和商品协作伙伴。

(二)间接分销渠道的优缺点

**1. 间接分销渠道的优点**

(1)有助于金融产品广泛分销。中间商在金融产品流转的始点同金融机构相连,在其终点与目标客户相连,从而有利于调节金融产品开发与消费在品种、数量、时间与空间等方面的矛盾;既有利于满足目标客户的需求,也有利于金融产品价值的实现,更能使金融产品进行广泛的分销,巩固已有的目标市场,扩大新的市场。

(2)弥补金融机构人、财、物等力量的不足。中间商购走了金融机构的产品并交付了款项,就使金融机构提前实现了产品的价值,开始新的资金循环和生产过程。此外,中间商还承担了销售过程中的费用,也承担着其他方面的人力和物力,这就弥补了金融机构营销中的力量不足。

(3)间接促销。顾客往往是货比数家后才购买金融产品的,而一位中间商通常经销众多金融机构的同类金融产品,中间商对同类产品的不同介绍和宣传,对金融产品的销售影响甚大。此外,实力较强的中间商还能支付一定的宣传广告费用,具有一定的售后服务能力。所以,金融机构若能取得与中间商的良好协作,就可以促进金融产品的销售,并从中间商那里及时获取市场信息。

(4)有利于企业之间的专业化协作。金融机构产销合一,既难以有效地组织商品的流通,又使开发新产品精力分散。有了中间商的协作,金融机构可以从烦琐的销售业务中解脱出来,集中力量进行开发,专心致志地从事研究和金融创新,促进金融机构之间的专业化协作,以提高经营效率。

**2. 间接分销渠道的缺点**

(1)可能形成"需求滞后差"。中间商购走金融产品,并不意味着金融产品就从中间商手中销售出去,有可能是销售受阻。对于某一金融机构而言,一旦其多数中间商的销售受阻,就形成了"需求滞后差",即需求在时间或空间上滞后于供给。

(2)可能加重客户的负担,导致抵触情绪。由于增加了中间商,可能会增加营销费用,从而提高金融产品价格,这就会增加客户的负担。此外,中间商服务工作欠佳可能导致客户对金融产品产生抵触情绪,甚至引起购买的转移。

(3)不便于直接沟通信息。如果与中间商协作不好,金融机构就难以从中间商的销售中了解和掌握客户对金融产品的意见、竞争者金融产品的情况、金融机构与竞争对手的优势和劣势、目标市场状况的变化趋势等。

# 任务二　制定金融营销分销策略

## 活动一　金融营销分销策略概述

### 一、分销策略的含义

营销组合理论中 4Ps 指的是产品（product）、价格（price）、渠道（place）、促销（promotion），由于这四个词的英文单词首字母都是 p，再加上策略（strategy），所以简称为"4Ps"。分销策略对应第三个 p（place），是解释"地点"的策略。分销策略也称为分销渠道策略，是企业为了使产品迅速转移到消费者手中，选择最佳的分销渠道，并适时对其调整与更新，以适应市场变化所采取的策略。它同产品策略、促销策略、定价策略一样，也是企业能否成功地将产品打入市场、扩大销售、实现企业经营目标的重要手段。

### 二、金融营销分销策略的含义

金融营销分销策略是指实现将金融产品或服务从生产领域传递给既定目标客户的一种途径或方法。

金融产品的分销过程起点是金融机构，终点为特定客户，客户可以是自然人或是企业法人。对所有金融机构而言，想要提高市场占有率，提升盈利水平，设立效率高、可行性强的分销渠道至关重要。因此对于金融机构而言就必须在充分考虑营销成本、服务传递效率等因素的情况下制定一个切实可行的分销策略，实现短时间、低成本、高效率地给目标客户传递金融服务。

### 三、金融产品的特性对分销策略的影响

在金融活动中，金融产品与一般商品相比具有一些特性，因此金融机构的分销渠道有其独特的方式，一般是通过建立分支机构与网络来实现销售，即以直接分销为主。随着技术的进步、互联网的发展，金融机构开始更多地使用如自动存取款机、智慧柜员机、电子渠道等渠道。同时，金融机构的分销渠道开始强调中间商和个人的作用。有时金融产品比一般产品更需要中介的参与才能完成销售职能。

#### （一）金融产品的不可分性

金融机构向目标客户提供金融产品的同时，也将一系列服务分配给客户，金融产品与服务的供应和消费是同时进行且难以截然分开的。由于金融产品与服务不能贮存，因而必须在一定时间、场合下进行消费，并且会随着需求和供给状况的不同而发生变化。同时由于金融产品的销售并不是一次性服务，所以金融机构必须进行售后的跟踪服务，这就要求金融机构经常、充分地接触客户，这会消耗一定的成本。如果将这些费时、费力的工作交给中介机构，必然会大大节省人力、物力和财力。

#### （二）金融产品具有高风险性

金融市场的风险无时不在，风险性也是金融产品的一大特点。随着经济社会的发展，金

融产品越来越复杂，所产生的风险也越有可能成倍地放大。客户对于风险会比较谨慎，他们会做出充分的调研了解金融产品的特性和风险之后，再做出购买决定。金融机构可以借助中介机构等营销网络，充分发挥中间商的宣传优势开展产品宣传和营业推广，促进金融产品的销售；同时也可以通过更多的中间商的经营分散自身面临的风险。

（三）金融产品的监管性

由于金融产品具有较高的风险，其分销渠道通常会受到政府有关部门的严格监管，金融产品按规定必须由指定中间商进行分销，其他机构或个人不得参与，这显然与一般产品分销渠道不同。例如，我国股票和债券的发行只能由国家认可的证券公司或财务公司承销，而其他单位或个人无权承销。因此，金融机构在选择中间商时必须选择符合政府监管要求的相关机构开展分销活动。

金融产品的特殊性决定了金融机构不仅要依靠自身的优势利用直接营销渠道销售金融产品，也可充分利用中间商以更多的渠道及时迅速地向目标客户销售金融产品。

## 四、分销策略的作用

分销策略是沟通金融机构与客户之间关系的桥梁，合理选择分销策略对保证金融机构的正常经营、持续盈利，建立现代化的金融战略具有十分重要的意义。

**1. 可以有效满足客户需求**

金融机构必须进行充分的市场调研，了解客户的需求，根据不同的需求选择最为合适的分销渠道，将合适的金融产品传递给目标客户。同时，金融机构还必须随时了解客户需求的变化，适时创新金融产品，调整金融产品的种类和改进其功能，以便有效解决金融市场中的供求矛盾、地区矛盾、结构矛盾、时间矛盾，充分满足不同地区、不同层次客户的不同需求。

**2. 为客户提供便利**

金融市场的金融机构数量庞大，金融产品种类繁多，一家金融机构自身的活动范围、人力、物力、财力有限，无法将其全部金融产品销售给自己的全部目标客户。因此金融机构必须选择合理的、有效的分销渠道，借助中间商的优势实现销售在时间和空间范围上的扩展，减少流通渠道，满足客户需要。

**3. 降低费用，提高盈利能力**

金融分销渠道有直接分销渠道和间接分销渠道，两种分销渠道各有所长。直接分销渠道是通过广布营业网点来实现的，但会增加金融机构的营业成本，因此可以借助间接分销渠道来弥补此弊端。通过选择合理的分销渠道，可以在减少金融机构分支机构的设立、减少营业费用的同时，扩大客户面，促进销售，提高市场占有率。

**4. 分散风险**

采用合适的金融分销渠道，可以使各渠道成员在分享利益的同时，共同分担由金融产品销售、市场波动等各种不可控因素所带来的各种风险。

可见，金融机构只有选择科学合理的分销策略，才能把产品便捷、准确、高效地传递给目标客户。

## 活动二　金融营销分销策略的选择

### 一、金融营销分销策略的种类

金融产品的分销策略为金融机构创造了利润，减少了营销费用，为客户带来了便利……，这一系列的作用使得金融机构越来越注重营销渠道的开发和建立，注重营销策略的选择。以下是金融机构常用的几种分销策略。

#### （一）直接分销策略和间接分销策略

此策略是根据金融机构销售金融产品过程中是否有中间商来划分的。直接分销策略又称为零阶分销渠道策略，是指金融机构不通过中间商直接把金融产品销售给目标客户的策略；间接分销策略，是指金融机构通过中间商向目标客户销售金融产品的策略，间接分销策略根据销售环节的长短可分为短渠道策略和长渠道策略，而长渠道策略又可为二阶渠道策略和多阶渠道策略。

#### （二）单一渠道分销策略与多渠道分销策略

单一渠道分销策略，指的是金融机构销售金融产品时只经过一个渠道传递给目标客户的策略，如金融机构自销或交给经销商销售金融产品。多渠道分销策略，是指金融机构经过不同的分销渠道销售相同的金融产品给不同的市场或客户。例如，金融机构可以在本地区采用直接分销渠道策略，而在外地采用间接分销渠道策略；对某些金融产品采用长渠道策略，而对另外一些金融产品采用短渠道策略。

#### （三）与产品生命周期相关的分销策略

此策略指的是在金融产品的销售过程中融入金融产品的生命周期理论，以产品在生命周期所处的位置为标准而选取的分销策略。产品生命周期分为导入期、成长期、成熟期和衰退期四个阶段，在金融产品的不同生命周期阶段，客户需求、市场竞争状态各不相同，因此在金融产品的不同生命周期阶段，金融机构所采取的分销策略是不同的。例如，在导入期，金融机构通常采用单一的、短渠道策略，如采用自销或独家销售的策略迅速占领市场，提高产品知名度；在成长期，金融机构多数采用多渠道策略，占领最有效的渠道，保持自身的优势，此阶段金融机构通常选择能力强、有优势的中介机构进行分销，逐步扩大销售量，提高市场占有率；在成熟期，金融机构应积极拓宽分销渠道，与中间商配合，扩展业务范围；在衰退期，金融机构可以选择知名度高的中间商，获取金融产品最后的经济效益。

#### （四）组合分销渠道策略

组合分销渠道是指金融机构将其分销策略与 4Ps 中的其他三种策略产品策略、定价策略和促销策略相结合，综合考虑制定促进金融产品销售的一种分销策略。这种策略主要分为三种形式：① 分销策略与金融产品开发策略相结合的策略，即金融机构根据金融产品的特征选择分销策略；② 分销策略与金融产品定价策略相结合，根据金融产品定价原则选择分销策略；③ 分销策略与金融产品促销策略相结合，即金融机构加大各种促销力度，通过增加广告投入或协助中间商宣传来促进金融产品的销售。

### (五) 综合渠道成员网络策略

金融机构利用固定的分支机构、先进的自助设备、客户经理、中间商、电子渠道等各种行之有效的分销渠道，创立和维持一个地区性和全国性的金融分销网络。由于互联网、新技术的发展为金融产品的销售创造了不少新的分销渠道，为金融机构在减少人力成本、营销费用的同时也拓宽了其所针对的市场范围，提高了销售量。

金融机构的分销策略较多，不同的策略可以进行组合。金融机构可以综合考虑各种分销策略的优劣势，选择最科学合理的分销策略促进金融产品的销售，达到以最低成本获得最大利润的目的。

## 二、金融营销分销策略的选择原则

金融机构分销渠道管理人员在选择具体的分销策略时，无论出于何种考虑，从何处着手，一般都要遵循以下原则。

### （一）畅通高效、经济性原则

这是渠道选择的首要原则。任何正确的渠道决策都应符合畅通高效的要求。金融产品的流通时间、流通速度、流通费用是衡量分销效率的重要标志。畅通的分销渠道应以目标客户需求为导向，将金融产品尽好、尽早地通过最短的路线，以尽可能优惠的价格送达目标客户方便购买的地点。畅通高效的分销渠道模式不仅要让目标客户在适当的地点、时间以合理的价格买到满意的金融产品，而且应努力提高金融机构的分销效率，争取降低分销费用，以尽可能低的分销成本获得最大的经济效益，赢得竞争的时间和价格优势。

### （二）覆盖适度原则

金融机构在选择分销渠道模式时，仅仅考虑加快速度、降低费用是不够的，还应考虑及时准确地送达的金融产品能不能销售出去，是否有较高的市场占有率足以覆盖目标市场。因此，不能一味地强调降低分销成本，这样可能导致销售量下降、市场覆盖率不足的后果。成本的降低应是规模效应和速度效应的结果。在分销渠道模式的选择中，也应避免扩张过度、分布范围过广，以免造成沟通和服务的困难，导致无法控制和管理目标市场。这是金融机构是否新设网点时需充分考虑的一个原则。

### （三）持续稳定原则

金融机构的分销渠道模式一经确定，便需花费相当大的人力、物力、财力去建立和巩固，整个过程往往是复杂而缓慢的。所以，金融机构一般不会轻易更换渠道成员，更不会随意转换渠道模式。分销渠道的设计是营销组合中具有长期性的决策，只有保持渠道的持续稳定，才能进一步提高分销渠道的效益。畅通有序、覆盖适度是分销渠道稳固的基础。

### （四）适度控制的原则

控制是指金融机构对分销渠道施加影响的程度。从长远来看，金融机构对分销渠道的选择除了考虑其经济性外，还必须考虑能否对其进行有效的控制。由于影响分销渠道的各个因素总在不断变化，一些原来固有的分销渠道难免会出现某些不合理的问题，这时就需要分销渠道具有一定的调整功能，以适应市场的新情况、新变化，保持渠道的适应力和生命力。调整时应综合考虑各个因素的协调，使渠道始终都在可控制的范围内保持基本的稳定状态。在各种分销策略中，金融机构对于自身分支机构的控制最容易，但成本相对较高，市场覆盖率较低；建立特约经销商或代理关系的中间商较易控制，但金融机构对特约中间商的依赖过强；利用多家中间商在同一市场进行销售会降低风险，但对中间商控制能力会削弱。分销渠道越长、越宽，金融机构与中间商之间的关系越弱，也越难控制中间商。

（五）协调平衡原则

金融机构在选择、管理分销渠道时，不能只追求自身的效益最大化而忽略其他渠道成员的局部利益，应合理分配各个成员间的利益。

渠道成员之间的合作、冲突、竞争的关系，要求渠道的领导者对此有一定的控制能力——统一、协调、有效地引导渠道成员充分合作，鼓励渠道成员之间有益的竞争，减少冲突发生的可能性，解决矛盾，确保总体目标的实现。

（六）灵活性原则

除了金融机构的分支机构外，金融机构无法完全控制所有的分销渠道，所以在制定分销策略时需灵活、随机应变。金融机构应根据地区、经济发展水平、购买习惯、文化背景等因素的不同选择不同的分销策略，并保持适度的弹性，随时根据外部环境和内部条件进行相应的调整。

（七）发挥优势原则

金融机构在选择分销渠道模式时为了争取在竞争中处于优势地位，要注意发挥自己各个方面的优势，将分销渠道模式的设计与金融机构的产品策略、价格策略、促销策略结合起来，增强营销组合的整体优势。

### 三、金融营销分销策略的具体选择

金融机构制定分销策略时，应与中间商加强沟通，有效适度控制分销渠道，灵活制定选择分销策略，实现利润最大化。科学合理地制定金融营销分销策略的具体方法主要有以下几种。

（一）根据客户需求选择分销策略

金融机构首先要对市场进行细分，识别主要客户，确定目标市场。只有确定了目标市场之后，才能时刻关注客户的需求，了解客户的购买行为，根据目标客户的需求，在正确的时间和正确地点为其提供其需求的金融产品和服务。

金融机构设立分支机构是其最通用的分销渠道选择策略，选择分支机构主要取决于以下三点。

（1）地理交通的便利性，主要是指是否方便目标客户购买。例如，分支机构一般会选择设立在商业区、学校、车站等地。

（2）有利于金融品牌形象的树立。为了提高自身的品牌效应，各家金融机构除了会在交通便利、客流量较大、商务流量较大的地方设置高等级的机构或网点，也会在一些公益活动或社会活动所在的地点开设分支机构，以加深社会公众对金融机构的印象，使其产生深刻的认知和认同。

（3）目标客户愿意光顾的场所，如商场、超市、各种娱乐场所等。不同目标客户的购买兴趣、关注因素、购物期望等心理特征是不同的。目标客户的购买心理直接影响到其购买行为，因此，如果不考虑目标客户在一定条件、时间和地点下的购买心理，盲目选点往往会产生不理想的效果。

选择分支网点，还需要考虑外部的市场环境、竞争对手、金融机构自身的员工数量等因素，对内外部环境因素进行权衡后，再选择适合目标客户的分支网点。

（二）根据竞争需要选择分销策略

金融机构在选择分销策略时，无论从生存的角度还是从发展的眼光来看，都必须考虑竞争对手的情况，为此，要考虑的因素主要有以下几点：竞争对手数量、竞争对手策略、竞争优势策略、企业的战略目标等。

**1. 竞争对手数量**

竞争对手的数量越多，选择分销策略的难度越大，这两者成正比。因为竞争对手多，一方面意味着市场竞争会更激烈，另一方面说明市场需求已到或接近饱和，从而要求金融机构更加小心谨慎。当然，竞争对手数量多，同时也说明金融产品和服务的普及程度相当高，这样会造成渠道形式的多样化，从而也有利于分销渠道的选择。

**2. 竞争对手策略**

金融机构在确定分销策略时，首先需要调研清楚竞争对手所采取的策略，然后再根据自身的经济实力和条件选择分销渠道。一般而言，不应采取与竞争对手同样的策略，应扬长避短，相互补充，使市场得以协调发展。例如，中国民生银行与四大国有银行相比，实力相对较弱，规模较小，无法与它们竞争，因此中国民生银行对市场进行细分，全面推进社区金融商业模式，在社区开设分支机构，在快速提升社区金融服务的同时也提高了自己的利润。

## 延伸阅读

### 民生银行社区银行：打造中国金融"沃尔玛"

随着发展路径逐渐清晰，民生银行的社区金融得以蓬勃发展。社区金融业务方面，中国民生银行全面推进社区金融商业模式升级，优化社区网点布局，聚焦网点效能管理，提升社区金融服务品质，打造良好客户体验，快速提升社区金融产能。截至2017年6月末，持有牌照的社区支行1 653家，比上年年末减少41家；社区网点金融资产余额2 017.37亿元，比上年年末增长353.81亿元；社区网点客户数535.56万户，比上年年末新增73.50万户。

据了解，2015年以来，民生银行开始主动实施网点分类管理，一方面，积极申请牌照，并将资源集中投入到服务能力更强、效率更高的持牌社区支行上，另一方面，对于获取牌照可能性不大的一些社区网点，则根据不同情况，或转为自助银行，或迁址经营、关闭。

"这种调整转型是主动而为，是正常的经营行为，旨在进一步完善社区金融商业模式。"民生银行人士称，民生社区金融在经历试水和转型之后，收获了社区居民日益增强的认同与信赖，以及随之而来的财富管理重托。一个以社区居民为主的忠诚客户群正在民生银行零售银行的版图上形成，社区金融将成为中国零售银行的新模式。

作为社区金融领域率先领跑的民生银行,两年来在这一新兴领域不断创新探索,逐步打造全新的零售银行商业模式,以"好邻居"式专业服务,打造中国金融"沃尔玛"。

民生银行重庆分行深耕社区金融,把"客户到网点来"变为"到客户身边去",让专业金融服务贴近每一位居民,解决社区居民"最后一公里"的金融需求。

截至目前,民生银行重庆分行在渝布局社区银行网点上百个,为数百万居民提供"好邻居"式的专业金融服务。

### 社区银行成居民"好邻居"

什么是"好邻居"式的专业金融服务?先不说这个,还是先看看这样的金融服务带来的结果吧。

以民生银行东原 D7 社区银行为例,社区银行的员工受欢迎程度,看看这些事例就知道了:有居民家里做了好菜,赶紧打电话,让社区银行员工到其家里吃饭;夏天做了凉面,居民亲自端到网点请银行员工吃;听说有个年轻员工还单身,小区里的阿姨们热心张罗给他介绍对象;有名员工从渝能社区银行调到东原 D7 社区银行,一名老客户还专程开车从五里店到大石坝来看他。

亲如邻居朋友似的关系,社区银行员工是如何做到的?记者在采访中了解到,民生银行东原 D7 员工以专业和真诚赢得了居民的信赖。

哪家孩子要高考了、哪家孩子过生日,民生银行员工都记在心上,都会送上精心挑选的礼物;周边商户要找家政阿姨,银行员工热情介绍;有老人临时要外出办事,把小孩托付给银行代为照看;有居民回家途中手上拎着大包小包负担过重,银行员工会立即上前帮着拎,并送到楼下。

这些点点滴滴的真诚关怀换来的是居民的信任。有数据为证——东原 D7 社区共有住户近 5 000 户,其中有 2 000 多户已成为民生银行东原 D7 支行的客户。

### "一对一"专业咨询  家门口的银行贵宾厅堵截金融诈骗

"好邻居"式社区金融在成为社区居民"好邻居"的同时,为社区居民提供专业的金融服务。民生银行重庆分行人士介绍,专业金融服务有两大板块内容。

一是金融产品的购买咨询服务。社区金融主动贴近社区居民,为居民介绍财经资讯,帮助居民购买适合的金融产品。

二是提供家庭综合财富管理服务。与传统以"保值、增值"为目标的个人理财不同,民生社区金融的家庭财富管理服务,更注重家庭财务规划,赡养老人、抚养子女等家庭责任的实现,是更有针对性的专业金融服务。

以东原 D7 社区银行为例,在营业时间上,除了法定节假日,周末和中午都开门营业,极大地方便了当地居民办理金融业务。同时,为客户提供"一对一"咨询服务,相当于把银行贵宾厅搬到社区。

此外,每周举办财富沙龙。由银行、证券专家为居民介绍理财资讯,进行市场行情分析、保单问题分析等,提供资产配置建议,让社区居民在家门口也能悠闲地尊享 VIP 服务。

VIP 服务另一大好处是可以堵截金融诈骗。前段时间,有位老人到东原 D7 支行汇款,询问汇款单如何填写。银行员工一看,老年人汇款 5 万元给某公司,很可疑。就拉老人坐下,聊天式地介绍金融诈骗典型案例,随后联系上老人的家人,成功地阻止了金融诈骗。这件事以后,老人很感动,成为铁杆客户,还介绍了好几位邻居来买理财产品。

数据显示，截至目前，东原 D7 社区银行理财产品累计销售突破亿元，金融资产及客户数量在分行名列前茅。

**社区银行"三贴近"以情动人**

民生银行重庆分行人士介绍，"好邻居"式的社区金融模式，展现"三贴近"的特色与优势，最终以真诚和热情打动了客户。

一是在空间、时间上贴近居民。在空间上，社区网点一般设立在社区周边，辐射周边一公里范围的社区居民。在时间上，社区网点服务时间比普通网点更长。

二是融入社区贴近居民。社区银行团队将自身作为社区中的重要一分子，提供多种多样的增值服务，与社区居民建立深厚的信任基础。例如，有的社区网点与居委会联合，为居民提供健康养生和亲子手工课堂，增进社区居民间的感情；有的社区网点支持广场舞、棋牌俱乐部等社区社团，丰富居民文化生活；有的社区网点则与周边商户合作，推出商品惠服务等。

三是了解需求更贴近居民。与传统"等客上门"服务模式不同，社区网点深入社区，服务团队主动上门与居民主动沟通，扎根社区，在加深感情和信任的基础上，得以充分了解社区客户需求，进而提供更加专业的金融服务。东原 D7 社区银行负责人坦言，有时理财产品收益率不如同业，但客户仍然选择民生银行。客户的原话是"因为关系太好了，就只信任你们。"

（案例来源：http://news.163.com/15/1216/02/BAU3DIQL00014AED.html）

**3. 竞争优势策略**

渠道建设要注意发挥企业的优势，如在国外品牌纷纷进入我国城市市场的同时，国内企业可发挥"本土"优势。力求在广大的农村市场建立起自己的分销网络和便捷的服务体系。

竞争优势是一种特质。一般地说，只要竞争者在某些方面具有某种特质，它就具有某种竞争优势。竞争优势是某种不同于别的竞争对手的独特品质，这种品质难以观察和测量，但在竞争中是能够比较明显地表现出来的，它可以使组织在市场中得到的好处超过它的竞争对手。金融机构选择分销策略要充分发挥自身优势。

**4. 企业的战略目标**

金融机构的战略目标是金融机构在一定时期内发展的总体目标，分销是实现该目标的重要手段之一。同时，分销策略的好坏将直接影响到产品分销效率和金融机构经营战略目标的实现。例如，中国银行的战略目标是："担当社会责任，做最好的银行，将中国银行建设成具有崇高价值追求的最好的银行，成为在民族复兴中担当重任的银行，在全球化进程中优势领先的银行……。"因此中国银行在海外设立了大量分支机构，截至 2015 年年末中国银行在国内外的机构共有 644 家。

**5. 根据产品生命周期选择分销策略**

产品生命周期反映了不同阶段的产品的市场需求与市场竞争状况，对分销策略选择有重要作用。分销策略的设计要以目标客户的需求为导向，要与目标客户的需求特征相适应。在不同的产品生命周期中，市场需求有着明显的差别，要求不同的分销策略与之相适应。因此，金融机构在选择分销渠道时，必须充分考虑产品生命周期的变化、阶段和时间长短。

金融产品的生命周期是金融营销实务的一个重要概念。金融产品的生命周期与其他产品一样，可分为四个阶段，即导入期、成长期、成熟期和衰退期。由于金融产品具有不同于一般普通商品的特殊性,因而其生命历程并不完全与上述四个阶段一致。它们的生命周期也许是开始上市就迅速成长,导入期比普通产品的导入期更短,由导入期迅速进入成长期或成熟期;也许是属于生命周期不断延长的扇形生命周期;也许是一上市就热销,然后迅速进入衰退期。但总的说来,金融产品生命周期的长短主要取决于经济的发展水平。经济发展水平与金融产品生命周期成反比关系,当经济发展较快时,可供客户选择的金融资产与金融产品就较多,金融产品和品种的生命周期就会较短。

### 四、金融营销分销渠道的拓展策略

(1)增加自设渠道。这种模式适用于市场空间大、资金实力强的金融机构。

(2)扩大金融产品和服务代理渠道。这种策略主要包括寻求更多的代理机构和更多的特约商户。如商业银行为争夺客户,将信贷员制变为客户经理制,由固定工资的内部关系变为提取佣金的代理关系;信用卡公司拓展更多的特约商户扩大刷卡消费覆盖面,信用卡的发行有一部分通过寻找代理人网点,代理人按发卡数量提成;保险公司招募经纪人销售保单;证券经纪营业部为拥有客户资源的理财专业人士提供佣金返还,促使客源和股票交易量增加。由于代理机构代理的金融企业可能不止一家,因此对代理机构品质控制和促进其积极性就显得尤为重要。

(3)通过并购快速扩张渠道。此种策略模式是金融企业拓展分销渠道最快捷有效的策略,尤其是跨地区和海外并购。按目标和行业性并购方式可以分为三种类型。

① 并购各种代理机构,使其经营本金融机构的产品和服务。如花旗集团以30亿美元收购零售连锁店西尔斯的信用卡部门。

② 同业自身的纵向并购,如商业银行之间、保险公司之间、证券公司之间的并购。这种并购方式已成为金融机构扩大零售网络的有效手段,同时有助于增强企业实力,节省经营费用。如2012年6月深圳发展银行与平安银行正式合并为一家银行。两行的整合是国内金融史上史无前例的巨大工程,在两行合并完成之际实现了两行绝大多数业务的互联互通、产品和服务的基本一致,原两行的特色业务也基本实现了共享,合并后的银行为广大客户带来了更加完善的产品体系、更加广泛的网点渠道以及更加优质便利的服务。

③ 银行、保险与证券之间的横向并购,即银行、保险、证券公司之间的并购。如2011年2月中国农业银行收购嘉禾人寿保险股份有限公司。

(4)联盟拓展策略。金融机构根据各自的优势,建立合作互惠联盟渠道,相互提供服务,以增强自己的业务拓展能力。此种策略的优点是:金融机构不必投入大量人力物力,通过租借方式拓展渠道;具有灵活性和选择余地大,避免并购不当产生的风险;有时可以用来突破政策限制,开展跨地区和跨国业务。

## 案例分析

### 12家银行发起网络金融联盟

想要享受多家银行的服务和理财优惠,钱包又放不下那么多的银行卡怎么办?12家股份制银行昨天联合发起成立的网络金融联盟或许可以解决这个问题,实现用一张银行卡享受多家银行增值服务。

### 系统互联账户互认

2016年7月28日，由12家全国性股份制商业银行联合发起的"商业银行网络金融联盟"在京签署商业银行账户互联互通合作协议，提出"平等、连接、开放、共赢"的联盟愿景和"便民、惠民"的联盟目标。发起联盟的12家银行有中信银行、招商银行、浦发银行、光大银行、华夏银行、民生银行、广发银行、兴业银行、平安银行、恒丰银行、浙商银行、渤海银行，首任联席主席行为中信银行。

据了解，"商业银行网络金融联盟"围绕贯彻监管账户管理要求制定行动方案，通过联盟行间的系统互联、账户互认、资金互通，将为客户带来更加安全的账户保障和更多创新的金融服务。通过最低的银行间通道定价策略，将更多优惠让利于客户。

中信银行行长孙德顺表示，未来，联盟行将以更加开放的态度，打破隔阂和壁垒，实现联盟间信息、产品、资金、风控等资源共享，让客户更好地共享各银行的服务体系，满足客户多元化的金融需求。

在昨天的联盟签约发布会上，联盟行对外宣布，手机银行、个人网银等电子渠道跨行转账免收客户手续费。记者了解到，目前，不少银行在电子渠道的手续费比较低，但是对于超过一定限额的转账还是收取一定比例的手续费用，此次联盟成立以后，无论金额大小，统一不收手续费。

事实上，前不久，工商银行、农业银行、中国银行、建设银行、交通银行五大国有银行也集体宣布，手机银行转账免收手续费，网上转账单笔5 000元以下免收手续费。

### 将实现更多增值服务

商业银行网络金融联盟成立后电子渠道不收转账手续费这一消息昨天在网上发酵之后，不少网友表示，这一福利其实已经实现了不少，因为现在中小银行手机转账并不收取手续费，是不是应该有更多福利？商业银行网络金融联盟首任联席主席、中信银行电子银行部负责人李如东告诉记者，跨行转账电子渠道全免费只是最开始已经实现的福利，更多的福利还在后面。

李如东透露，未来希望实现客户的增值。"我们的设想是实施一个实时的响应机制，计划实施T+0的资金清算，老百姓在购买或者赎回产品的时候当日可以到账，资金效率更高，可以享受更多增值服务。"他还提到，以后联盟行的客户也可以享受联盟行其他银行的金融服务权益，"例如，一家银行的卡可以到另一家银行去在线购买理财产品、基金、保险，同时可以享受这家银行的增值权益。"

### 账户资金安全保障升级

市场上有不少用户质疑，当前支付宝、微信支付等在跨账户互联互通当中起的作用已经很大了，也有很多用户已经习惯，银行现在才开始做这件事情，到底优势有多大。李如东坦言，"12家股份制银行都有转型发展的需要，这也是我们走到一起的动力。"

一位股份制银行高管告诉记者，其实商业银行网络联盟的成立在信息查验方面是有优势的，例如未来要实现的跨行理财服务，现在虽然有直销银行可以做到，但是难点主要在账户实名制上面，在不互认之前，银行的账户其实是区分不出来一类账户还是二类账户的。

去年12月，央行对外发布《中国人民银行关于改进个人银行账户服务，加强账户管理的通知》，将个人银行账户分为Ⅰ类银行账户、Ⅱ类银行账户和Ⅲ类银行账户。银行可通过Ⅰ类账户为存款人提供存款、购买投资理财产品等金融产品、转账、消费和缴费支付、支取现金等服务。银行可通过Ⅱ类账户为存款人提供存款、购买投资理财产品等金融产品、限定金额的消费和缴费支付等服务。银行可通过Ⅲ类账户为存款人提供限定金额的消费和缴费支付服务。银行不得通过Ⅱ类账户和Ⅲ类账户为存款人提供存取现金服务，不得为Ⅱ类账户和Ⅲ类账户发放实体介质。

李如东还表示，随着互联网金融的发展，市场也出现了很多风险，老百姓账户的资金和安全怎么保障很重要，银行是受存款安全条例保护的，因此这个联盟互联互通可以有效落实监管实名制要求，可以切实保护客户的资金安全。

中国社科院金融研究所银行研究室主任曾刚认为，现在越来越多的人愿意到网上消费，在客户的竞争上，尤其是网点比较少的小银行，发展线上开户业务后，客户不用到现场就能开户，这一账户又能满足客户的基本需求，有助于银行拓展客户，同时节省实体网点的成本，未来银行没必要一味地扩张网点。

**未来将引入更多合作机构**

虽然现在联盟当中只有12家股份制银行，不过记者昨天在发布会现场不但见到了五大行的相关负责人，还有京东金融和百度金融的相关人士。央行支付结算司副司长樊爽文表示，"下一步希望信息查验的范围能够扩大，有更多的银行加入进来，也能够实现与特许清算机构比如中国银联、城市商业银行资金清算中心等机构的合作。"

李如东表示，明年希望能够促进联盟成员的创新和业务发展，也希望能够和其他金融机构、支付机构、互联网金融公司、银行卡组织等机构合作。

（资料来源：京华时报，2016-07-29）

**思考：**

1. 案例中的分销渠道策略属于哪一种类型？
2. 实施这种策略后对金融机构起到哪些作用？

**任务实战演练：**

1. 5~8人为一组，以当地一家金融机构为例，分析其分销渠道的种类、特点、存在的问题以及改进措施。
2. 5~8人为一组，以一家金融机构为例，为其设计分销渠道。
3. 金融机构自身在哪些方面对分销渠道策略的选择有影响？

# 项目小结

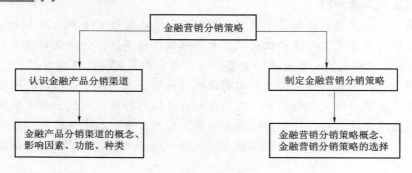

# 金融营销促销策略

## 引　言

　　金融营销促销策略主要介绍了人员推销、广告促销、营业推广和公共关系这四种促销策略及组合，以及各个促销策略的基本特点和主要形式。

## 项目学习目标

### 知识目标
1. 了解金融营销促销策略的基本类型。
2. 理解金融人员推销、广告促销、营业推广和公共关系促销的特点。
3. 掌握金融人员推销、广告促销、营业推广和公共关系促销策略的基本形式。

### 技能目标
1. 能够分析金融促销组合策略。
2. 能够进行金融促销策略的选择。

## 案例引入

### 广发银行抓住"她"经济　发力女性市场

　　广发银行抓住市场需求，利用已有的真情卡平台，成立"Lady Club"真情俱乐部，为其会员持续提供美容美体、美容课堂、时装品牌新品发布会预览、美食大优惠等多元化的一站式服务。第一阶段的俱乐部活动已于近期正式开启。例如，金钻会员可享受法国娇兰提供的免费面部护理和美容课堂、MAX MARA 新品预览会等优惠；银钻会员可参加兰芝刷卡赠礼优惠及新品试用体验活动、西堤牛排刷卡买一送一优惠、周大福鉴赏会等优惠；粉钻会员可专享法国娇兰、兰芝刷卡赠礼、佐登妮斯优惠价美容护理及众多服饰品牌刷卡折扣。其中，银钻会员可以同时享受粉钻会员的专属礼遇，金钻会员也可以同时享受银钻、粉钻会员的专属礼遇。

思考：
1. 如何评价广发银行抓住"她"经济进行市场开发的主要做法？
2. 广发银行采用了哪种金融营销促销策略？

## 任务一　认识金融促销

### 活动一　金融促销

#### 一、金融促销的含义

**1. 现代金融服务**

现代金融服务是金融机构及其员工广泛运用现代科技和物质文明成果，全心全意为社会提供的金融产品服务、金融劳务服务和金融辅助服务。

金融产品服务是指提供货币信用种类和劳务服务的项目；金融劳务服务是指通过金融机构员工的劳动，满足客户办理各种业务的需求，包括员工的服务意识、服务礼仪、服务纪律、服务质量和服务效率等；金融辅助服务是指实现金融服务的一些设备和设施，如服务手段、环境和为客户提供办理业务的条件以及金融经济情报和信息等。

**2. 促销**

促销被定义为营销者向企业目标客户传达其产品或服务的信息，以此刺激客户购买产品或服务的一系列沟通和活动。

**3. 金融促销**

金融促销是指金融机构通过一定的营销活动使得自身的产品或服务被目标顾客所知晓、了解，从而吸引顾客进行购买的信息传达过程。沟通和说服是金融促销的基本任务。

#### 二、金融促销的作用

在复杂多变的金融市场中，金融机构实施促销策略的主要作用是：金融机构可以通过有效沟通并向顾客提供优质、高效、个性化的服务，从而提高客户满意度，建立企业形象。这里的有效沟通包含两层意思：

第一，金融机构运用促销手段向客户传达有效的信息，通过抢夺竞争客户或者开发新客户，从而扩张总体客户市场。同时通过公共关系等促销形式来保留老客户。

第二，金融机构的核心产品依附于所提供的服务，金融机构员工直接与客户接触，在客户满意、保留等方面起着重要作用，因此，与员工的有效沟通是金融机构与客户沟通的前提和保证，可以说，金融机构和内部员工沟通与金融机构与客户沟通同样重要。

金融促销通过公共关系等促销策略树立了良好的社会公众形象，消除了金融机构的负面影响。这对金融机构以后的长足发展有着重要的意义。

### 活动二　金融促销决策程序

金融促销决策的程序一般分为六个步骤：选择目标客户、确定促销目标、设计促销信息、选择促销组合、制定促销预算以及评价促销效果。

## 一、选择目标客户

金融促销目标客户的选择是以对金融机构的市场细分和产品定位为前提，以目标受众对金融产品熟悉程度和喜爱程度为依据，根据自身的竞争优势选择合适的目标客户，为其提供最好的服务并实现金融机构的最佳经济利益。

## 二、确定促销目标

金融促销的主要目标就是信息的传达过程，因此在进行促销决策的第二步就应该明确目标客户的购买反应层次。购买反应层次中最著名的是 AIDA 模型。

该模型将顾客的购买反应分为四个阶段，即引起注意（Attention）—引起兴趣（Interest）—刺激欲望（Desire）—行动（Action）。在促销过程中，金融机构可以根据不同的反应阶段确定每次促销的目标。

### 延伸阅读

### AIDA 模型

AIDA 模型也称"爱达"公式，是国际推销专家海英兹·姆·戈德曼（Heinz M.Goldmann）总结的推销模式，是西方营销学中一个重要公式，它的具体含义是指：一个成功的推销员必须把顾客的注意力吸引或转变到产品上，使顾客对推销人员所推销的产品产生兴趣，这样顾客欲望也就随之产生，然后再促使顾客采取购买行为，达成交易。AIDA 是四个英文单词的首字母，A 为 Attention，即引起注意；I 为 Interest，即诱发兴趣；D 为 Desire，即刺激欲望；最后一个字母 A 为 Action，即促成购买。

AIDA 模型推销法的四阶段：

阶段一：集中顾客的注意力

面对顾客开始推销时，推销员首先要引起顾客的注意，即要将顾客的注意力"集中到你所说的每一句话和你所做的每一个动作上"。有时，表面上看，顾客显得很专注，其实顾客心里正想着其他的事情，推销员所做的努力注定是白忙一场。如何才能集中顾客的注意力呢？

1. 保持与顾客的目光接触。"眼睛看着对方讲话"不只是一种礼貌，也是推销成功的要诀。要让顾客从你的眼神上感受你的真诚，只要顾客注意了你的眼神，他的整个心一定放在你的身上。

2. 利用"实物"或"证物"。如果能随身携带样品，推销时一定要展示样品。在英国从事推销工作有 30 年经验的汤尼·亚当斯一次向一家电视公司推销一种仪器，仪器重 12 千克，由于电梯发生故障，他背着仪器从一楼爬到五楼，见了顾客，一阵寒暄之后，亚当斯对顾客说："你摸摸这台仪器。"趁顾客伸手准备摸仪器时，亚当斯把仪器交到顾客手中，顾客很惊讶："喔，好重！"亚当斯接口说："这台仪器很结实，经得起剧烈的晃动，比其他厂牌的仪器耐用两倍。"最后，亚当斯击败了竞争厂家，虽然竞争厂家的报价比他便宜 30%。

3. 让顾客参与推销过程。方法一是向顾客提问题，如："布朗先生，您的办公室令人觉得亮丽、和谐，这是您创业的地方吧？"所问的问题要能使顾客容易回答、容易发挥，而不仅仅回答"是"或"不"。方法二是促使顾客做些简单的事情，如让顾客念出标价上的价格、写下产品的型号等。值得注意的是，要在很自然的情况下促使顾客做些简单的事情，使顾客不会觉得很窘。

阶段二：引起顾客的兴趣和认同

假如顾客能够满怀"兴趣"地听你的说明，无疑顾客一定"认同"你所推销的商品或服务。而你的推销努力也向成功的目标迈进了一步。

推销时，要选对顾客。向不需要你的产品的顾客推销，你所做的努力必然没有结果。有时，碰到主动前来问价的顾客，显然，这类顾客对你所推销的产品已经有了"需要"。而你最需要做的事是，找出他的"需要"到底是什么？然后强化他的需要，引起他对产品的兴趣和认同。

许多顾客的"需要"必须靠推销员自己发掘。发掘顾客"需要"的最好方法是向顾客问问题。英国著名推销员亚当斯常向顾客提问，以了解顾客对录音电话的需求程度："贵公司在午餐时间有人守着电话吗？""周末有人值班吗？""贵公司有没有驻外的推销办事处？"等等，这些问题都涉及"联络"的问题，而录音电话可以在"无人值班"时留下对方的"话"，以便尔后"答"，使公司的业务在一天24小时内都可以进行，以免耽搁或遗漏业务。

引起顾客的兴趣和认同，属于推销的第二个阶段，它与第一个阶段"集中顾客的注意力"相互依赖；先要集中顾客的注意力，才能引起顾客的兴趣；顾客有了兴趣，他的注意力将越来越集中。

阶段三：激发顾客的购买欲望

当顾客觉得购买产品所获得的利益大于所付出的费用时，顾客就会产生购买的欲望。

一位推销员唯有具备丰富的产品知识和了解顾客的行业规矩及作业方式，才能在推销中成功地激发顾客的购买欲望。

所谓具备丰富的产品知识，指的是对产品的各种特色有相当的了解，而"产品的特色"指的是与同类产品相比有明显不同的地方。

阶段四：促使顾客采取购买行动

推销的最终目的是要顾客"购买"商品。

1. 采取"假定顾客要买"的说话心态。这种心态说出来的话肯定有力，增强客户对产品的信心，促使顾客采取购买行为。

2. 问些小问题。比如推销员问顾客："您需要多少？""您喜欢什么颜色？""下星期二交货可以吗？"等。这些问题使顾客觉得容易回答，同时也逐步诱导顾客采取"购买"的行动，不要直接问顾客："你想不想买？"这会使多数顾客不知道如何回答，更不要说采取"购买"行动了。

3. 在小问题上提出多种可行的办法，让顾客自己做决定。如"整箱买可以便宜10%，您想要一整箱还是零买？"

4. 说一些"紧急情况"。如"下星期一，价格就涨了""只剩最后一个了"紧急情况使顾客觉得要买就得快，不能拖延，使顾客及早采取购买行动。

5. "说故事"。推销员可以把过去推销成功的事例当作"故事"说给顾客听，让顾客了解他的疑虑也曾是别人的疑虑，这个"别人"在买了产品、经过一段时间的使用之后，不再有所疑虑，而且受益良多。"故事"能增加顾客对产品的信心和认同，进而采取"购买"行动。

但是"故事"不能凭空捏造,要有根据,如顾客的感谢函或者传播媒体的赞誉等。
(资料来源:http://wiki.mbalib.com/wiki/AIDA)

### 三、设计促销信息

在选定目标客户和确定促销目标之后,就应该根据促销目标科学地对信息的内容、结构、包装和载体进行设计。

**1. 信息内容设计**

有效的信息内容设计是指通过对金融产品的客观描述,唤起人们的需求进而产生购买行为的信息设计。信息内容又根据其诉求点的不同分为客观诉求和主观诉求。

客观诉求又称为理想诉求,是对金融服务的基本功能、价格、操作方式等客观情况进行平铺直叙的描述;主观诉求也可称为情感诉求,是指唤起人们内心的某种情感,并用这种情感来描述金融服务。

**2. 信息结构设计**

信息结构的设计即安排信息内容的先后顺序。先传递哪种信息、中间传递什么信息、结尾传递何种信息,都需要进行科学安排。

**3. 信息包装设计**

信息包装设计主要解决如何包装信息内容的问题,包括信息内容的背景颜色、造型、字体等。信息的包装可以采取多种艺术手段,但应当注意的是,艺术是服务于信息内容的,不能脱离信息内容的主要思想。并且在进行艺术包装的过程中要注意受众对于信息的理解性,不能使受众产生歧义或者感觉信息内容晦涩难懂。

**4. 信息载体设计**

信息载体指用于传达信息内容的工具。金融机构在选择载体时应当注意信息载体的专业性、可靠性和可亲性。专业性体现在信息内容可以通过金融专家或专业人士来传达;可靠性和可亲性表现在其选取的信息载体必须是积极的、正面的,容易让人信任和喜爱的。一般来说,金融机构的信息来源可以是代言人、品牌或一些卡通人物等。

### 四、选择促销组合

金融促销的方式主要有人员推销、营业推广、广告促销和公共关系四大类,但每种促销方式都有各自不同的优缺点,因此金融营销策划人员应当根据不同产品的周期和不同的促销阶段使用不同的促销组合,取长补短来完成促销任务。

### 五、制定促销预算

一般来说制定促销预算分为两种情况:一是当促销资金充足时,在促销效果最优的条件下使得促销费用最低;二是当促销资金不足时,在有限的资金条件下达到最优的促销效果。常用的促销预算计算方法有销售百分比法、竞争平衡法和目标任务法等,金融机构可根据自身条件选择合适的预算方法。

**1. 销售百分比法**

金融机构可根据以往的经验制定计提促销预算百分比,如规定以销量的10%计提促销费用,如果这一季度预计销售为100万元,则根据销售百分比法可知这一季度的促销预算为10

万元。该方法易于计算且销量百分比率可以根据实际情况进行变动。

### 2. 竞争平衡法

金融机构根据同行业主要竞争者的促销费用或行业平均促销费用水平来确定企业自身的促销预算。这是金融机构常用的促销预算计算方法，但这种方法不能与促销目标保持一致。

### 3. 目标任务法

金融机构根据促销目标而制定促销预算。这种方法先由营销人员制定出促销目标，再根据促销目标计算成本。其优点是金融机构的促销费用完全根据促销目标而定，具有很强的针对性；缺点在于实际工作中由于考虑的因素太多，很难估计各项促销工作成本，可行性不大。

## 六、评价促销效果

评价促销效果不仅能对现阶段促销工作进行总结，还能从中发现促销问题，以便进行营销决策改进，然而至今仍没有一个很好的评价工具或标准来对促销效果进行测量。现今普遍采用的一般方法是，在目标受众经过一系列促销手段之后，向其调查金融产品知名度、满意度、促销量等指标的变化情况并找出产生变化的原因。

## 延伸阅读

### 招商银行微信营销

2013年3月28日，招行信用卡的微信服务正式上线。这个名为"招商银行信用卡中心"的微信公众账号，其最大特点是和招行信用卡的每个持卡人信息一对一绑定。招行微信账号几乎取代了90%的招行常规客服功能，大大缓解了招行每年平均增长50%的客服压力。据了解，目前招商银行微信公众账号的自助查询回复命中率已经高达98%。

在招行微信公众号下方有好几栏自定义菜单，用户在微信中点击后可以查看自己的账单、积分、额度、设置还款等。另外，招行微信账号还开始取代短信提醒功能。用户每一次刷卡后都会收到微信推送提醒，而短信只会给单次刷卡100元以上的交易发送提醒。相比短信，微信推送的信息内容更加丰富，图文并茂，且字数不限。

为推广微信公共账号，招行信用卡在自己的官方网站上放置了微信广告，并且在持卡人的账单邮件、消费邮件等地方附带推广其账号，短短两个月过去后，其微信粉丝数量已经超过了100万。这和信用卡总持卡人2 000万的数量相比（60%是微信用户），还有巨大的增长空间。

实际上，招行希望在微信上实现的功能远远不只是信息查询那么简单。据互联网公开报道透露，目前招行信用卡正在尝试做两项和微信特色紧密结合的服务。

第一项是语音服务，以后用户只需要对着招行信用卡的官方微信说一段语音，系统就会自动将语音翻译成文本识别，然后对应给用户提供积分查询等服务。

第二项是LBS（基于地理位置的服务）功能。今后用户在招行信用卡的微信账号中把自己的地理位置发过去，就可以显示附近的招行信用卡特惠商户的信息。

微信平台的出现对于整个呼叫行业来说是一次革命性的改变，招商银行在微信上的创新与尝试具有把整个呼叫行业从劳动密集型引向知识密集型的重大意义。而通过与微信等新兴互联网技术的合作，在这一过程中，银行自身也能进一步提高服务质量。

在很多人看来，微信和微博之间的区别并不明显。但在这一点上招行和小米一样琢磨得比谁都清楚。招行信用卡中心总经理刘加隆说：招行微信平台是要做到服务最大化，营销最小化；微博平台则要体现营销最大化，相较于微博而言，微信的定位就是服务。

而服务和营销最大的区别在于，服务是一对一、点对点的信息传递，而营销往往是一对多的信息推送。显而易见的是，互联网对传统金融的影响已经愈加明显，并且在无声无息中改变了我们的日常生活。招商银行微信公众平台的推出，就是在发挥低成本推广、低运营成本、跨平台开发等优势的同时，将客户经常需要使用的功能迁移到微信上，让金融服务更为便捷、快速。不仅如此，在大数据下，基于海量的用户信息和交互行为进行挖掘，实际上会衍生更多新"利润"业务和机会。

（资料来源：http://www.qingdaonews.com）

## 任务二　认识金融促销的类型

### 活动一　人员推销

#### 一、人员推销概述

人员促销是指金融机构利用营销人员说服消费者购买其金融产品的活动，是金融营销人员以促成销售为目的，通过与客户进行语言沟通，以说明其金融服务的过程。

#### 二、人员推销的特点

由于金融服务具有无形性、服务和消费同步性等特点，人员推销已成为金融服务销售成功的关键因素之一。其具有以下特点。

（1）面对面接触。人员推销的主要工具就是销售人员，所以在进行产品促销的时候，销售人员能和消费者零距离接触，能根据消费者的反应及时调整促销策略，同时避免了信息的错误理解。因为人员推销这一最基本的特点，所以对推销人员的素质要求很高。

（2）针对性和互动性强。这一特点是基于金融营销人员和消费者面对面接触这一特性。营销人员可以通过互动的形式为消费者解释其产品的具体信息，并根据目标受众的特点有针对性地进行说服。这一特点在保险、基金业务方面尤为突出，如保险人员经常根据投保人的具体情况为其解释不同种类的保险项目，并为投保人消除疑惑。

（3）使金融服务有形化、具体化。金融服务具有无形化的特点，怎样让无形变得有形，从而使消费者感知到这种服务，是金融营销人员要解决的重要问题。借助人员推销向消费者传递产品信息，以引发顾客的购买欲望，使得金融服务有形化。

（4）加强顾客关系。在进行金融产品的促销过程中，人与人之间产生了情感交流并建立了良好的关系，这为后续交易提供了坚实的基础。只要交易双方有了感情基础，客户在需要该产品或类似产品时就知道去哪里寻找。特别是在保险业中，投保人再次购买保险时一般会继续选择同一家保险公司的同一个保险业务员。

当然，人员推销也存在着一些不足之处：第一，人员数量多且人均成本高。人员推销的形式有一对一、一对多和多对多三类，而金融机构目标受众数量多且分布广，因此进行此类推销时需要大量的营销人员。营销人员的基本工资、交通费等成本开销较大；第二，接触面小。虽然人员推销具有面对面接触的特点，提高了单个促销信息沟通的有效性，但是毕竟金融机构的人力、物力、财力是有限的，进行人员推销时不能将其金融产品宣传覆盖所有的目标受众，整体的信息沟通有效性降低。

由此我们看出金融产品人员推销适用于以下情况：金融产品的功能繁多，需要进行详细说明；金融产品针对某一类型小群体客户时需要人员推销；不了解金融产品而有意向购买的用户需要进行人员推销；目标市场集中时且金融机构资金充裕。

### 三、人员推销的形式

金融产品人员推销可以采取上门推销、座席推销、电话推销、会议推销等形式，下面分别对这几种形式进行分析。

**1. 上门推销**

上门推销是指对重点潜在客户，金融机构的客户经理或投资理财顾问采用邀约并入户拜访的方式推销金融产品。首先经过分析选出重点客户，然后进行广泛拜访；通过初次拜访，筛选出潜在客户；最后再对潜在客户进行重点跟踪拜访。这种推销方式能够通过与客户的实际接触，全面了解客户的状况和需求，提供个性化的金融产品。这是金融企业普遍采取的推销形式，但其缺点是成本较高，推销的成功率也较低。

**2. 座席销售**

座席销售是指金融机构店面人员的营业销售活动以及客服服务人员的咨询、推荐、服务活动等。座席销售方式直接且应用灵活，可以全方位地了解客户需求，传递的信息具体、准确，销售成功率较高，但是由于其接触面较小且费用较大，因此，也具有一定的难度。

**3. 电话销售**

电话销售是指金融机构根据电话客户名单，对潜在客户通过电话拜访，达到销售金融服务目的的销售形式。电话销售要求销售人员必须具有良好的讲话技巧、较高的表达能力和一定的产品知识，这种销售方式具有覆盖面广、不受地域限制、信息沟通方便及时的特点。

**4. 会议推销**

会议推销是由金融专家以其专业知识向客户宣传金融产品与服务，借此使客户了解企业的性质、使命、宗旨、投资理念和管理团队，介绍企业的业务范围、服务方式、操作指南等，或通过寻找特定客户以及亲情服务和产品说明会的方法销售产品的销售模式。会议销售的实质是对目标客户的锁定和开发，对客户全方位输出企业形象和产品知识，以专家顾问的身份对意向客户进行关怀和隐藏式销售。

### 四、推销人员的监管

推销人员的监管包括推销人员的选择及培训、激励和绩效考评三个方面。

**1. 推销人员的选择及培训**

金融推销人员的选择应当从道德、文化、专业素质和表达能力四个基本方面进行考评。道德素质是金融推销人员最基本的要求，有德无才可以培养，但有才无德却万万不行。金融推销人员应该具备市场营销学、心理学和金融学相关知识，并善于将这些知识运用到实际的推销活动中。

**2. 推销人员的激励措施**

科学合理的激励措施能调动推销人员的积极性，从而有效完成金融机构所指定的推销任务。在金融机构中一般实行的激励措施有以下几种。

（1）固定工资加奖金。这种激励措施一般适用于不直接获取订单的推销人员，如银行大堂经理等。但这种措施激励性不强，推销人员容易产生惰性。

（2）无底薪提成制。这种激励措施提成幅度较高，能大大调动推销人员的积极性。但这种激励措施容易使推销人员重数量而轻质量。如银行规定办理一张信用卡奖励100元，某些推销人员为了完成任务，将持卡人的信用和偿还能力置之不顾，导致不少信用卡闲置，造成银行资源浪费。

（3）底薪加提成。这种激励方式是以上两种措施的结合，也是现在金融机构较常用的一种激励方法。

**3. 推销人员的绩效考评**

推销效果的考评则是另一种调动推销人员积极性的方法。金融机构在进行推销绩效考评时，应当注意考评标准的可操作性、相关性和公平性。

（1）可操作性是指绩效考评指标要可行、可量化。

（2）相关性是指绩效考评指标内容应当与推销内容相关。

（3）公平性则是指对任何推销人员使用统一的绩效考评指标。

金融机构应根据实际推销内容、推销目的等建立相应的推销考评体系。评定指标可以是顾客满意度、金融产品销量、推销任务完成情况、开发新客户数量等。

## 延伸阅读

## 原一平的推销故事

原一平在日本寿险业是一个声名显赫的人物。日本有近百万寿险从业人员，其中很多人不知道全日本20家寿险公司总经理的姓名，却没有一个人不认识原一平。他的一生充满传奇，从被乡里公认为无可救药的小太保，最后成为日本保险业连续15年全国业绩第一的"推销之神"，最穷的时候他连坐公交车的钱都没有，可是最后，他凭借自己的毅力成就了自己的事业。

**初入明治保险**

1930年3月27日，对还一事无成的原一平来说是个不平凡的日子。27岁的原一平揣着自己的简历，走入了明治保险公司的招聘现场。一位刚从美国研习推销术归来的资深专家担任主考官。他瞟了一眼面前这个身高只有145厘米、体重50公斤的"家伙"，抛出一句硬邦邦的话："你不能胜任。"

原一平惊呆了，好半天才回过神来，结结巴巴地问："何……以见得？"

主考官轻蔑地说："老实对你说吧，推销保险非常困难，你根本不是干这个的料。"

原一平被激怒了，他头一抬："请问进入贵公司，究竟要达到什么样的标准？"

"每人每月10 000元。"

"每个人都能完成这个数字？"

"当然。"

原一平不服输的劲儿上来了,他一赌气:"既然这样,我也能做到10 000元。"

主考官轻蔑地瞪了原一平一眼,发出一阵冷笑。

### 艰难的开始

原一平"斗胆"许下了每月推销10 000元的诺言,但并未得到主考官的青睐,勉强当了一名"见习推销员"。没有办公桌,没有薪水,还常被老推销员当"听差"使唤。在最初成为推销员的七个月里,他连一分钱的保险也没拉到,当然也就拿不到分文的薪水。为了省钱,他只好上班不坐电车,中午不吃饭,晚上睡在公园的长凳上。

### 推销自己比推销保险更重要

然而,这一切都没有使原一平退却。他把应聘那天的屈辱看作一条鞭子,不断"抽打"自己,整日奔波,拼命工作,为了不使自己有丝毫的松懈,他经常对着镜子大声对自己喊:"全世界独一无二的原一平,有超人的毅力和旺盛的斗志,所有的落魄都是暂时的,我一定要成功,我一定会成功。"他明白,此时的他已不再是单纯地推销保险,他是在推销自己。他要向世人证明:"我是干推销的料。"

### 功夫不负有心人

他依旧精神抖擞,每天清晨五点起床从"家"徒步上班。一路上,他不断微笑着和擦肩而过的行人打招呼。有一位绅士经常看到他这副快乐的样子很受感染,便邀请他共进早餐。尽管他饿得要死,但还是委婉地拒绝了。当得知他是保险公司的推销员时,绅士便说:"既然你不赏脸和我吃顿饭,我就投你的保好啦!"他终于签下了生命中的第一张保单。更令他惊喜的是,那位绅士是一家大酒店的老板,帮他介绍了不少业务。

### 否极泰来

从这一天开始,否极泰来,原一平的工作业绩开始直线上升。当年年底统计,他在九个月内共实现了16.8万日元的业绩,远远超过了当初的许诺。公司同仁顿时对他刮目相看,这时的成功让原一平泪流满面,他对自己说:"原一平,你干得好,你这个不吃中午饭、不坐公交车、住公园的穷小子,干得好!"

### 将业务打入三菱

1936年,原一平的推销业绩已经名列公司第一,但他仍然疯狂地工作,并不因此满足,他构想了一个大胆而又破格的推销计划,找到保险公司的董事长串田万藏,要一份介绍日本大企业高层次人员的"推荐函",大幅度、高层次地推销保险业务。因为串田先生不仅是明治保险公司的董事长,还是三菱银行的总裁、三菱总公司的理事长,是整个三菱财团名副其实的最高首脑。通过他,原一平经手的保险业务不仅可以打入三菱的所有组织,而且还能打入与三菱相关的最具代表性的所有大企业。

但原一平不知道保险公司早有被严格遵守的约定:凡从三菱来明治工作的高级人员绝对不介绍保险客户,这里的高级人员理所当然地包括董事长串田。

原一平为突破性的构想坐立不安,他咬紧牙关,发誓要实现自己的推销计划。他信心十足地推开了公司主管推销业务的常务董事阿部先生的门,请求他代向串田董事长要一份"推荐函"。阿部听完了原一平的计划,默默地瞪着原一平,不说话,过了很久,阿部才缓缓地说出了公司的约定,回绝了原一平的请求。原一平却不肯打退堂鼓,问道:"常务董事,我能不能自己去找董事长,当面提出请求?"阿部的眼睛瞪得更大了,更长时间的沉默之后,说了五个字:"姑且一试吧。"说罢,用挤出的难以言状的笑容打发了原一平。

**"以下犯上"却获得意外收获**

等了几天,终于接到了约见通知,原一平兴奋不已地来到三菱财团总部,层层关卡和漫长的等待把原一平的兴奋劲耗去大半。他疲乏地倒在沙发里,迷迷糊糊地睡着了。不知过了多长时间,原一平的肩头被戳了几下,他愕然醒来,狼狈不堪地面对着董事长。串田大喝一声:"找我什么事?"还未清醒过来的原一平当即被吓得差点说不出话来,想了一会儿才结结巴巴地讲了自己的推销计划,刚说:"我想请您介绍……"就被串田截断:"什么?你以为我会介绍保险这玩意儿?"

原一平来前曾想到过请求被拒绝,还准备了一套辩驳的话,但万万没有料到串田会轻蔑地把保险业务说成"这玩意儿"。他被激怒了,大声吼道:"你这混账的家伙!"接着又向前跨了一步,串田连忙后退一步。"你刚才说'保险这玩意儿',对不对?公司不是一向教育我们说'保险是正当事'吗?你还是公司的董事长吗?我这就回我的公司去,向全体同事传播你说的话。"原一平说完转身就走。

一个无名的小职员竟敢顶撞、痛斥高高在上的董事长,这使串田非常气愤,但对小职员话中"等着瞧"的潜台词又不能不认真思索。

原一平走出三菱大厦,心里很不平静,他为自己的计划被拒绝又是气恼又是失望,他无可奈何地回到保险公司,向阿部说了事情的经过,刚要提出辞职,电话铃响了,是串田打来的,他告诉阿部刚才原一平对自己恶语相加,他非常生气,但原一平走后他再三深思,串田接着说:"保险公司以前的约定确实有偏差,原一平的计划是对的,我们也是保险公司的高级职员,理应为公司贡献一份力量,帮助扩展业务。我们还是参加保险吧。"

**为自己订下宏伟目标**

放下电话,串田立即召开临时董事会。会上决定,凡三菱的有关企业必须把全部退休金投入明治公司,作为保险金。原一平的顶撞痛斥不仅赢得了董事长的敬服,还获得了董事长日后充满善意的全面支援,他逐步实现了自己的宏伟计划:三年内创下了全日本第一的推销纪录,到43岁后连续保持15年全国推销冠军,连续17年推销额达百万美元。

1962年,他被日本政府特别授予"四等旭日小绶勋章"。获得这种荣誉在日本是少有的,连当时的日本总理大臣福田赳夫也羡慕不止,当众慨叹道:"身为总理大臣的我,只得过五等旭日双光勋章。"1964年,世界权威机构美国国际协会为表彰他在推销业做出的成就,颁发了全球推销员最高荣誉——学院奖,他是明治保险的终身理事,业内的最高顾问。真正是功成名就了!

(资料来源:《原一平的疯狂推销术》)

## 活动二 营业推广

### 一、营业推广概述

营业推广是指金融机构为刺激需求而采取的能够产生鼓励作用并达成交易目的的促销手段,比如减价、免费提供配套服务等,以此来吸引和刺激客户购买或扩大购买。

(1)针对客户的营业推广活动,目标是鼓励续购、吸引新客户、争夺竞争者的客户等。

(2)针对销售中间商的营业推广活动,目标是鼓励推广新产品、大量销售产品、培养忠诚的中间商以及吸引新的中间商。

（3）针对推销员的营业推广活动，目标是鼓励推销人员积极销售金融机构的产品和服务，开拓新市场，寻找新客户，扩大消费者对本金融机构的产品和服务的认识和使用。

## 二、营业推广的特点

营业推广只是广告和人员促销的一种补充、辅助工具，作用短暂，仅适用于短期促销。营业推广的特点主要是：

(1) 吸引力、诱惑力强。能加深老产品在顾客心中的印象，能促使顾客购买新产品。

(2) 方式灵活、针对性强。营业推广可以根据客户特点、营销环境的不同来改变营销推广方案，促销效果可在短期内迅速显现。

但营业推广仅是辅助工具，须和其他促销工具合用，操作不当容易使客户成为价格敏感性客户，影响企业或产品形象。

## 三、营业推广的形式

金融机构应当根据不同目标受众，使用不同种类的营业推广方式。

### 1. 样品

由于金融机构所提供的金融产品大多数具有无形性，所以金融机构在向客户赠送样品时更多的是赠送一些主体产品的附属物品，从而吸引客户对主题金融产品产生兴趣进行购买，如工行办理信用卡时免费赠送网上银行U盾。

### 2. 赠品

在客户购买或使用金融产品时，金融机构会向客户赠送一些小礼物以吸引其购买，如银行在办理信用卡时，会赠送办卡者一些小礼品，如杯子、雨伞等。

### 3. 消费积分

这种常用于银行信用卡。消费者在网上或实体商店进行刷卡消费时，根据消费金额的多少会得到相应的积分。消费者可以通过积分兑换相应的礼品，积分越多，兑换礼品的价值越高。

### 4. 折价产品

一般在金融产品成熟阶段，金融企业会将其限期折价出售。

### 5. 专有权利

即对现有客户提供某种特殊的权益或方便。当金融市场竞争加剧时，为了推广业务、招揽客户，金融机构往往会采用免费服务的促销方法。如英国渣打银行推出的一种信用卡就可以在海外各大城市的电话上使用国际电话服务。

### 6. 数量折扣

即按照客户购买产品的数量或金额或积分的多少来给予优惠，方便与客户建立一种长期的关系。

### 7. 合作推广

即与中间商、工商企业组成策略性销售联盟，共同向客户提供一揽子的优惠措施，以扩大各自产品的销售。例如，新加坡万国宝通银行推出的"空中贵宾"计划，对持有其信用卡的客户在乘坐泰国、新加坡及马来西亚航空公司的飞机时给予优惠。

**8. 有奖销售**

即对购买产品或服务的客户给予相应奖励。例如，对于信用卡用户多有积分抽奖活动，以鼓励客户消费。

## 延伸阅读

### 多伦多道明银行：自动取款机变身自动感谢机

在加拿大，有一群相当幸运的顾客，他们在 ATM 取钱的时候拿到的不仅仅是现金，还收获了感动。作为多伦多道明银行（TD Bank）"TD Thank You"营销活动的一部分，60 名顾客被邀请来测试一部全新 ATM 机，而这部 ATM 实际是 TD Bank 精心设计过的"自动感谢机"，当顾客走近 ATM 的时候，机器就会开始跟顾客对话，并能喊出顾客的名字，给每个人送上他们喜爱的礼物。一位幸运的母亲收到了 TD Bank 为他儿子提供的奖学金和迪斯尼之旅；一位名为 Dorothy 的母亲收到了一张机票，使她可以飞往特立尼达和多巴哥看望刚刚做完癌症手术的女儿。在活动视频发布的那个周五的下午两点，每个前往 TD Bank 分行并使用网上银行或手机银行的顾客都收到了银行送出的 20 加元。TD Bank 的这次营销活动相当成功，在 YouTube 的播放次数已经超过 600 万，也有不少像 NBC 这样的媒体进行了相关的报道。

近年来，随着互联网的发展，各大品牌争相布局互联网营销，事实上，一方面，线上流量越来越贵，线上获取消费者的关注越来越难；另一方面，线下推广的用户体验和创新的营销玩法也是线上推广所无法替代的，这两年线下推广越来越被重视。多伦多道明银行此次的"创意线下活动"与"地推"不同，更强调线下推广的创新玩法，较之金融企业常用的"注册送礼""关注有奖"等营业推广促销策略有了新的突破。

（资料来源：https://www.zhihu.com/question/37320910/answer/126230352）

## 活动三 广告促销

### 一、广告促销概述

广告促销是企业用来向顾客传递信息的一种主要促销方式，是企业付出一定费用，通过特定的媒体向市场传递信息以促进销售的一种手段。金融产品的广告促销企业与客户建立关系的重要桥梁，其作用主要表现在以下方面。

**1. 宣传金融产品**

金融产品在初期往往不被广大客户所了解，这时广告就能够发挥快速信息传递的作用，能在最大范围内让更多客户了解新的产品内容和方式，引导客户到金融机构办理业务，使金融机构的业务量快速增长，增加社会影响力。

**2. 打造金融产品的品牌形象**

从金融产品品牌的创建到社会认知，再到认可，都离不开广告手段的营销宣传。广告能够在最大范围内让广大老百姓认知，最快地提高品牌社会知名度，特别是电视广告能够有声有色地让个人客户感受金融品牌的内涵和魅力，塑造个性化消费的品牌形象。

### 3. 拓展金融产品的市场份额

金融产品发展到一定程度时，随着新功能的大众化而失去吸引力，这时就有必要采取促销手段，强化客户的良好形象，增加传统产品的吸引力，拓展更大的市场份额。广告可以通过画面冲击力、热烈鼓动的语言，介绍促销内容、奖励方法和活动时间，发挥制造促销声势的作用，引导更多客户和群体参加促销活动，从而带来业务量的增长和市场份额的提高。

## 二、广告促销的特点

（1）人均成本低。由于广告覆盖面广，受众数量多，所以人均广告成本非常低。

（2）能重复使用。广告使客户对金融产品产生印象，并通过不断的播放加深这种印象，从而刺激购买行为。

（3）信息艺术化。由于广告具有可视性，在进行广告促销时，可以对信息内容进行艺术化加工，使其更具吸引力，但应当注意广告的客观性、真实性。

（4）节省人力。相对于人员促销，广告促销节省了大量的人力资源。在必要时金融机构可将广告外包给广告公司。

## 三、广告促销的种类

### 1. 通知性广告

此类广告主要用于市场的开拓阶段，目标是创建初步的需求。因此，金融机构广告促销的重点是激发客户的欲望，使之愿意与金融机构打交道，通过强调机构的优势，扩大机构在行业中的影响力和知名度。通常，金融机构在使用通知性广告时，要把握以下几点：

（1）提供有形的线索。比如，"买了保险，您就在保护神手中了"，用它们来帮助客户了解保险所提供的保护是不可触知的物体。

（2）使用明确的信息。注意用简明精练的语言、图像，贴切地把握金融服务内涵的丰富性和多样性，如中国太平洋保险公司的广告语"平时注入一滴水，难时拥有太平洋"，就是用精练的语言将保险原理、保险理念以及太平洋保险公司的企业形象，甚至促销公司的产品巧妙地结合在一起。

### 2. 说服性广告

此类广告适用于处于成长期的产品，这个时期的需求具有选择性。此时广告的主要目标是劝导客户购买自己的服务，突出特色，促使客户形成品牌偏好。金融机构在使用说服性广告时要把握好以下几点：

（1）对员工做广告。金融机构在做广告时要充分利用自己内部的员工，以达到内外互动的效果。

（2）强调利益。强调客户购买使用该金融服务可以得到的利益，而不应该强调技术性细节，如某银行的广告语是"你的钱会在这里努力工作，也会增长得又快又多"。

### 3. 提醒性广告

此类广告适用于处于成熟期的产品。广告目标是提示客户购买或让目前的消费者相信自己做了正确的购买决策，如中国平安保险公司的广告语"买保险就是买平安"，就是通过简练的语言给客户以安全感。

## 四、金融广告设计的原则

**1. 真实性**

广告的生命在于真实。一方面,广告的内容真实;另一方面,广告主与广告商品真实。依据真实性原则设计广告,是一种商业道德和社会责任。金融机构推出的广告受到银监会、证监会和保监会等主管部门的监督。

**2. 社会性**

广告是一种信息传递,在传播经济信息的同时,也传播了一定的思想意识,必然会潜移默化地影响社会文化、社会风气。广告不仅是一种促销形式,而且是一种具有鲜明思想性的社会意识形态。所以,金融产品广告的设计要贴近老百姓的需求,有利于高尚文化思想的传播。

**3. 针对性**

广告的内容和形式要富有针对性,即对不同的目标市场要有不同的内容,采取不同的方法。广告的设计要针对产品的目标客户群,这样也是广告效率的体现。广告语应切合金融产品本身,同时体现了真诚的服务意识。

**4. 艺术性**

广告是一门科学,也是一门艺术。广告把真实性、思想性、针对性寓于艺术性之中,广告设计者要构思新颖,语言生动、有趣、诙谐,图案美观大方,色彩鲜艳和谐,广告形式要不断创新。广告语不但读起来应朗朗上口,使人印象深刻,而且寓意深刻,体现出较高的艺术水平。

## 五、金融广告开发与计划

一般制定广告策略是运用 5M 法,即目的(Mission)、资金(Money)、信息(Message)、媒体(Media)和衡量(Measurement)。相应的金融广告开发策略则为确定广告目标、制定广告预算、制定广告内容、选择广告媒体和衡量广告效果五个方面。

**1. 确定广告目标**

广告目标应该与企业营销战略保持一致。由于广告的重复性,所以要精确到每一次广告目标。一般而言,广告的使用具有周期性,所以金融机构只需制定每个时间段内的广告目标。

**2. 制定广告预算**

金融机构在制定广告预算时,应当考虑以下因素:

(1)金融产品生命周期。一般来说,在金融产品的引入期,需要大量的广告费来引起消费者的注意;在产品的成长期,需要较高的广告费来提升产品的知名度;在成熟期和衰退期,由于产品已经站稳市场或即将退出市场,这时应该减少广告预算。

(2)广告目的。由于广告目的是企业营销战略的缩影,因此广告预算应该与营销战略目标相吻合。如企业要扩大市场份额,可制定较多的广告预算;反之,则制定较少的广告预算。

(3)竞争激烈程度。当主要竞争对手进行大量广告宣传时,竞争者的产品信息覆盖了自己的产品,这时金融机构应给予一定的还击,否则就会处于不利地位。

**3. 制定广告内容**

这部分是金融广告开发与计划最重要的一个步骤,一则广告的成败关键在于广告内容能否引起目标受众的关注。广告根据制作形式的不同,可以分为平面广告、影像广告两种。在制作广告内容时,不同种类的广告制作要求不一样。平面广告应注重文字表达,其文字应当简明、生动再配以适当的图片;而影像广告则应运用声音和动感的画面来达到所需要求。在制作广告内容时,企业可以根据广告目的选择不同的广告策略,常用的有 USP 策略、品牌定位策略和品牌形象策略三种。

(1) USP 策略。USP 策略又称独特销售策略,其策略思路就是通过广告向客户介绍自己的金融产品较其他同类产品所独有的特点,并集中展示这种特点,让客户了解该金融产品可以给自己带来的利益。然而现在的金融市场上,同质的金融产品很多,即使存在着独特的销售卖点的金融产品也将很快被其他竞争者所复制,所以该种策略的适用范围越来越狭窄。

(2) 品牌定位策略。这种广告策略是从客户角度出发,根据顾客需要和心理特点而为其量身定做相应的广告内容,从而俘获人心。品牌定位策略的基本思想是,金融机构进行某一金融广告促销时,首先应找到该类竞争产品在客户心中的切入点,然后向目标受众集中广告,并运用广告创意使得该金融产品给客户留下深刻的印象,使消费者在选购相似金融服务时首先会想到该服务。换句话说就是将金融服务植入客户的脑海中。

(3) 品牌形象策略。在金融产品越来越同质化的今天,如何体现金融产品的差异性呢?这就要使用品牌形象策略。品牌形象既是指金融产品本身所带有的承诺,也是指金融机构形象。因此,使用该广告策略的前提就是该金融产品拥有较高的产品威望和良好的品牌形象。

**4. 选择广告媒体**

目前主要的广告媒体有电视、广播、报纸、杂志、户外广告、网络等载体。因为不同的广告媒体具有不同的特点,因此,在推出广告时要充分考虑到不同媒体的信息传播效果,再做出选择。不同媒体的市场覆盖面、市场反应程度、可信性等均有不同的特点,因此,金融机构在选择媒体时,要充分考虑到不同媒体对信息的传播速度和效果,再综合考虑以下几方面的因素做出决定。

(1) 费用。不同的媒体费用不一样。金融机构应根据自身条件和促销目标合理选择广告媒体,在费用最低的情况下使广告效果最佳。目前许多金融机构大多数是从媒体受众人均成本来考虑广告费用,但媒体受众中既包括目标顾客群也包括无效顾客,金融机构应当弄清到达目标客户群的实际人均费用,这样才能更有效地进行媒体选择。

(2) 目标受众特征。这是指金融机构目标客户的教育水平、生活方式等。有关研究表明,教育程度与电视媒体受众的比例呈现负相关的关系,即相对于一般受众而言,教育程度越高的人收看电视媒体的比重越低,他们更倾向于选择网络、杂志等媒体。金融机构在进行广告投放时,必须根据目标受众的行为特征来确定相应的媒体。

(3) 信息交流特点。不同的媒体传递信息的特点也不一样。如金融企业在传递金融产品信息时,可选用印刷媒体,也可以选择户外广告、POP 广告等。

**5. 衡量广告效果**

由于广告具有一定的滞后效应,所以衡量广告效果有一定的困难。常用的衡量方法主要有:

(1) 销售实验法。比较广告促销前后金融产品销量的变化情况,从而评定广告效果。

(2) 广告效率法。确定市场份额占广告份额的多少。即广告份额=本企业广告费用/金融行业广告费用总额;广告效率=本企业市场份额/广告份额。

（3）目标群体拦截询问法。先对广告受众进行初步判断，选出目标消费者，接着再制定询问方案以及人员培训，然后进行目标群体拦截询问收集数据，最后进行统计分析和广告效果评估。

（4）问卷评估法。根据广告目的设计一个广告评估问卷，然后进行客户问卷调查，并通过统计分析确定广告效果。

## 延伸阅读

### 金融类广告语

中国民生银行广告语：服务大众，情系民生
中国农业银行广告语：用心服务，福到万家
中国银行广告语：百年中行，全球服务
中国建设银行广告语：善建者行
光大银行广告语：共享阳光，创新生活
广发银行广告语：资金速达，掌控商机
工商银行短信银行广告语：工银信使，无处不在
工商银行理财金账户广告语：让财富与生活完美相融
工商银行积存金广告语：黄金随心存，财富随需兑
工商银行如意金·投资银砖广告语：世家之隆，典藏之丰
工商银行如意金·敬财神金章广告语：敬奉财神，天福大贵
工商银行如意金·金元宝广告语：藏金纳福，如意吉祥
工商银行信用卡广告语：一卡在手，畅行全球
招商银行金葵花理财广告语：专注您所关注
中国邮政储蓄银行贷款广告语：邮储银行贷款，好借好还
南方基金广告语：稳·见未来
太平洋保险车险广告语：全方位，更到位
斯盖伦投资公司广告语：萧条对真正的投资者来说也是一种机遇
纽约股票交易市场广告语：你想尝试一下拥有美国企业股票的滋味吗
美国国家银行广告语：像美丽坚合众国一样安全

## 延伸阅读

### 您身边的银行，可信赖的银行

"您身边的银行，可信赖的银行"，这是中国工商银行一则脍炙人口的广告语。"您身边的银行"让客户深切地感受到：只要有需要，工商银行始终在自己身边。毫无疑问，这给客户留下的第一印象非常好，但是仅凭这一直观印象还不够，毕竟客户要把钱存在银行，这家银行究竟可不可信，能不能确保自己的资金安全，这是客户最关心的问题。此时，在客户已感

到温馨的基础上再强调一下：不但我们的周到服务无处不在，我们在诚信方面更是不输于人。这句广告语用了 12 个字表达出了重要的两层意思，简单且口语化，属于比较经典的金融类广告。

## 活动四　公共关系

### 一、公共关系概述

公共关系是指企业为了更好地争取公众的认可、信任和合作，建立企业良好的形象，提高声誉而采取的一些行动。它是一种间接的促销形式，能减少企业与外部环境的摩擦，提高企业形象，建立良好的营销环境。公共关系的基本原则是虔诚合作、互惠互利，着眼于当前、立足于未来。

### 二、公共关系的特点

对于人员推销和广告促销来说，公共关系对于金融产品销售是一种间接营销的方式，其特点是：

（1）传达力强。很多潜在客户能接受宣传，但回避推销人员和广告，因此，金融企业可以用新闻、公益活动等方式将信息传播给购买者。

（2）可信度高。作为公共关系重要手段的新闻报道及特写看上去比广告更真实、可信。

（3）间接性、持久性。金融机构采用公共关系手段不直接要求产生经济效益，但良好的公共关系会持久、间接地作用于消费者，使其对机构产生信任，并产生购买意愿。

### 三、公共关系的内容

公共关系的内容十分丰富，主要有以下几种形式。

**1. 新闻媒体宣传**

这是一种重要的公共关系活动。金融机构通过与新闻界建立良好关系，将有关信息通过新闻媒体传播出去，引起社会公众的关注。

**2. 参加社会公益活动或慈善事业**

它是金融机构树立良好品牌形象的重要途径。金融机构参与社会公益活动或慈善事业，一方面能为金融机构或金融产品做广告宣传，另一方面借助这种平台可以树立金融机构正面的社会形象。

**3. 社交活动**

金融机构通过社交活动，如邀请相关公众参观，向公众征求意见和建议，举办酒会、宴会、文艺晚会等广交朋友，维系关系。

**4. 与客户保持联系**

由于金融产品具有特殊性，金融机构需要主动与客户保持沟通联系，通过如个别访谈、讲演、信息发布会、座谈会、客户联谊会、通信、邮寄宣传品、礼品等方法，促进客户对机构的了解，从而使企业形象长期保留在客户的记忆中。

## 延伸阅读

### 信融财富：凤姐理财事件营销

2015年8月11日，凤姐用长微博晒出自己的"美帝理财记"，凤姐详细介绍了自己在美国的坎坷理财之路，接下来，凤姐笔锋一转，提到了自己在投资余额宝和信融财富平台之后，她发现"国内的钱确实比国外的好挣"。最后，凤姐感慨道："一定要多学学理财，会理财的不一定不是屌丝，不会理财的一定是屌丝。"随后，网站、微博、微信、手机APP客户端、报纸、电视等媒体渠道对该事件进行了传播、评论和讨论。信融财富趁事件热度，通过深圳晚报、深圳地铁早八点等媒体发声，实现品牌与事件的绑定，增加品牌曝光率。该事件给信融财富带来了大量的正面曝光，官网访问量剧增，知名度得到大幅提升。

这类促销策略属于公关关系营销中比较典型的事件营销，用此方法受众信息接收程度较高。在铺天盖地的广告中能够吸引大众眼球的经典之作越来越少，而事件营销的传播往往体现在新闻上，有效地避免了类似广告被消费者本能排斥的情况发生，受众对于其中内容的信任程度远远高于广告。而且一个事件如果成了热点，就会成为人们津津乐道、互相沟通的话题，传播层次将不仅仅限于看到这条新闻的读者或观众，还可以形成二次传播，引发"蝴蝶效应"。

（资料来源：https://www.zhihu.com/question/37320910/answer/126230352）

**任务实战演练：**
1. 选择一家金融机构，分析其金融产品或服务所采用的促销策略。
2. 分析在互联网时代下，金融机构如何采用创新促销策略。

## 项目小结

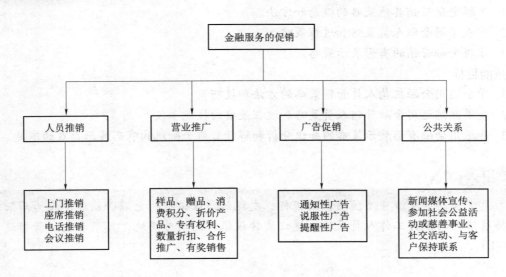

# 项目八

# 金融营销其他策略

## 引 言

　　金融营销策略主要介绍了营销策略方法，而金融营销其他策略可以弥补金融营销策略没有介绍的其他方法。金融营销其他策略主要包括金融有形展示策略、金融人员策略以及金融营销过程策略。金融有形展示包括金融营销环境的作用以及金融营销有形展示的设计。金融营销人员策略从人员推销的角度上介绍了推销技巧以及推销的作用。金融营销过程策略包括过程设计和蓝图设计。

## 项目学习目标

### 知识目标
1. 了解金融营销其他策略的概念和方法。
2. 重点了解金融人员策略和过程策略。
3. 掌握金融营销的有形展示策略。

### 技能目标
1. 学会运用金融机构人员营销策略的方法和技巧。
2. 能够熟练运用金融营销人员策略和过程策略的技能手段。
3. 能运用金融有形展示策略的知识分析和解释目前金融机构有形展示存在的不足。

## 案例引入

　　李先生来到重庆沙坪坝区某商业银行，发现该商业银行的金融营销环境颇为简陋，李先生将该情况向银行工作人员反映，建议装饰该银行的内外场地，可参考金融营销运行图（图 8-1）。

| 金融营销场景 | | 其他有形物 |
|---|---|---|
| 外部设施 | 内部设施 | |
| 建筑设计<br>标志<br>停车场地<br>景观设计<br>周围环境 | 内部装潢<br>配套设施<br>指示标志<br>形态布局<br>内部环境 | 名片<br>门票<br>收费单<br>员工着装<br>宣传册<br>网页 |

图 8-1 金融营销运行图

**思考：**
1. 金融营销有形展示包括哪些内容？
2. 金融营销有形展示的作用有哪些？
3. 金融营销有形展示对提升金融业有何帮助？
4. 怎样设计金融营销的有形展示？

## 任务一　金融营销有形展示策略

### 活动一　金融营销有形展示

#### 一、金融营销有形展示

**1. 有形展示的概念**

金融营销有形展示是指在金融营销市场的范畴内，可传达服务特色及优点，暗示金融机构提供服务的能力，让客户产生期待或记忆的有形组成部分。在金融服务营销中，有形展示的范围较广泛。善于管理和利用有形展示，可以帮助客户认知金融营销产品的特点以及提高享用服务时所获得的利益，有助于建立服务产品和服务企业的形象，支持有关营销策略的推行。

**2. 有形展示的种类**

（1）金融有形展示按照是否被客户拥有，可以分为边缘展示和核心展示。边缘展示指的是客户在购买过程中能够实际拥有的一种真实状态，也就是客户拥有购买的权利和享受提供的服务。核心展示指的是在购买和享用的服务过程中不能被客户所拥有的状态，也就是客户不能拥有的购买权利和享受提供的服务。

（2）金融有形展示按照构成要素，可以分为物质环境、信息沟通、价格等。

物质环境包括温度、湿度、通风、气味、声音、色调、清洁度、有序性等环境要素。物质环境是金融有形展示的重要组成部分，虽然不能立刻引起顾客的注意，但是周围因素如果过差就会引起顾客的极大关注，形成强烈的反差。所以，应本着保证基本、适当创新的原则来建设有形展示的物质环境建设（见图 8-2）。

信息沟通具有服务有形化和信息有形化的社会特征。信息沟通能够不断强调与服务相联系的有形物，能够让金融营销有形展示更加具体化、形象化。这些有形物成了服务的载体，是企业进行信息沟通的重要工具。信息沟通的方式具体包括口碑传播，如重庆农村商业银行利用自身特点大力发展特色项目以及广告宣传。

图 8–2　金融有形展示之物质环境

价格是指在金融有形展示过程中包括的高价与低价等。价格可为金融营销有形展示的实施提供重要保障和依据。当有形展示价格过低时，往往会使客户怀疑廉价的服务不会带来更多的价值含量；而当有形展示价格过高时，会给客户带来价值贫乏的感觉，同时有一种"被宰"的感觉。因此，定价至关重要，它是金融营销有形展示的重要指导因素。与物质环境、信息沟通一样，价格也是对服务的展示。

（3）金融有形展示按照有形展示的性质可以分为与服务工作有关的有形展示和与服务人员有关的有形展示。与服务有关的有形展示是指在服务过程中使用的各种服务工具、服务设备与服务结果，它们会在一定程度上影响客户对服务质量的评价，影响服务质量的感知。与服务人员有关的有形展示是指服务人员的一举一动、一言一行以及和服务人员有关的各种有形展示（如服装、外貌、妆容、服务技能等），它们会在无形中影响客户对金融营销的客观评价。

## 二、金融营销有形展示的作用

金融营销有形展示可以帮助金融营销更加形象化、具体化，通过感官刺激，让客户感受到服务给自己带来的利益。金融营销有形展示的作用可以体现为以下六个方面。

第一，金融营销有形展示有助于通过感官刺激让客户感受到服务给自己带来的好处。金融营销有形展示可以利用感官刺激真正让消费者感受到服务的优越感以及舒适感，使其对金融服务产生更大的依赖。

第二，金融营销有形展示有助于引导客户对服务产生合理的期望，即让客户对服务有一个清晰的认识和更高的期许。

第三，金融营销有形展示有助于影响客户对服务的第一印象。第一印象非常重要，是客户能够对金融机构产生浓厚兴趣的基础。

第四，金融营销有形展示有助于提高客户的服务感知质量，促使消费者感觉服务和产生信任感。

第五，作为金融服务环境的一种重要构成，金融营销有形展示有助于提升客户与服务人员的互动质量，使消费者强化服务的有形线索和识别形象。

第六，金融营销有形展示可以协助培训服务员工，提高员工的忠诚度，还有助于塑造企业市场形象。

## 活动二　金融营销有形展示的设计

### 一、金融营销有形展示设计

金融营销有形展示从两个出发点来进行设计：一是服务的有形化，主要就是使服务的内涵尽可能附在某些实物上；二是使服务易于从心理上把握。一方面要把服务与客户能够接受的有形物体相联系，另一方面把重点放在发展和维护企业与顾客的关系上来。

金融营销有形展示设计成功的关键是管理与无形服务相关的有形因素。客户可以在服务环境、信息沟通和价格中寻找服务的代理展示，根据有形的线索推断服务的质量价值和特点，用来指导自己的购买选择。

### 二、金融营销有形展示的管理

金融营销有形展示的管理是进行金融营销设计的必备前提，是保证金融营销有形展示的保障措施，因此金融营销有形展示的管理是重要的一个环节。

金融营销有形展示的管理必须从客户能够触及的有形载体出发，让客户在接受服务时能够感知，力戒盲目提升服务设施的高档化。在为顾客提供服务的过程中，金融营销所承诺的所有形展示在正式服务中都必须要兑现。

金融营销有形展示的管理主要在于能够发展客户与金融机构之间的长期合作关系，客户是金融机构的命脉，要让客户感受金融营销有形展示的价值。

### 三、金融营销有形展示设计因素

金融营销有形展示设计因素非常重要，能够使客户对金融营销有形展示产生非常大的影响。因此，金融营销有形展示的设计主要包括实物属性和气氛等，而实物属性又包括外在环境和内在环境，气氛包括视觉、气味、声音、触觉等。

金融营销有形展示设计的重点需要着重关注，重点关注一方面可以使顾客满意度提升，另一方面可以提升金融机构的形象与地位。金融营销有形展示设计的重点要关注客户逗留的时间、员工逗留的时间、服务环境个性化、服务设施的水准以及员工方向指引性等。

在经济全球化和信息化迅猛发展的今天，有形展示是从设计到生产、从销售到服务的长期努力过程，是所有企业必须认真研究的战略问题。金融营销有形展示设计的特点体现为：

第一，金融营销有形展示设计因其无形性而不同于其他有形商品，在服务中发挥着重要作用。

第二，金融营销有形展示要加强服务战略管理与运营已成为时代的要求，成为企业现代化和成熟程度的重要标志。

第三，金融营销的无形服务和有形展示并非是各自独立的产品。

金融营销有形展示设计要增进客户对体验过程服务质量的认知，需要充分重视有形服务理念的设计，有针对性地设计有形展示，并有效管理目标市场，还要加强对企业员工的培训。

总之，金融营销有形展示，既是提升企业管理水平和发展实力的必由之路，也是企业提高自身经济效益和社会效益的关键。

### 四、金融营销有形展示的设计方法

金融营销有形展示的设计方法有三种，即生产线法、客户合作法、客户接触法。

生产线法主要适用差异程度低、操作简单的服务过程。金融业可以将其用于银行存取款业务、资金划转汇兑、证券业的股票交易、保险业的保费分期支付。生产线法要求金融企业运用先进技术设备和流水作业方式，仔细策划和设计每一个生产环节和细节，各个岗位明确分工，从而提高生产效率，扩大生产规模，获得成本领先优势。

客户合作法主要适用于服务和消费同时发生的服务过程。客户不应总是当成被动的服务接受者，有些场合客户可以或愿意一起为服务付出劳动。如客户预约、准备资料、恰当表达的技巧，将影响服务过程的沟通和效率，进而影响客户感知和满意程度。

客户接触法的关键是识别接触程度以及在低接触活动中可以分离的核心流程。顾客接触法对高度接触活动与低度接触活动的流程设计思想如图8-3所示。

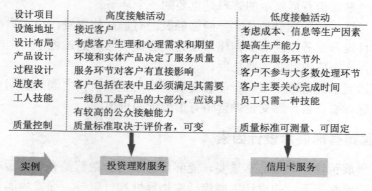

图8-3 设计项目

## 任务二 金融营销人员策略

### 活动一 认识金融营销人员策略

#### 一、金融营销人员策略

金融营销人员是指参与服务提供并影响客户感觉的全体员工、客户以及处于服务环境中的其他客户。

金融营销人员策略是服务组织与顾客之间的一种外部营销、客户与客户接触的员工之间的一种相互作用的市场营销、与客户接触的员工与服务组织之间的一种内部营销模式。

## 二、金融营销人员策略模式

**1. 服务组织支配的服务**

基于效率成本领先战略，严格的操作过程使服务系统标准化，限制员工自主权，顾客只能选择几种标准化的服务。

**2. 一线员工支配的服务**

服务人员被赋予自主权，如果服务人员素质或品质较低，则可能存在过度或不当行权的现象。

**3. 客户支配的服务**

分为两种极端情况：标准化服务和定制服务。标准化服务是客户可以控制的有限的服务选择；而定制化的服务需花费很高的成本。

## 活动二　金融营销员工与客户

### 一、金融营销员工

金融营销员工是金融营销服务的核心，员工在金融营销中起着至关重要的作用，他们既代表着公司，也代表着员工即营销者。

金融营销的员工策略是自我服务程度由低到高的一个过程。员工需要在金融营销过程中明确客户参与类型或程度，通过吸引、教育和奖励客户，进而达到管理客户组合的要求。

金融营销员工具备可靠性、响应性、安全性、移情性、有形性五大特性。金融营销员工在服务过程中存在着众多矛盾，矛盾体现在以下几个方面：岗位矛盾、服务人员与机构矛盾、客户间矛盾、组织与客户的矛盾、服务质量与数量矛盾。

### 二、金融营销顾客

在金融营销服务过程中，接受服务的客户会进一步间接地影响他身边周围的客户，客户的态度又会影响企业的形象。根据参与水平不同，金融营销客户存在几种现象：第一种现象是客户的参与水平较低，仅仅在权利凭证、信用卡消费、ATM机服务、保管箱、股票首发路演、财产保险等活动中有所参与；第二种现象是顾客的参与水平较适宜，在标准化的储蓄产品、个人消费贷款、委托理财、退休保险计划等方面都有所参与；第三种现象是较高的参与水平，客户在个人房屋/汽车贷款、企业融资贷款、企业财务管理咨询、证券经纪业务股票发行业务等方面都积极参与，能够体现金融营销客户的重要程度，让客户的价值有所体现。

## 活动三　金融营销人员策略

### 一、金融营销人员策略的重要性

金融营销人员策略对提升金融机构自身形象及效率有很大的帮助，同时可以有效保障金融机构建立自己的销售队伍，推动销售工作。金融营销人员策略还可以针对专业合同推销人员来进行，让专业合同的推销人员稳定部分客户源。金融机构还可以雇用兼职的售点推销员，在各种零售营业场合用各种方式促销，按销售额比例提取佣金。

## 二、金融营销人员策略的基本形式

金融营销人员策略的基本形式包括上门推销、柜台推销、会议推销。

### 1. 上门推销

上门推销是最常见的营销模式，由推销人员携带产品的样品、说明书和订单等走访客户，推销产品。这种推销形式可以针对客户的需要提供有效的服务，方便客户，故为客户广泛认可和接受。此种形式是一种积极主动的、名副其实的"正宗"推销形式。上门推销需要注意以下几个方面：

（1）见面前要做到知己知彼。首先要对即将见面的客户进行一定的了解，通过同事、其他客户、其他金融机构的推销员、上司、该客户的下游或上游客户等初步了解该客户的基本家庭情况、工作情况以及是否有能力购买金融产品。

（2）见面前要备齐资料。在见客户前，必须将见面的目的写出来，将要谈的内容写出来，对可能会遇到的未知困难做好防范，并进行思考与语言组织。

（3）见面时要着装整洁、卫生、得体，有精神。自我介绍切忌太长，过多的自我介绍会引起客户的极度不爽。应直接切入主题，说明来意，在介绍产品时要抓住产品特性和优点，快速准确地抓住客户的喜好，不能拖泥带水。

### 2. 柜台推销

柜台推销是指销售人员以定点、直接销售的方式，运用专业的销售技巧将产品卖出，并保持不间断客户服务的过程。柜台推销需要注意的技巧包括：首先要在工作过程中表现出专业行为，其次在柜台推销过程中体现出专业技能，让客户体会到专业性，这就要求柜台人员对金融商品来源、结构、功能、收益、风险性以及购买途径和方法等内容了解具体并能简短到位地介绍给客户，因此，柜台推销是需要推销人员具有较高综合素质以及能力的一种推销方法。该环节需要金融机构给予销售人员很多的培训。

### 3. 会议推销

会议推销的实质是对目标客户进行锁定和开发，对客户全方位地输出企业形象和产品知识，以专家顾问的身份对意向顾客进行关怀和隐藏式销售。会议推销需要注意的技巧有以下方面：

（1）保证产品具有较强的竞争力。会议推销是一种较上门推销和柜台推销较高层次的推销模式，需要充分掌握产品的模式以及产品的性能，这些对于突出产品的竞争力非常重要。

（2）充足的客源以及会议场地。在保证客源充足的情况下，需要具体的会议推销场地，保证客户舒适地参加会议推销活动。

（3）专家讲授。专家介绍能够进一步提升会议推销的层次和水平，保证客户在足够了解和掌握金融产品后有效地选择金融产品。

## 案例分析

### 优质服务=态度+知识+技巧

2016年7月20日9:00，一位女士匆匆忙忙来到营业大厅，对大堂经理说："今天早上六点多,我老公来你行ATM机取2 000元钱,机器没吐出钱,可我卡里面的钱少了,怎么办?"大堂经理耐心地向她询问了当时的情况,并将卡号、姓名、联系电话记录下来,并宽慰她不要着急,请她先回去上班,过会儿查看相关记录后,再跟她联系。

女士走后,大堂经理马上对ATM机进行了轧账处理,并与核心系统数据进行核对,发现账务正确,并未发现长款现象。经查看ATM流水记录,当时客户来本行取款9 500元,在机器上操作五次,其中第三次交易不成功。于是,大堂经理马上电话联系客户:"您是否总共取款9 500元,结果只拿到7 500元?"她说:"是的。"大堂经理说:"我们查看了相关记录后,发现你在取款时第三笔的2 000元没有成功,您可以先到发卡行查一下卡的账务情况,那笔钱如果扣款了,过几天发卡行电脑系统会做回冲处理。"女士说:"明白了。"中午时分,那位女士拿着流水清单来到银行说:"我去查过了,钱扣下了。"大堂经理又耐心地向她解释:"这种情况是通信系统偶发性故障造成的,相关报表要到明天才能看到,您先不要着急。"这位女士便放心地回去了。第二天一上班,大堂经理通过核查报表,发现她的卡只冲回了7 500元,于是又一次通过电话说明情况,并告知过几天电脑会自动将钱款冲回账户的。

不久,这位客户来行说:"我的那笔钱回来了,谢谢你那么耐心地帮助我,我以后会经常来办理业务的。"过了几天,她将其他银行的钱转来这个银行,存了定期。

(资料来源:https://wenku.baidu.com/view/a233681cfc4ffe473368ab59.html)

**案例分析:**

1. 客户服务人员的出色之处在于迅速了解客户的需求以及解决客户问题的能力。不同客户对服务有着不同要求,也就是说对服务的期望值不同,作为服务人员,要时刻用理解、真诚、专业勉励自己。

2. 专业知识是保证优质服务的前提,客服人员必须具有扎实的业务知识才能为客户及时迅速地解决问题。处理准确和迅速,才能使客户对自己和公司产生信赖感。

3. 服务态度很重要,服务技能对于提供优质的服务也是十分必要的。有热情和积极的态度,还要善于倾听,了解客户真正需要什么,抓住主要问题及时解决,用良好的沟通技能与客户交流,体现高品质的服务和专业素养。

4. 设身处地地为客户着想。作为客户服务代表,能够经常进行换位思考是非常重要的。只有站在客户的角度去思考问题、理解客户,才能提供良好的服务。

## 任务三  认识金融营销过程策略

### 活动一  金融营销过程

**一、金融营销过程**

金融营销过程就是金融营销活动从开始到结束的过程。金融营销过程以市场及其变化为导向,以客户和满足客户需求为中心,由相应的营销阶段和程序构成,其目标是通过金融营销服务为客户创造价值和检查营销交易的正确性。金融营销过程的管理主要体现在两个方面:

一方面将无形服务进行有形表达，另一方面，优化服务流程的设计和管理。

## 二、金融营销过程系统

金融营销过程系统包括前台处理系统、后台处理系统以及支持运作系统。金融营销过程系统的前台操作系统可以为客户提供优质的服务、提供所需物力和人力。后台处理系统是由金融机构内部管理人员的支持、后台职能部门的支持以及管理系统的支持等构成的。

银行业过程系统的前台处理系统包括银行的柜台业务，后台处理系统包括银行的数据录入和数据操作。而证券业过程系统的前台处理系统包括证券公司的前台操作处理，后台处理系统包括证券公司的后台数据录入操作等。支持运作系统包括簿记操作系统、现金与凭证操作系统、大堂系统操作等。

# 活动二  金融营销过程设计

## 一、金融营销过程设计

金融营销过程的设计，首先从业务受理阶段开始进行设计，接着对交易阶段进行设计，最后对客户的离开阶段进行设计。

**1. 业务受理阶段设计**

例如，客户往往认为服务的起点是给银行打电话预约取款，而有些银行却不把预约当成服务的一个步骤。因此，电话的及时接听（三声之内接听）和回答技巧是业务受理阶段的设计内容。

**2. 交易阶段设计**

例如，银行为客户提供细致周到的服务。服务的过程设计应方便客户，而不是方便银行。银行要为客户提供无微不至的服务，无论客户是否有存取款的业务要求。

例如：

客人问："白金卡和借记卡有什么区别？"

接线员回答："有区别，您放心。"你有什么感受？

客人问："你们银行存款利息与其他银行有哪些不同？"

接线员回答："都一样的。"

你有什么想法？

**3. 客户离开阶段设计**

客户离开阶段是体现企业细节服务的一个方面，也是能够为企业带来更多回头客的阶段，所以此阶段成为整个营销过程的重点。例如，很多客户会再次选择同一家银行的主要原因是该银行为客户提供了很多便捷的服务，例如免费停车服务、免费网银办理、免费理财服务等。

## 二、金融营销过程设计的优点

良好的金融营销过程设计能够让客户感受到服务带来的舒适感。金融营销过程设计的优点体现为四个方面：

（1）显示服务全景。客户进入金融机构后，最能够感知的就是营销过程的整体性、全面性，也就是服务的全景，所以在金融营销过程的阶段显示服务全景是其最客观的优势。

（2）追踪信息流动。客户通过体验金融营销过程，可以将主要信息源留于金融机构，为跟踪金融机构的后续信息起了非常大的帮助。因此，追踪信息流动是体现金融营销过程的最主要方面。

（3）及早发现缺陷。在经过金融营销过程设计后，金融机构可以最直观地发现问题，及早发现服务过程存在的漏洞与缺陷，能对后期的改进提供方向。

（4）了解客户行为。通过金融营销过程的设计可以清晰地掌握客户的行为、客户的偏好以及对市场动态的需求，对帮助金融机构积极应对客户行为起到决定性的作用。

### 三、金融营销过程设计步骤

金融营销过程设计步骤是帮助金融机构快速进行设计的重要方法和手段。金融营销过程设计的步骤具体包括明确服务过程、分析客户需求、从顾客角度描绘服务过程、描绘前台与后台服务员工的行为、把客户行为和服务人员行为相连接、在每个客户行为步骤加上有形展示、标明"失误点"和"等待点"等。

## 活动三　金融营销过程设计蓝图

金融营销过程设计蓝图是详细描绘服务系统的图片或地图。金融营销过程设计蓝图的构成，主要包括四个行为区域和三条分界线，以及有形展示。四个区域分别是客户行为、前台接待员工行为、后台接待员工行为、支持过程；三条分界线分别是外部互动分界线、可视分界线、内部互动分界线。

客户行为主要包括客户在购买、消费和评价服务过程中的步骤、选择、行动和互动。前台人员行为主要包括客户看到和接触到的员工行为。后台人员行为主要包括客户看不到但支持前台员工的行为。支持过程包括内部服务和服务人员履行服务的步骤以及互动行为。

### 案例分析

#### 服务过程中有哪些必要步骤

某银行原先的网点设置是按照业务种类和业务流程进行窗口细分的，营业场所分为对公业务区和储蓄业务区，对公业务区又分为记账窗口、现金收款窗口、现金付款窗口等。个人客户办理储蓄业务要到储蓄窗口，而单位财务人员办理现金业务需要同银行记账员和出纳员都进行接触。

例如，企业财务人员李某欲到银行办理三笔业务，一笔是将营业收入的现金交进银行账户，一笔是从企业账户支取现金付个体维修人员的劳务费，还有一笔是李某想从个人工资账户上支取部分现金。在该银行未改进服务过程之前，李某的这三笔业务将涉及四个服务窗口，而在服务过程改进后，他只需要在一个窗口与一位银行员工接触。

（资料来源：http://www.doc88.com/p-1817570320313.html）

思考：

1. 每一步骤的服务量是多少？能否应付高峰期客户需求量？
2. 客户何时参与服务流程？何时退出？不必要的客户接触是否可减少甚至消除？

## 延伸阅读

### 互联网金融营销

  迅速发展的网络经济正以其特有的规律使金融理论和金融市场发生着深刻的变化,促使了互联网金融的诞生,在互联网金融的推动下,传统的金融组织要能适应网上营销环境的变化,要不断提供相适应的虚拟金融产品。另外,以网上银行和第三方支付平台为代表的新的金融组织正在通过新的营销技术、营销模式不断推动着金融营销创新。在这两方面的作用下,互联网金融营销得到了迅速的发展。

  在互联网时代,网络营销是金融组织营销系统中的一个重要组成部分,根据市场营销、网络营销、金融营销、电子商务的相关定义,互联网金融营销可以具体描述为:互联网金融营销是通过非直接物理接触的电子方式,营造网上经营环境,创造并交换客户所需要的金融产品,构建、维护以及发展各个方面的关系,从而获取利益的一种营销管理过程。从概念逻辑上看,完整的互联网金融营销包括传统金融产品与服务的网络营销及互联网金融产品与服务的市场营销两个层面的内容,而互联网金融产品是互联网金融营销主体的发展。

  从买方来看,中国互联网信息中心的第30次统计报告的数据显示,截至2012年6月底,我国使用网上支付的用户规模达到1.87亿,网上支付巨大的市场空间以及在产业链中的重要地位吸引着网上支付服务提供商不断进行创新和拓展,新的支付产品和服务不断涌现,推动更多用户更加频繁地使用网上支付。另外随着智能手机的普及应用,手机在线支付近年来日益得到重视,2012年上半年手机在线支付用户数增加了1 382万,增长率为45.2%,增速远远超过整体网上支付。截至2012年6月30日,手机银行iPhone版、Android版客户端累计下载量超过400万次,客户美誉度及市场评价位居同业前列;手机银行签约客户数已达709.03万户,累计交易(不含手机支付)375.28万笔,同比增长429.01%;累计交易金额达1 281.01亿元,同比增长185.00%;手机支付累计交易1 361.45万笔。

  **任务实战演练:**

  请综合运用金融营销策略,设计一份有关基金投资客户的访谈记录。要求切入巧妙,应对客户的拒绝合情合理,并能够展示客户服务的亮点。

## 项目小结

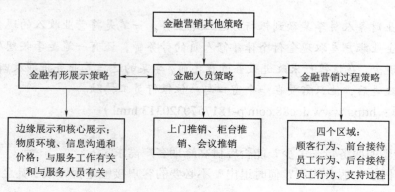

# 项目九

# 金融机构的关系营销

## 引 言

关系营销是20世纪90年代后出现的一种新型营销观念。近年来,关系营销在国外获得了巨大发展。中国加入WTO后,金融业的对外开放程度不断提高,正确制定和实施关系营销战略对我国金融业具有十分重要的意义。金融业的关系营销分为外部关系营销及内部关系营销两个方面,二者从不同方面推动着金融业的发展。

## 项目学习目标

### 知识目标
1. 了解关系营销的含义及关注要素。
2. 熟悉关系营销的主要策略。
3. 区分金融机构外部关系营销和内部关系营销。

### 技能目标
1. 搜集并记录金融机构关系营销成功案例。
2. 掌握金融机构业外部关系营销的手段。
3. 学会分析金融机构运用内部关系营销的案例。

## 案例引入

王女士来到重庆大学城区某银行理财服务区,找到自己的"专属"理财产品客户经理小李,向小李介绍了自己的朋友周女士,并向周女士推荐了该银行的产品及服务。小李热情接待了周女士,告知她如有理财需要可直接与自己联系。图9-1为关系营销机制图。

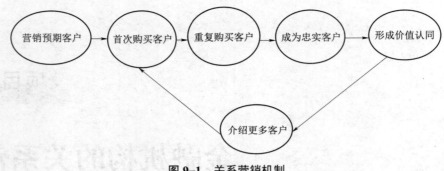

图 9-1 关系营销机制

**思考：**
1. 关系营销的含义是什么？
2. 金融机构的关系营销该如何进行？
3. 金融机构的关系营销能带来怎样的价值？

## 任务一 认识关系营销

### 活动一 关系营销

#### 一、关系营销

**1. 关系营销的含义**

从广义上讲，关系营销是指从系统、整体的观点出发，对企业生产经营活动中涉及的各种关系加以整合、利用，构建一个和谐的关系网，并以此作为基础展开营销活动。关系营销的定义揭示了系统和整体的观点，认为企业的经营活动离不开其所处的各个相关主体，各个相关主体彼此相互作用、相互影响，共同构成一个有机整体。因此在营销中要重视优化与关系主体的关系。

从狭义上讲，关系营销是指营销活动以建立和巩固客户关系为主要目的。与客户的关系营销之所以称为狭义上的关系营销，主要是客户关系是各种关系的核心和基础。客户是关系营销的最终作用目标，是价值链的源头。因此，从某种意义上讲，建立并维护好各种关系的根本目的是润滑价值链条，从而更好地从客户身上获取价值。

**2. 关系营销的本质特征**

关系营销的本质特征可以概括为以下几个方面。

（1）将营销活动关注的焦点从市场占有率转换到客户占有率。除了在整个市场投入更多的资金与精力以提高营业额之外，企业应该在关系营销的基础上提升客户占有率，以客户占有率指标衡量企业的市场占有情况。

（2）双向沟通。在关系营销中，沟通应该是双向而非单向的。只有广泛的信息交流和信息共享，才可能使企业赢得各个利益相关者的支持与合作。

（3）合作。一般而言，关系有两种基本状态：对立与合作。只有通过合作才能实现协同，因此合作是"双赢"的基础。

（4）双赢。关系营销旨在通过合作使关系中各方均获益，而非通过损害其中一方或多方的利益来增加其他各方的利益。

（5）亲密。关系能否得到稳定发展，情感因素也起着重要作用。因此关系营销不只是要实现物质利益的互惠，还必须让参与各方从关系中获得情感的满足。

（6）控制。关系营销要求建立专门的部门，用以跟踪顾客、分销商、供应商及营销系统中其他参与者的态度，由此了解关系的动态变化，及时采取措施消除关系中的不稳定因素和不利于关系各方利益共同增长的因素。此外，有效的信息反馈有利于企业及时改进产品和服务，更好地满足市场的需求。

## 二、关系营销的核心要素

关系营销的基础理论是：在一般情况下，吸引一位新客户需要投入的精力远远大于留住一位老客户，而得到的回报却要小许多。关系营销将营销活动的重点从吸引新客户转变为留住老客户，由商品和服务的一次性销售转移到保持长期的客户关系。在竞争激烈的市场经济条件下，争取新客户的难度不断加大，成本不断上升，争取一个新客户比留住现有客户的成本要高出许多倍，因此关系营销更加注重对现有客户的维系。

客户是企业生存与发展的基础，市场竞争的实质就是最大限度地争取优质客户资源。一直以来，"二八定律"被视作金融决策的重要依据，随着金融业竞争的不断加剧，20%的优质客户成为争夺的焦点。

因此，金融业关系营销理论关注的核心要素就是：处理好与客户的关系，把服务、质量和营销有机结合起来，通过与客户建立长期稳定的关系以实现长期拥有客户的目标。关系营销的目的是通过与客户结成长期的、相互依存的关系，发展客户与企业及其产品之间的连续性交往，以巩固市场并提高品牌忠诚度，促进金融产品的持续销售（图9-2）。简而言之，即建立客户对公司和产品的忠诚。因此，关系营销的注意力在于留住老客户并将其发展成为自身的忠诚客户，因为忠诚客户能给企业带来很多经济利益。

**图9-2 关系营销的目的是发展忠诚顾客**

忠诚的客户不仅带来"留住成本"的利益，而且他们频繁地进行着高价值的金融产品购买活动，因而使金融业的营利性更强。忠诚客户经常充当金融产品的主要宣传者。这种宣传方式成本非常低，特别是在广告与促销的作用不断下降的情况下，忠诚客户的宣传作用更加令人信服,而且面对面的沟通也最有效。忠诚客户是建立金融品牌的关键。没有大量的忠诚客户的支持,品牌效应就难以形成。忠诚客户被认为是品牌资产的一部分,是企业最重要的资源。在竞争中,忠诚比价格和产品质量更不易被竞争对手超过。

## 活动二 建立"私交化"关系

### 一、如何建立"私交化"关系

关系营销的实质就是在买卖关系的基础上建立非交易关系,进而产生"私交化"关系,以保证交易关系能持续不断地确立和发生。其结果是使利益关系各方建立了超越经济、技术上的纽带关系,形成不易被破坏的深层次合作关系。

"私交化"进程一般有三个阶段:建立关系、维持关系和发展长期关系。建立关系阶段是指企业利用各种信息识别出潜在的顾客,并选择合适的渠道进行接触,在此基础上再进行销售;维持阶段是通过协调、沟通等手段使企业与顾客关系初步稳定,愿意持续地购买银行提供的服务和产品。

目前对于国内各金融机构而言,建立关系和维持关系阶段并不难做到,通过传统营销活动可基本实现。但是,要发展长期关系,使双方的关系不断深化,就必须使关系的价值不断提升,这就意味着金融机构要通过不断地以合适的产品和服务来满足客户多重的、变化的需求,为客户提供更高的消费价值和更多的利益。在这方面,提供定制化服务是一个十分重要的方式。也就是说,金融机构应收集客户的个性化信息,分析每一位客户的具体需要,灵活地为客户服务。例如,境外一些金融机构根据客户的具体情况和偏好设立了"投资站",客户可以随手在书架上取阅资料,也可以到咨询台面对面地与投资专家讨论个人理财方案。

### 二、"一对一"营销服务的妙用

"一对一"营销,亦称"121""1-2-1""1对1"营销等,是一种客户关系管理战略,它为企业和个人间的互动沟通提供具有针对性的个性化方案。"一对一"营销的目标是提高短期商业推广活动及终身客户关系的投资回报率。最终目标就是提升整体的客户忠诚度,并使客户的终生价值达到最大化。

"一对一"营销是企业关系营销实现"私交化"的一个重要特点。从关系营销的角度来看,当客户需要服务时,只要他们快速与服务性企业联系就能得到及时服务,他们就可能与服务性企业保持合作关系。因此,金融机构应打破机构设置的条块分割,由单项业务分散开展向多种业务综合协调发展转变,如由客户经理为客户提供全面的综合性金融服务,即由专人为客户提供结算、存款、贷款、承兑、贴现、开证、综合授信等一条龙服务,并为客户提供投资咨询、资产重组及资金安排、理财等新型服务,全力满足客户需求。具体而言,客户经理既要为客户办理开户手续,又要关心客户结算往来,协调结算中可能出现的问题,同时还要密切关注企业的经营状况;既要为客户审查贷款要求、发放贷款,又要代客户办理外汇业务及中间业务服务;既要吸收客户存款,又要推销信用卡、借记卡等各类中介产品;既要为客户设计投资理财方案,又要对客户的资产风险进行全过程动态监控,帮助客户分析和控制风险。

## 延伸阅读

### 美国银行的贴身信用卡服务

威格目前是第一美国银行（First USA）的主席和总裁。第一美国银行是全美最大、最具革新性的发卡银行，发卡类型包括威士卡（Visa）、万事达卡（MasterCard）以及独立的信用卡。威格上任后，全面举行"据您所求"（At Your Request）的方案：银行是"客户的私人助理、管理员、调查员、旅社"四者合而为一，实行全面的客户关系服务。

"据您所求"方案是这样实行的：当客户成为信用良好的持卡人一年以上，第一美国银行会寄函邀请客户参加这项服务方案。客户填写的个人小档案中包括自己近亲的姓名和生日，自己的嗜好、最喜爱的杂志、运动以及文艺活动。"据您所求"方案也有提醒的服务，叫作"及时赶上"（Just-in-Time）。如客户列出周年纪念日、特殊的日子以及重要的事情，他们会在客户希望的时间发通知给客户。

参加"据您所求"方案的客户可以通过电话、电子邮件、互联网取得这项服务。服务人员包括50名左右的顾问和研究员，他们为客户提供三大方面的协助：金融、旅游与休闲娱乐，一般资讯、礼物以及提醒。如果客户的要求涉及买卖，他们必须刷第一美国银行的信用卡付款。但"据您所求"方案只有不到一半的电话涉及买卖，大部分只是咨询。"例如你刚搬新家，需要了解周遭的新环境，我们会寄给你附近学校或其他的资料，让您觉得住起来更舒服。"威格说。"据您所求"方案的利润不能单独从信用卡使用率来看。"扮演管理员的角色有两个功能。首先，让我们更加了解客户，如果有人打电话来问：'爱斯基摩人的小皮艇多少钱更便宜？'我们就又多了解他一点了。如果有人打电话询问关于跟家人度假的事，我们在回答问题的同时可以得知关于他家人的重要资料。比方说，如果我们知道他有一个10岁的小孩，等他15岁半时我们会寄资料给他父母，告知有关新手驾驶的保险。另外，我们实质上的协助可以建立客户对我们的信赖感，不会觉得我们是个推销东西的大型机构。我们发现，当我们偶尔真的向客户做营销时，例如新出炉的、符合他们需求的金融服务项目，他们的回应率比从前高出许多，真是相当不可思议。在我们这一行，1%的回应率算是非常高的了。"

第一美国银行在实行"据您所求"方案时面临的难题是：如何在"考虑公司本身的商业利益以及提供公平客观的建议给客户"两者之间取得一个平衡点。该方案的经济效益部分仰赖于卖方的佣金。例如，客户通过"据您所求"方案的服务前往夏威夷旅游，银行可以从机票和饭店赚到佣金，其他的买卖行为也可以据此类推。第一美国银行已经与数个卖方达成协议，确定银行在介绍客户时有佣金可抽。

但是假设客户只是询问信息，例如客厅摆什么CD音响最好，第一美国银行应该只介绍协作厂家给客户吗？为了自身利益，银行显然应该这么做，但银行的客观性呢？银行应该是客户信赖的代理人，应该将客户的利益放在第一位。

第一美国银行的解决之道其实很简单。当客户需要这类服务时，银行提供一张产品清单，尽量列举不偏不倚的第三方——也许是消费者报告或者别的评比杂志，例如，"根据……，前五名的CD音响分别为……"然后在清单最后列出自己的合作厂商，告诉客户向他们买可以享有优惠价。

很显然，第一美国银行的"据您所求"方案实质上是一个与客户建立学习型关系的方案，通过"据您所求"方案，客户将自己的各类资料告知银行，这就是给银行"上课"的过程，银行因此增进对客户的了解，并据此改进产品和服务，得到客户的满意和忠诚。

（资料来源：http: //3y.uu456.com/bp_28b3v9b5hr7yqpo85n9z_5.html）

### 三、"三层次"营销，提供附加服务，强化核心收益

关系营销分为三个层次：一级关系营销、二级关系营销、三级关系营销。三个层次的关系营销循序渐进，逐层达到关系营销所倡导的效果：与客户建立长期、互利、稳定的"双赢关系"。

一级关系靠价格，是较低层次的关系营销，尽管这种方式对客户看起来很有吸引力，但却很难创造持久的客户关系，因为竞争对手很快就会模仿从而使企业失去优势。

二级关系靠服务的个性化和人格化，其重点在于增进客户的社会价值感知。

三级关系营销靠双方的互惠、互补和相互依赖，是高层次的关系营销，因为关系营销不仅是手段而且是营销哲学，双方的关系式互惠、稳定，将给双方带来长期的价值，可以获得持久的竞争优势。

就金融机构而言，关系营销的基本策略也分为三个层次：

第一层次的关系营销是金融机构通过增加客户财务利益来创造客户价值和客户满意。

第二层次的关系营销是金融机构在为客户增加财务利益的同时，更注重为客户增加社会利益，即银行在了解特定客户需求和愿望的基础上，使自己的产品和服务个性化和人格化，以此增进与顾客的社会联系。

第三层次的关系营销是金融机构在为客户增加财务利益和社会利益的同时，再增加与客户的结构性联系，给客户提供优质的体验。例如，银行为其主要客户提供特定的设备、软件或计算机联网，以及饮料、点心等软服务，为客户营造出宾至如归的氛围。

上述三个层次的关系营销并非平行的，而是递进的，当金融机构与客户真正建立起结构性联系，客户也就转化为金融机构的忠诚客户。目前，我国金融机构制定实施关系营销战略的重点是迅速推进第二层次的关系营销，即根据客户的需求，通过发掘自身优势实现多方位创新，包括技术创新、产品创新、服务创新、管理创新、组织创新、经营观念和银行文化创新等，全面提升客户的服务质量，为客户增加社会利益，使自己的产品和服务个性化和人格化，增进金融机构与客户的社会联系，同时为客户增加财务收益。在条件具备时，有重点、分步骤地开展第三层次的关系营销，将会使金融机构真正掌握客户资源。

## 案例分析

### "三层次"营销，收获百万业绩

11月上旬的一天，一客户持异地卡来网点办理取现5万元业务，柜员立刻受理，就在打印凭证时，有着职业敏感性的柜员观察到该客户账户上还有100多万元的余额。于是不动声色地询问客户最近是否要取大钱用，如果取大钱可提前预约。客户说暂时没有，于是柜员建

议客户：可购买七天滚动理财，利息比活期存款高6~8倍。并告诉客户，"七天步步赢"是专为存款大户设计的高额回报产品。客户被打动，在看了产品说明后欣然同意购买。柜员迅速为其开立理财金卡，并将其卡上100余万元的存款转到了理财金账户，并迅速为其购买了理财产品。客户道谢而去，一个百万存款客户被成功挖掘。

案例分析：

1. 第一个层次："七天步步赢"是专为存款大户设计的高额回报的产品，能真正为客户带来客观的收益。

2. 第二个层次：柜员在发现客户账户里还有大量存款时柜员并非直接地营销，而是从侧面为客户提供个性化理财服务，让客户感受到重视，愿意进一步了解。

3. 第三个层次：团队服务配合给客户带来优质服务体验。由于该户是异地卡，柜员必须为其新开理财金卡，新开卡需主管授权，客户首次理财还需客户经理为其做风险评估，如果在授权与评估过程中拖延时间，业务办理时间过长将极大地影响营销的成功。

## 活动三 树立员工对客户的责任意识

### 一、树立"以客户为中心"的关系营销观念

为顺利建立营销关系，企业服务人员必须树立"以顾客为中心"的关系营销观念。

"以客户为中心"的关系营销观念要求企业高度重视服务质量。服务质量不是简单地符合标准即可，而是要满足客户的个性化需求，具备不断地根据客户的意见和建议创新产品的能力。"以客户为中心"的经营理念要求企业认清其经营的目标在于为客户创造价值，满足客户需要，而不是只关注利润。只有不断提升客户服务质量，注重听取客户的意见，才能获得更多客户，占据更大的市场，企业的利润才有保障。

### 二、深入迎合客户需求

现代营销理念要求企业彻底改变将现有产品推销出去的"产品主义"，改变"有什么就提供什么"的做法，真正了解客户的需求，通过市场营销活动满足不同客户的不同需求，即在提高效益的前提下，贴近客户，找准切入点，"客户需要什么就提供什么"，为客户提供度身定做的、便捷的、个性化的全方位金融服务。

# 任务二 外部关系营销

## 活动一 外部关系营销

### 一、金融机构外部关系营销的内涵

金融机构外部关系营销是把营销活动看成一个金融机构与个人客户、企业类客户、同行金融机构、非同行金融机构、政府机构及其他公众发生互动作用的过程，其核心是建立和发展与这些公众的良好关系。

## 二、金融机构的主要外部关系

### 1. 与客户的关系

客户仍然是外部关系营销关注的焦点,但是外部关系营销把营销重点从每一次单独的销售转变到了与客户发展长期的关系上来。关系营销的目的是使新客户成为长期客户,甚至是企业和产品的支持者,最终成为忠诚客户。

### 2. 与政府部门的关系

国家政策对于金融机构的经营和发展会产生重要影响,金融机构有必要把政府部门作为一个市场来考虑,并制定以公共关系为主要手段的营销策略,以保护自身合法经营,消除意料之外的政策风险。

### 3. 与传统商业企业的关系

传统观念认为金融机构和工厂、超市、商场等传统工商企业并无利益上的关系,保持互不来往的状态,而关系营销强调的是"互利共赢"的思想,与利益不相关者也可创造共赢的合作模式,几方互惠互利,共同发展。

### 4. 与同行金融机构的关系

同行金融机构已从对手关系逐渐转变成长期紧密合作和互惠互利的关系。同行金融机构在产品开发、服务质量、风险和安保等方面进行全面的沟通与合作,可使自身产品既与生产能力相适应,又与客户的需求相适应,降低成本,提高产品标准化程度,避免服务过度多样化,减少同行恶意价格竞争,从而为双方带来更大的利益。双方对产品质量的共同监督和控制有助于提高产品质量,减少因质量问题带来的损失。

## 活动二 拓展外部关系营销

外部关系营销的拓展,是金融机构获取外部利润的重要途径。只有广阔的外部市场才能保证金融机构的不断发展。如何由小到大、由内而外地拓展自身客户群体,并与客户保持良好的主要外部关系,以在市场中占有足够大的份额,是金融机构发展的重要课题。

### 一、大力拓展与客户的关系

#### 1. 保持现有客户关系,利用现有客户进行拓展

现有客户是金融机构弥足珍贵的资源,金融机构可以通过现有客户进行挖掘,层层深入他的朋友圈,利用现有客户作为桥梁,取得其同事、朋友的信任,获得向其同事和朋友推广产品的机会,再通过关系营销,与现有客户的朋友圈建立紧密的营销及服务关系,再利用新建成的关系进一步拓展,这样便会拥有源源不断的客户。当然,这一切要建立与现有客户稳固的关系基础上。

#### 2. 以客户为中心的产品设计

为确保在外部营销拓展的过程中,每一个拓展点都能形成稳固的客户关系,金融机构经营模式应由"以产品为中心"向"以客户为中心"转变,金融机构必须充分理解客户的需求,根据客户的需求量身定做产品及服务,充分满足客户对金融需求和服务的预期,获得客户的信任。

**3. 客户经理营销观念的转变**

此外，还需要客户经理转变为客户关系管理人员，将营销产品的过程转变为建立客户关系即"营销自己"的过程，在完成一次成功的产品营销后应留存客户的联系方式，告知客户如有任何疑惑或需要及时与自己取得联系。客户经理应定期追踪客户对该金融产品的满意程度，搜集意见，将与客户之间的不断联系常态化，使得客户再有金融需求时会第一时间寻求客户经理的帮助。这样，客户经理便完成了从"营销产品"到"营销自己"的转变。

## 二、与政府建立合作关系

通过向合作方提供一些特殊的服务渗透到合作方的内部，与其建立更为密切的关系。如中国工商银行与云南省昆明市政府签署了《中国工商银行与昆明市政府财务顾问协议》，充分运用现代金融服务手段支持地方经济建设，根据协议，中国工商银行将参与昆明市的招商引资活动，利用其丰富的融资经验、专业团队和国内外机构网络，协助昆明市政府为国内外潜在的投资者投资昆明提供指引，为招商项目提供专业融资顾问意见。通过这种为地方政府提供综合金融服务的方式，积极支持地方经济建设，可使企业与地方政府保持长期友好的合作关系。

## 三、与商业企业合作

金融机构可以把金融产品冠以商业企业合作者的名称，既可满足客户的精神需要，又可以达到良好的广告宣传效应。目前国内采取冠名权做法比较突出的是金融卡业务，如民生银行大连分行与麦凯乐商场联合发行了"民生—麦凯乐联名卡"并举行了隆重的联名卡首发仪式，发卡前两天即创下了发卡 1 600 张的纪录，存款接近 60 万元。

## 四、开展同行业间的合作

**1. 开展业务代理**

（1）同业之间的业务代理。

有的金融机构因分支机构少而影响了业务的开展，可通过与其他机构合作把部分业务交由合作机构（外包），以向合作机构付手续费的形式实现双方的互利。

金融机构可以通过代理实现业务的扩张。近年来出现的银行代售保险、代发行基金和债券等就属于金融机构间的合作。在这种合作过程中，保险公司借用了银行的良好信誉和遍布的网点优势，而银行则从保险公司代售的手续费收入中得到实惠。

（2）与客户之间的代理业务。

随着收入结构的不断变化，金融机构的中间业务越来越成为关注的焦点。

**2. 同业间合作投入**

当投资项目较大，一家金融机构不能全部承担投资和风险时，多家机构可联合投入以增强金融支持的强度。多家金融机构共同投入，共同分享利润，分担风险。在这种合作方式下，受益的常常是强势金融机构，中小型金融机构往往需要在政府的干预下才能同分杯羹。

**3. 购买同业或企业部分股份**

这种方式一般用于强势营销。金融机构通过购买股权参与企业和同业的经营，能够加深对其经营状况的了解，并将本机构的经营理念渗透到企业或同业，在业务合作方面能更准确地把握方向，有效控制风险，同时通过这种经营渗透，能够更加直接地从企业或同业的合作中获得利润。

**4. 同业共同开发产品**

这种合作一般用于技术性强、开发费用较高的产品，同业间可共同开发，共享产品资源，以降低开发成本，提高产品质量。这类共同开发的产品往往对客户具有更大的吸引力，在市场上的竞争力较强。

## 延伸阅读

### 招商银行的外部关系营销

招商银行实行的是客户关系导向的营销理念——"因您而变"，"因您而变"集中体现了招商银行以顾客关系为导向的营销理念。"因您而变"的核心就是尽一切努力去满足客户的需求。贝利（Berry）认为关系营销战略有五种，即核心服务战略、关系专门化、服务提升、关系定价、内部营销。

成立于1987年的招商银行经过20年的发展取得了瞩目的成绩，从一家只有1亿元资本金、1个网点和36名员工的地方小银行发展为颇具实力的全国性股份制上市商业银行。2007年招商银行迎来其建行20周年，为此招商银行推出了"招商银行20年：因您而变，成就梦想"的20周年大型系列活动。借建行20周年契机，招商银行开展了一场声势浩大的关系营销活动，系列活动涉及客户、股东、员工、社会公众、报纸杂志、电视广告；政府官员等众多的关系营销对象，成为关系营销生动的成功案例。

1. 媒体营销

招商银行此次系列活动充分运用了电视、报纸、网络、杂志等媒体形式，展开了高密度的宣传攻势。报纸杂志广告运用了《第一财经日报》《经济观察报》《21 世纪经济报道》《财经》等知名财经媒体。在网络媒体的运用上，充分利用了网络的迅速、覆盖面广与互动性强的特点，进行品牌、产品以及活动的宣传推广。在新浪、搜狐和网易三大门户网站上运用了多种不同形式的广告活动进行宣传。

2. 社会责任营销

"招商银行20年：因您而变，成就梦想"活动在主题的确定上引入了慈善的概念，注重社会责任的体现。为此在整个活动中举办了13次的慈善音乐会，并成立了"金葵花儿童成长基金"，还聘请联合国儿童基金会国际亲善大使、世界著名青年钢琴家、招商银行形象代言人郎朗出任儿童基金的亲善大使。近几年，招商银行十分重视履行企业社会责任，一贯奉行"源于社会，回报社会"的宗旨，在贫环保、教育和救灾等方面采取了一系列积极的行动回馈社会。

3. 政府公关

在系列活动中，招商银行进行了有效的政府公关，共有两千多位企业家、二十多万名VIP客户参加了招商银行举办的相关活动，通过答谢会、酒会、音乐会和举办论坛等活动，招商银行有关人员与他们进行了广泛和深入的接触和沟通。

（资料来源：http：//finance.sina.com.cn/hy/20090826/17516668158.shtml）

## 任务三  内部关系营销

### 活动一  内部关系营销的概念

#### 一、金融机构内部关系营销

内部关系营销是指在金融机构内部建立、发展和保持一种服务型文化,从而为金融机构实现其战略目标提供人员保证。内部关系营销把员工看作顾客,通过应用营销方法和手段为员工提供满足和附加价值,潜移默化地影响员工的客户服务意识、服务行为和服务态度,使全体员工中在营销观念、行为取向等方面形成共同信念和准则,最终形成卓越的价值创造系统。它与金融机构的组织文化,即组织各成员所共有的、根深蒂固的价值观和行为准则是一致的,决定着金融机构的经营政策和经营方式。

### 延伸阅读

#### 花旗银行的内部关系营销

以人为本的服务文化是花旗银行通过内部营销提升服务的基础。花旗银行自创立初始就确立了"以人为本"的战略,十分注重对人才的培养与使用。它的人力资源政策主要是不断创造出"事业留人、待遇留人、感情留人"的亲情化企业氛围,让员工与企业同步成长,让员工在花旗有成就感、归属感。"客户至上"是花旗银行企业文化的灵魂。

为了让服务营销有坚实的基础,花旗银行在营销中适时导入了银行内部关系营销理念,根据与客户的关系接触程度,把员工分为四类——与客户直接接触者、间接干涉者、施加影响者和隔离无关者,每一类员工都被作为营销组合中的一个因素。在营销中,花旗银行的管理者首先将银行推销给员工,先吸引员工,再吸引客户,让员工主动去营销和服务客户,效果极佳。

花旗银行的内部关系营销计划分为两个层次:策略性内部关系营销和战术性内部关系营销。策略性内部关系营销是指通过科学的管理、人员职位的合理升降、企业文化方向、明确的规划程序,激发员工主动向客户提供优质服务的积极性。战术性内部关系营销主要采取一系列措施提高员工素质和技能,如经常举办培训班,加强内部沟通,组织各种性质的集会,加快信息的交流与沟通等。在内部关系营销中,花旗银行建立了低成本、高效能的供应链和具有高度凝合力的服务利润链。在供应链中,营销人员、部分联络人员、客户服务代表以及分行经理的工作就是发现未满足的潜在客户并为其提供产品,而不是将产品强加于不需要或不想要的客户。

利润链的作用是把银行的利润与员工和客户的满意连在一起。利润链有五个关节点:① 内部服务质量:高级职员的挑选和培训、高质量的工作环境、对一线服务人员的大力支持。② 满意的和干劲十足的服务人员:更加满意、忠诚和为客户工作的员工。③ 更大的服务价值:效力更大和效率更高的客户价值创造和服务提供。④ 满意和忠诚的客户:感到满意的客户,他们保持忠诚,继续购买和介绍其他的客户。⑤ 巨大的服务利润和增长:优质服务企业的表现。

在花旗银行内部,客户经理们能够得到银行各协作部门的支持和尊重,客户经理部门与其他协作部门紧密相连,各部门协作共同完成一笔业务,同时体现在各部门的业绩上,形成了各个部门之间密切的利益制约关系,强化了团队精神。

(资料来源:http://www.ccmw.net/article/85308.html)

## 二、内部关系营销理念的三个发展阶段

内部关系营销理念经历了三个发展阶段。

第一个阶段是注重员工激励的内部营销阶段。这个阶段的主要观点是把员工看成内部客户,组织通过工作岗位设置让内部客户满意,在实现组织目标的同时实现了员工的事业目标即满足员工的自我实现需求。在这个阶段里,内部营销主要关注的是如何让员工获得满足感。

第二个阶段是注重客户导向的内部营销阶段。这个阶段的内部营销注重培养具有客户导向和销售意识的员工,激励并引导员工对外部客户提供优良的服务。这个阶段不再局限于让企业内部员工满意,更多的是强调培养员工的客户导向意识,这样才能为外部客户提供更有效的服务。

第三个阶段是把内部营销作为变革及战略执行的工具。从企业战略的角度来看,把内部营销看成是整合不同管理职能以及扫清战略变革障碍的工具,把内部营销的概念提高到战略层面。

# 活动二 内部关系营销的目标

## 一、金融机构内部关系营销的目标

金融机构内部关系营销的目标是协调和促进内部所有员工之间、部门之间以及机构与股东之间的相互关系,提升员工的满意度。经过图9-3所示的关系营销,外部的客户获得了满意,并且不断购买产品和服务,同时提升了企业的市场竞争力。

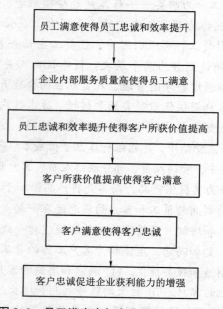

图9-3 员工满意度与企业盈利能力的关系

## 二、金融机构内部关系营销的目标实现机制

图9-3揭示了内部营销增强企业获利能力的机制,具体来说,由于金融产品或服务具有无形性、生产和消费的同一性、客户参与性等特点,所以金融机构员工的工作态度、工作质量至关重要,它直接影响着客户对服务质量的感知,很大程度上决定了客户对机构的满意度和忠诚度。金融机构把内部营销员工看作客户,对员工做出承诺并兑现,表现为通过有效的交流和沟通确保每个员工和每一个部门都提供和接受最好的服务,从而提高效率、减少矛盾与摩擦,实现整个金融机构的有效运转;同时,员工对机构的信任将确保员工工作模式符合该机构的形象、战略、任务和目标,他们在与客户打交道的过程中就能让客户感觉到其提供的服务是专业而周到的。

## 三、金融企业内部关系营销成功的前提

内部关系营销是一项活动,活动的开展需要一个完善的支持平台,否则活动将无法正常进行。

这个支持平台需要满足三个条件:内部关系营销应该是金融企业营销战略的内容之一;管理者必须为内部关系营销过程提供持续的、积极的支持;内部关系营销过程需要管理部门的支持。

**1. 内部关系营销是一项必不可少的营销战略**

金融机构营销不是一项独立的活动,而是一个营销价值链。在这个价值链当中,金融机构内部员工和客户经理具有同等的价值,只是所处的位置有所不同。

与内部员工不同的是,当客户经理对外营销时,他们不仅面临着对外服务的压力,还要接受内部服务和支持的需求。当他们的内部需求得不到满足时,他们对外营销和服务的质量就会下降,就会影响整个营销过程的正常运行。

**2. 各级管理者对内部关系营销的支持**

营销战略是一项全局性的事情,内部关系营销是其中一个重要内容,所以管理者对内部关系营销要有充分的认识。

内部关系营销涉及金融企业的经营理念、企业文化、激励制度、人才的留用、机构的调整等方面。只有得到高层管理者的认可和支持,才能将内部关系营销成功地推广给全行员工。

对于金融机构的"大营销"概念来说,金融机构营销是一种全员性的营销,除客户经理之外的所有人员都是兼职营销人员。要让这部分兼职营销人员具有较好的服务意识和营销能力,高层管理者提供的支持和鼓励是基础。

如果金融机构希望兼职营销人员为客户经理提供好的服务,各级组织中的管理者就必须真正履行自己的职责,并对内部关系营销提供长期的、积极的支持。

**3. 管理部门对内部关系营销的支持**

内部关系营销不仅仅是对员工个体的管理,部门与部门之间的关系协调也是内部关系营销的一个重要内容。

部门之间的关系是整个金融机构对外营销过程中小团队之间的协调。管理部门对内部关系营销的支持表现在为直接接触客户的人员提供后勤服务和业务支持,包括准确地选聘客户经理、进行营销培训、制定激励措施、促进信息的交流和互动、为各项营销活动提供优质的

后勤服务等。

通过开展这些内部关系营销活动，可以减少直接接触客户的营销人员对外营销活动的顾虑和阻力，使外部营销活动顺利开展。

## 活动三　挖掘内部关系营销市场

### 一、内部关系营销市场

找准内部关系营销市场是内部营销的前提，内部关系营销市场包括两个主要方面：一是机构里的每个员工和部门都是内部服务的客户和供应商，当每个员工和每个部门都提供和受到最好的服务时，就可以确保机构最佳运转；二是确保全体员工以与机构阐明的任务、战略和目标一致的方式共同工作。

金融机构内部的全体员工构成了内部关系营销市场。对金融机构来说，内部营销是实施关系营销战略的基础，是关系营销的重要组成部分，也是传统营销观念所忽视的部分。员工是金融机构经营所投入的最活跃、最具能动性的资源。由于与客户面对面直接接触，员工是金融机构形象的具体体现者和沟通各相关利益方关系的具体执行者。员工的素质和工作态度决定着金融机构的声誉、工作效率和经营成果，对金融机构利益产生着决定性影响。如果内部市场的期望与需要不能有效地得到满足，金融机构在最终外部市场上的经营成果将会受到严重影响，将不能与客户建立长期、良好的合作关系。

### 二、细分内部关系营销市场

按不同的需求和特点细分内部员工，是采取有针对性的内部营销措施的前提。由于员工在需求上不可能完全一致，必须因人而异地满足他们的需求。因为个人经历、教育背景存在差异，员工对各种需求的偏重不同，有的人看重物质和工作安全感，对成就感没有什么要求；有的人则十分看重个人职业发展的空间和个人成就感，这样就构成了各种员工需求组合。

由于员工在心理和性格上存在很大差别，要让组织内部的交流和沟通的效果达到令人满意的程度，就必须了解员工的心理类型和性格特征，并针对不同类型的人采取不同的沟通策略和管理方法。例如，对于性格内向的员工需要一对一地进行沟通，需要引导他们的想法，对分配给他们的工作尽量有书面说明。对于外向型员工，集体讨论式谈话比较合适，聆听是一种好的沟通方式；他们通常喜欢在群体中工作，应当避免安排他们在长时间独处的岗位上工作。

### 三、员工的内部诉求

员工在内部营销关系中具有双重身份，他们既是内部营销的对象也是内部营销的实施者，只有了解他们的需求、愿望，开展内部营销才可达到预期效果。

按照马斯洛的需要层次理论，员工的需求层次从低级到高级分为五个层次，以银行为例，应按层次满足员工的需求：

第一是生活需求：银行为员工提供薪酬和工作环境。

第二是安全需求：银行为员工提供安全的工作环境、保险计划和公积金计划。

第三是社会需求：银行对员工采用友善的管理作风、强调团队精神、举办活动等。

第四是受尊重的需求：银行给予员工奖励晋升、专业认可的机会。

第五是自我实现的需求：银行提供有利于员工发展的环境，使员工潜质能得到自由发挥，并有创新机会。

### 四、内部关系营销实施

为满足员工各个层次的需求，达到内部关系营销的目的，金融机构应从以下四个方面着手。

**1. 建立一套科学的选人、用人机制**

金融机构应加快人事制度改革的进程，通过考试面试竞聘上岗相结合的用人办法切实建立起优胜劣汰、适者生存、能上能下、能进能出、能多能少、人尽其才、才尽其用的人才引进淘汰机制和人才使用机制。要进一步拓展员工晋升的渠道，充分创造员工个人发展的机遇和条件。科学地实施员工岗位配置，编制岗位说明书，根据岗位的要求将合适的人员配备到相关的岗位上去，确保员工人尽其才、才尽其用。金融机构可实行适当的岗位和职位轮换，以增加员工对工作的热情，调动员工的积极性。要创造一个公平竞争、公正合理、透明度高的工作和升迁环境，使不同方面的人才有合理地展现和发挥才能的机会。

**2. 建立一套科学的激励机制、分配机制**

加强人才建设、稳定人才队伍，核心是激励机制问题。金融企业必须真正关心员工的利益。留住人才最重要的因素是要有一个具有竞争力和吸引力的薪酬结构。

金融机构可推行年薪制和绩效报酬制相结合的二维工资制度。对管理者主要采取绩效激励制度，根据业绩给予相应的奖金、升迁，也可尝试实行年薪制。未来可考虑结合股份制改造，实行股票期权，调动管理者的积极性。在员工中推行绩效报酬制，实行按岗位定酬、按任务定酬或按业绩定酬的分配办法。推行员工等级管理，通过严格的考核，使员工在自己工作岗位有追求的目标。

员工的利益还包括福利待遇。福利待遇一般与员工的工作绩效不直接挂钩，具有稳定性，福利待遇不当也容易引起员工的不满。目前国有企业的福利基本上没有差异，客观上不能够充分调动每个人的积极性。金融机构应仔细分析员工的需求，制定出各种福利待遇的组合，由员工自主选择，满足员工的不同需要。分配的形式应多样化，不仅仅是货币形式，也可以是提供智力资本培养的机会。

奖励基金是激励员工、调动员工积极性的一个重要手段。通过设立奖励基金，对那些的确有特殊贡献、对本行发展起关键性作用的员工予以奖励。

**3. 加强员工培训力度，提高员工的素质**

培训不仅可以培育人才，也是凝聚人才、促进人才发展的重要手段。金融机构加强对员工素质的教育和培训，主要包括以下两个方面：一方面，要全方位进行关系营销观念和知识的灌输、教育，使各层管理者和全体员工实现观念的转变，真正树立"以客户为中心"的营销观念，掌握关系营销的基本知识，从而能够自觉地、创造性地开展关系营销活动；另一方面，要制订人才培养计划，加强学术交流，加大高级人才海外培训力度，切实进行关系营销技能培训、业务，特别是创新业务培训和规范化服务工作培训，使员工能够掌握和运用关系营销技能，努力培养一批适应未来金融业发展的高级金融人才，全面提高业务能力和服务档次，提供令客户满意的高质量的服务。金融机构可充分利用内部的局域网络，进行在线培训，将不同的培训课程载入内部网，鼓励员工在职、在岗进行自我培训。

**4. 创建以人为本的企业文化，创造凝聚人才、激励人才的人文环境**

金融机构的企业文化关系到机构的生存和发展，它渗透于一切活动之中，是银行的灵魂。企业文化是全体员工衷心认同和共有的企业核心价值观，其形成和发展过程中需要对全体员工进行"灌输"，因此应建立以人为本的企业文化，要重视人的情感情绪，尊重人的价值，最大限度地挖掘人的潜力，营造有文化底蕴的、亲情化的人文环境。

## 案例分析

### 小杜的烦恼

小杜是名校经济学专业毕业生，主修会计。在B银行分行经过半个月的职业道德和综合技能岗前集中培训，已经具备了办理银行业务的基本技能，来到营业网点担任柜员一职。他待人接物慢条斯理，凡事喜欢讲道理，再加上受过高等教育，满脑子现代意识，对待工作愿意动脑筋，讲求付出必得回报。在业务上小杜谦虚地向各位前辈学习，工作之余刻苦练习技能，他认为只有具备过硬的技能才能成为优秀员工，经常缠着业务精湛的老员工请教各种问题，那些老员工们都被他刻苦钻研的精神所打动，都拿出自己的看家本领教他。凭借这种精神，他很快掌握了储蓄的技术和方法，成为优秀柜员。

现如今，受到同类金融机构的竞争压力，B银行业绩不如往年，虽然B银行所在的分行并不准备大幅裁员，也不打算实行提前买断工龄政策，但小杜很快就和其他很多银行职员一样感到危机重重。该行很多员工早就开始了"充电"，业务技能且不说，上夜校、自学考试、进修研究生课程、苦练外语的比比皆是，让单位知道自己除工作之外还有更多的特长，这样即使遇到裁员也会相对比较安全。与一些积极应对的员工相比，还有不少员工选择了"跳槽"。小杜也在时刻准备着有好机会就跳，但他目前对B银行的工作氛围及待遇比较满意，他打算在B银行先干着，看情况再定。同时，他也在忙着准备注册会计师的考试。

一天刚开门营业，一名男顾客就冲进来要求马上提取一笔大额现金，小杜有礼貌地告诉他应该提前一天通知银行做好取现准备。这名要求提款的顾客瞪着小杜，使劲地敲着玻璃窗，都妨碍了旁边的顾客，小杜再次表示，希望这名顾客能坐在后面的长椅上耐心等候。不料，这名在气头上的顾客当场破口大骂，指责小杜的态度恶劣，并立刻拨打了柜台上的投诉电话。正逢全行抓优质服务的关口，分行对此很重视，指示网点领导白主管要对此事严肃处理。白主管考虑到小杜是个新人，一定要给个提醒，让他牢记错误不能重犯，于是他对小杜进行了严厉的批评，并处以罚款，最后还亲自带领小杜向那名客户道歉。但小杜对此处罚表示完全不能理解，自己积极学习业务、辛苦工作的结果到底是什么呢？

**思考：**

1. 在处理小杜的事件中，你如何看待该行的处罚？
2. 运用所学知识为B银行的白主管出谋划策，帮助其提高员工的服务质量。

**任务实战演练：**

1. 结合实际，为身边的商业银行设计一套内部关系营销实施方案。
2. 针对不同同学的性格特点，分析不同性格的人在职场中分别需要怎样的内部营销方式。

# 项目九 金融机构的关系营销

## 项目小结

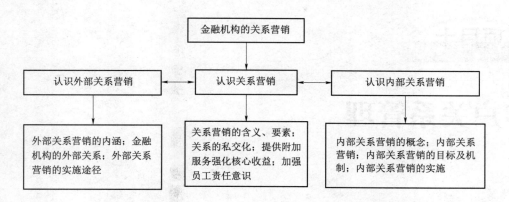

# 项目十

# 客户关系管理

## 引 言

客户关系管理（CRM）是对企业客户进行规划和控制的一项管理活动，是企业管理的重要组成部分。本项目主要介绍了 CRM 的基本理论和实施，使学生确立以客户为中心的行业管理理念并了解 CRM 管理技术的应用。基本理论部分以客户关系管理的内涵、发展历程、流程和功能为重点；实施部分以客户关系管理系统的应用为中心，介绍了运营型、分析型、协作型三种 CRM 类型在实际中的实施与应用。

## 项目学习目标

### 知识目标
1. 了解客户关系管理的含义和起源。
2. 理解客户关系管理的流程和功能。
3. 掌握客户关系管理在实际中的实施及运用。

### 技能目标
1. 具备一定的客户关系管理能力。
2. 能够综合运用客户关系管理理论进行金融行业实际问题的分析，增强解决实际问题的能力。
3. 能够分析 CRM 的发展趋势。
4. 具备一定的 CRM 系统应用及 CRM 项目管理控制的能力。

## 案例引入

### CRM 投资的故事

美国拉斯维加斯的 Sierra 健康服务公司是该州最大的一家医疗保险机构。长期以来，该公司一直牢固地把持着拉斯维加斯的医疗保险市场，几乎控制了这一城市 90% 的市场份额。

然而，随着外部竞争者的不断入侵，特别是某些全国性的医疗保险机构如 United Healthcare 和 Aetna 公司的进入，市场的格局发生了变化。面对激烈的市场竞争，Sierra 公司不得不寻求新的方法，以帮助销售人员改进他们与保险代理商的合作，即 Sierra 需要创造一个针对其客户数据的统一的存取窗口，并且需要更快速、更高效地响应代理商的需求。

Sierra 公司 70% 的营业额是通过代理销售的形式完成的。因此，Sierra 从与代理商合作的销售部门着手，积极寻找新的、可更有效地维护市场份额的销售手段。

调查研究结果表明：如果 Sierra 要想保持现有的市场份额，CRM 是他们所必须采用的一个行之有效的销售方案。过去，Sierra 的每一主要部门——保险的销售、保单的提交以及相应的客户服务，都在各自传统的数据库系统中存放着相互分离的信息。因此，只有通过不断的电话联系和不断把来自不同传统系统的报告充分加以综合之后，才能得到关于各代理商的客户或各独立工作部门的一个统一的信息存取窗口。在采用 CRM 方案之前，Sierra 的销售人员与代理商的业务交往以及公司政策的传达主要依赖于书面形式。

Sierra 的官员们认识到：部门之间低效率的通信手段意味着销售人员必须花费大量时间收集和录入相关的信息，这使他们很难走出他们的办公室进行现场销售。而且，一旦销售人员跳槽，很多有价值的代理商及客户信息将随之丢失。

因而，Sierra 决定采用 CRM 系统，它是较早采用 CRM 系统的健康保险公司之一。Sierra 采用的是华盛顿 Onyx 软件公司的 Onyx Front Office CRM 软件，它能够把 Sierra 不同部门的传统系统数据库连接在一起。

Onyx Front Office 运行在微软公司的 Windows NT 和 SQL Server 数据库上，允许销售以及代理商从一个单一的接口存取所有的有关公司客户的数据。

令 Sierra 感到吃惊的是，平日工作缺乏计划性和低效率的销售人员以充分的热情接纳了这个新的 CRM 系统。他们认为新的 CRM 系统可使某些传统方法难以组织的信息更具条理性。但与此相反的是，那些销售业绩较好的销售人员对公司的这一新的、昂贵的合同追踪系统持否定态度。这些人认为只有他们自己处理代理商合同的方法才是最好的，因此他们不肯采用任何新的方法。

这一系统从安装到具体应用共花了四个月的时间，包括咨询服务、系统实现以及技术培训，总共投资了一百多万美元，管理层不允许将这一昂贵的新系统闲置在一边。因此，该公司决定把每一销售代表的工资收入与他们对 CRM 系统的使用直接联系在一起。销售代理商必须使用这一新的系统录入代理销售的信息，否则代理商们将得不到相应的收入。第二年，Sierra 便看到了显著的投资回报。销售代表们发现，使用这一系统他们将更快地与代理商达成更多的生意，因为新的公司数据仅需一次而不是多次便可同时录入多个系统。

例如，过去由于各部门信息的重复性录入，客户需要 2~4 个星期才能得到他们的保险卡。而使用 CRM 系统后可充分实现数据的共享，录入到某一数据库中的数据能够同时进入其他相关的数据库系统，保险卡登记后当天便可打印出来，并可立即寄到客户手中。

销售周期的缩短使每一销售代表的销售额显著增长。另外，CRM 的使用也进入了 Sierra 的客户服务部门。自从采用 CRM 系统以来，Sierra 公司的客户量增加了 15%。据悉，已经尝到 CRM 系统带来的好处的 Sierra 公司还将向代理商提供新的在线报价服务。

（资料来源：http://www.docin.com/p-531000203.html）

思考：
1. 面对激烈的市场竞争，Sierra 健康服务公司需寻求什么方法来维持原有的市场份额？
2. Sierra 健康服务公司采用 CRM 系统前后客户及销售的数据信息有何区别？
3. Sierra 健康服务公司实施 CRM 项目，所有销售人员都支持吗？公司采用了什么措施来保证 CRM 项目顺利实施？
4. CRM 项目实施后，Sierra 健康服务公司有哪些收获？

# 任务一　认识客户关系管理

## 活动一　客户关系管理的含义及产生

### 一、客户关系管理的含义

客户关系管理（Customer Relationship Management，CRM）最早由 Gartner Group 提出。他认为，客户对企业而言是一种无形的资源。客户关系管理就是为企业提供全方位的管理视角，赋予企业更完善的客户交流能力，最大化客户的收益率。

而卡尔松营销集团（Carlson Marketing Group）、IBM 等企业也对客户关系管理有不同的认识。因此世界对客户关系管理目前还没有一个统一的表述。

综合所有客户关系管理的定义，我们可以将其理解为理念、技术、实施三个层面。其中，理念是 CRM 成功的关键，是 CRM 实施应用的基础和土壤；信息系统、IT 技术是 CRM 成功实施的手段和方法；实施是决定 CRM 成功与否、效果如何的直接因素。三者构成 CRM 稳固的"铁三角"。

总之，客户关系管理是一个利用现代信息技术并依靠互联网技术来吸引、保留和维护客户，并实现客户满意度、客户忠诚度和客户利润最大化的连续的过程，如图 10-1 所示。

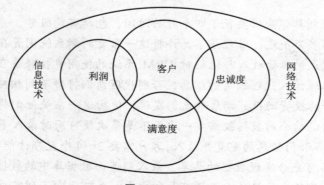

图 10-1　CRM

### 二、客户关系管理的产生

20 世纪 50 年代以来，随着第三次科学技术革命的兴起，社会产品供应量迅速增加，市场竞争进一步激化；同时，消费者有较多的可支配收入和闲暇时间，对生活质量的要求提高，消费更加多样化。企业的生产方式也从原本的以产品为中心向以客户为中心转变，考虑的问题从提供什么产品和服务方面逐步扩展到了怎样使客户满意，各类客户管理的理论也随之产生。

"接触管理"（Contact Management）产生于20世纪80年代的美国，即专门收集客户与企业联系的信息。

1985年，巴巴拉·本德·杰克逊提出了"关系营销"的概念，它是同客户和其他重要的"公司利益分享者"建立良好关系的一类营销，找出高价值的客户和潜在客户并通过人性化的关怀使他们同企业产生"家庭式"的亲密关系。这也使人们对营销理论的研究产生了一个新的方向。

"客户关怀"（Customer care）产生于20世纪90年代，它在数据库营销的基础上提供了加强企业与客户之间关系的初步手段，包括通过电话服务中心支持资料分析。

企业开展营销必定要涉及怎样去开发客户资源、怎样去建立和维护与客户间的关系、怎样更好地去满足客户的需求。在这样的社会背景下，客户关系管理理论应运而生。

客户关系管理理论最早起源于美国，是在传统的"接触管理""关系营销""客户关怀"基础上产生的，如图10-2所示。它的产生，一方面肯定了"接触管理""关系营销""客户关怀"对企业自身和客户的价值；另一方面说明了它们存在诸多不足。从某种意义上讲，"接触管理""关系营销""客户关怀"主要偏重于完善企业的管理思想，但它们做得不够彻底，同时没有得到管理技术的有力支撑，所以它们被CRM取代就具有一定的必然性。

图 10-2  CRM 的发展历程

## 活动二  客户关系管理的流程

### 一、识别客户

客户识别就是通过一系列技术手段，根据大量客户的特征、购买记录等可得数据，找出谁是金融机构的潜在客户、客户的需求是什么、哪类客户最有价值等，并把这些客户作为金融机构客户关系管理的实施对象，从而为机构成功实施客户关系管理提供保障。图10-3是客户识别的过程。

识别客户的方法主要有：普遍识别法、广告识别法、介绍识别法、查阅资料识别法、委托助手识别法、客户资料整理法、交易会识别法。

**1. 普遍识别法**

普遍识别法也称逐户寻找法、地毯式寻找法或走街串巷法，即在特定的市场区域范围内，针对预期的客户，用上门、邮件或者电话、电子邮件等方式对组织、家庭或者个人无遗漏地进行寻找与确认的方法。例如，信贷企业在展业时，可以利用走街串巷的方法在营业网点所划分的区域内发掘客户，保险公司可以利用电话等方式来识别客户。

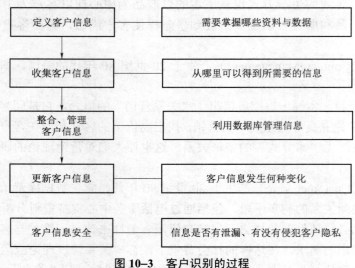

图 10-3 客户识别的过程

**2. 广告识别法**

广告识别法是金融产品销售人员利用各种广告媒介识别客户的一种方法。这种方法的基本步骤是：向目标客户群发送广告，吸引客户上门展开业务活动或者接受反馈展开活动。

**3. 介绍识别法**

介绍识别法是金融产品销售人员通过他人的直接介绍或者提供的信息进行客户识别，可以通过熟人、朋友等，也可以通过企业的合作伙伴、客户等进行介绍，主要方式有电话介绍、口头介绍、信函介绍、名片介绍、口碑效应等。

**4. 查阅资料识别法**

通过查阅资料识别客户既能保证一定的可靠性，也能减小工作量，提高工作效率，同时可以最大限度地减少销售工作的盲目性和客户的抵触情绪，更重要的是，可以展开先期的客户研究，了解客户的特点、状况，提出适当的针对性策略等。

**5. 委托助手识别法**

委托助手识别法在国外用得比较多，一般是金融产品销售人员在自己的业务地区或者客户群中，通过有偿的方式委托特定的人为自己收集信息，了解有关客户和市场、地区的情报资料等。老业务员有时可以委托新业务员从事这方面的工作，对新业务员也是一个有效的锻炼。

**6. 客户资料整理法**

客户资料整理法本质上属于"查阅资料识别法"，但是又有其特殊性，它强调客户资料管理。现有的客户、与企业联系过的单位、企业举办活动（如公关、市场调查）的参与者等信息资料都应该得到良好的处理和保存，这些资料积累到一定的程度就是一笔财富，在市场营销精耕细作的今天尤为重要。例如，产品销售人员在营销产品时就可以充分查阅和利用客户名单。很多企业都有完备的客户名单，这个时候，如果销售员联系名单上的老客户，将会给自己带来非常好的业绩。同时，与老客户维系好关系也会带来更多新客户。

### 7. 交易会识别法

国际国内每年都有不少交易会，如广交会、高交会、中小企业博览会等，要充分利用。交易会不仅实现交易，更重要的是寻找客户，联络感情，沟通了解。

**延伸阅读**

## 大堂经理的客户识别方法

1. 客户进门或取号前的识别与判断（大堂经理应通过观察客户外在特征和基本行为判断客户价值），可以分为以下情况：

（1）发现客户为熟悉的贵宾客户，进入现有贵宾客户引导流程。

（2）发现客户具备潜在贵宾客户特征，可寻找恰当时机，介绍 VIP 活动或相应产品与服务。

（3）未发现客户具备显著外在特征，暂无法判断价值，帮助客户取号。

2. 客户取号时的识别与判断。

大堂经理应通过询问客户办理业务类型并综合客户外在特征进一步判断客户价值。

如果客户办理的业务为存、汇或购买理财产品等涉及金额的产品，客户没有明显的潜在贵宾客户外部特征，在经过上述步骤尚未判定客户价值的情况下，大堂经理应试探得出客户办理业务的金额，符合识别特征的应进入潜在贵宾客户引导流程，不符合识别特征的应进入普通客户分流引导流程。

举例：

大堂经理："您好，请问您办理什么业务？"

客户："存钱。"

大堂经理："5 万以下的存款拿卡可以直接到 ATM 上直接办理，不用排队。您要存多少？"

在客户已经有明显的外部特征，被初步判定为潜在贵宾客户的情况下，应通过试探进一步确认客户的价值。如果客户符合潜在贵宾客户但是办理业务为小额业务，则需要通过柜台接待和客户价值判断进一步确认。

3. 询问客户办理业务类型或受理咨询时的识别与判断。

当客户出现下述三种情况，且未发现客户有之前步骤所述的潜在贵宾客户识别特征时，大堂经理进入普通客户分流引导流程：

（1）客户办理小额存取业务（2 万元以下）；

（2）客户办理汇款业务（5 万元以下）；

（3）客户办理缴费类业务（当地平均水平以下进入普通客户分流引导流程；超大额缴费应进行客户价值判断）。

4. 在引导客户填写业务凭证时，根据凭证上填写的客户信息进行客户价值判断；除金额大小外，还应考虑如下内容：

（1）客户住址、客户工作地点为高档住宅区或高级办公区；

（2）客户单位为优质企业；

(3)客户填写的电话号码为较特殊号码;
(4)客户信用卡种类;
(5)客户抱怨信用卡额度不够。

5. 根据客户的行为特征判断客户价值。

当客户关注网点推荐热销理财产品信息、客户取阅折页时,大堂经理应首先确认客户是否对产品感兴趣并采用一句话营销话术进行试探。

6. 外表识别的着眼点。

(1)通过年龄、性别、衣着识别。一个客户大约在30~60岁的黄金消费阶段,相对于尚在学习期或者上升期的客户一定有更多的积累。在衣着方面,一个穿着名牌衣服的客户可能更有潜质发展成高端客户;一个戴眼镜的客户群体更可能接受从数据、理性等若干角度阐述问题。

(2)交通工具。可以通过自驾车的车型、是否有司机等几个方面来洞察客户的经济情况。

(3)饰品及携带品。主要观察客户所佩戴的首饰、皮带、手表属于什么品牌,辨别客户所用的皮包、手机、书刊等,基本能够判断客户的品位和资产情况。

7. 重点客户细分:20~60岁年龄层的客户。

对这个年龄跨度的客户可以进行简单的细分,比如:

(1)20~30岁年龄层次是年轻的人群,他们可能愿意接受一些新事物,并且接受新事物的能力都比较强,愿意进行尝试,同时消费观念比较超前。对于这个年龄层次可以向他们推荐一些银行卡类业务、电子银行(网上银行),甚至是一些贷款类业务。

(2)30~45岁年龄层次,中年人群,他们都已经成家立业,有一定的经济基础,理财观念比较稳,很多人没有过理财经历。对于这类人群可以推荐一些理财类的业务:组合储蓄、国债、银行保险和基金等。宣传这些业务的高收益、低风险性,还可以让身边的得到收益的客户给他做成功示例,效果会很好。

(3)45~60岁年龄层次可以认为是近老年人群,思想比较保守,同时这部分人群储蓄的主要目的基本上并不是为自身使用或者消费,都是为了下一代,目的性很明确。对于这类人群,可介绍一些基本的储蓄业务、教育储蓄等。

(资料来源:王访华《做最好的银行大堂经理》出版社:广东经济出版社 出版日期:2014年7月1日)

## 二、区分客户

依据客户对企业的不同价值和重要程度,可将客户区分为不同的层级,从而为金融机构的资源分配提供依据。图10-4为区分客户的步骤。

对客户进行区分的方法主要包括ABC分析法、RFM分析法和CLV分析法。

### 1. ABC分析法

ABC分析法又称帕累托分析法,也称为"80/20"规则。它是根据事物在技术或经济方面的主要特征进行分类排队,分清重点和一

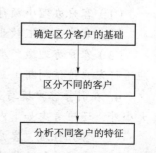

图10-4 区分客户的步骤

般,从而有区别地确定管理方式的一种分析方法,如图 10-5 所示。由于它把被分析的对象分成 A、B、C 三类,所以又称为"ABC 分析法"。

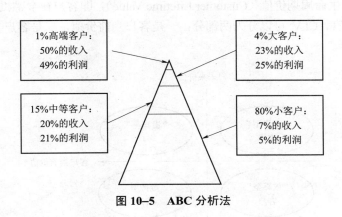

图 10-5　ABC 分析法

### 延伸阅读

#### ××银行的客户区分

根据客户的忠诚度、客户规模与信用等级将其划分为以下四类:

1. 高端客户:这类客户对银行经营有较高、较大且持久的贡献度,如有较大的结算流量、较多的资金沉淀量,为银行提供了可靠、稳定的信贷资金来源,是银行信贷资金的优质使用者;为银行有效贷款的投放提供了保证;是银行发展外汇业务、各类中间业务、按揭业务和其他新兴业务的长期忠诚合作者。

2. 潜力客户:这类客户可能尚处于成长期,对银行的贡献暂不能显现,但通过科学的预测和分析,并随着银企合作深度的增加,其发展前景将是非常大的,对银行的贡献将会逐年提高。

3. 中端客户:这是自身无发展潜力,银企业务合作也无潜力的客户。这类客户的基本特征是企业管理落后、产品滞销,经营濒临绝境,又无起死回生能力,如即将破产的企业、重复建设企业、产品无市场前景的企业等,这类客户不仅无助于银行业务的发展和效益的提高,而且会成为银行的负担和累赘。

4. 低端客户:指那些虽然对银行效益的提高无妨碍,但也无任何促进作用的一般客户。如仅有少量的沉淀资金或零星的结算业务,而在其他合作业务上一片空白。这类客户只会浪费银行的人力费用和设备配置,妨碍银行人力和设备等资源的优化配置。

**2. RFM 分析法**

RFM(Recency Frequency Monetary)是衡量客户价值和客户创利能力的重要工具和手段。RFM 是根据客户购买间隔、购买频率和购买金额来计算客户价值的一种方法,其中,R 表示客户购买间隔,即客户上一次购买距离现在的时间;F 表示购买频率,即客户在限定的时间内所购买的次数;M 表示购买金额,即在一定的时间被购买企业产品的总额。有些学者用购买数量（A（amount））来代替购买金额，因此，RFM 法又被称为 RFA 法。

**3. CLV 分析法**

CLV 是指客户生命周期价值（Customer Lifetime Value），即客户在金融机构的整个生命周期内为企业创造的价值。CLV 可以分为两部分：一是客户当前价值，二是客户未来价值。CLV 分析法如图 10–6 所示。

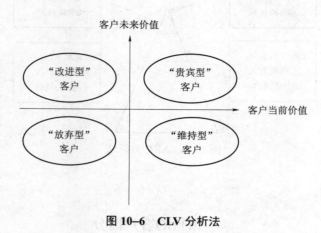

图 10–6　CLV 分析法

图 10–6 中共有四个象限：

"贵宾型"客户是最具有价值的客户，其既有很高的当前价值，也有很高的潜在价值，是金融机构当前业务的核心。

"改进型"客户是最具有成长性的客户。他们目前价值很低但具有很高的未来价值，是金融机构需要着重培养的客户。

"维持型"客户是普通客户，指有一定价值但数额较小的客户。

"放弃型"客户是负值客户，根本无法为金融机构带来足以平衡相关服务费用的利润。

## 三、客户互动

**1. 客户互动的含义**

客户互动是指金融机构与客户间信息的交流与交换。互动的主要目的是从客户那里直接获得更多的信息，从而向该客户提供竞争对手所不能提供的服务，因为他们并不拥有这些信息。

从本质上来看，客户互动就是金融机构同客户共同合作、协同努力，一起促进这笔交易。金融机构关注的重点是达成一种交易，进而建立一种关系。可以说，互动是由参与关系的双方所进行的双向的交流来体现的。

从互动的方式上来看，客户互动包括面对面的互动、电话和短信互动、书信和 E-mail 互动、语音自动应答互动，以及网上的即时通信、在线留言、网络论坛、在线客服互动等。

双方互动的内容包括产品或服务信息咨询与介绍、客户关怀管理、客户投诉处理、客户抱怨及其挽救、客户异议及其处理等。

**2. 客户互动的类型**

金融机构与客户之间的互动类型可以根据不同的标准来加以区分。例如，按照参与的互动方是人工还是机器可以分为人工互动和机器互动；按照互动的方式可以分为个人互动和媒体支持互动；按照互动双方的同步性可以分为同步互动和不同步互动等。

除此以外，上述的不同分类标准还可以组合起来进行客户互动类型的划分和比较，如表10-1所示。

表10-1 客户互动的类型

| 互动方 | 人工 | | | 机器 | |
|---|---|---|---|---|---|
| 互动方式 | 个人互动 | 媒体支持互动 | | | |
| 同步性 | 同步 | 同步 | 不同步 | 同步 | 不同步 |
| 模拟沟通能力 | 高 | 中 | 低 | 很低 | 很低 |
| 数字沟通程度 | 中 | 高 | 高 | 很高 | 很高 |
| 提升潜能 | 中 | 高 | 很高 | 很高 | 很高 |
| 适应能力 | 很高 | 高 | 高 | 低 | 低 |
| 面向客户类型 | 高价值客户 | 大众客户 | 大众客户 | 大众客户 | 大众客户 |
| 需要支持类型 | 咨询与沟通 | 时间性比较关键的信息与交易 | 标准化的信息 | 自助服务 | 简单信息 |
| 举例 | 个人对话 | 视频会议、银幕共享、电话、闲聊 | 书信电子邮件 SMS | IVR 即互动式语音应答、自助服务助理和基于网络的自助服务 | 自动 SMS 应答、自动电子邮件应答 |

## 延伸阅读

### 招商银行的客户互动

**一、招商银行简介**

招商银行成立于1987年4月8日，是中国第一家完全由企业法人持股的股份制商业银行，总行设在深圳。由香港招商局集团有限公司创办，并以18.03%的持股比例任最大股东。招商银行成立以来，秉承"因您而变"的经营服务理念，不断创新产品与服务，在中国的商业银行中，招商银行率先打造了"一卡通"多功能借记卡、"一网通"网上银行、双币信用卡、点金公司金融、"金葵花"贵宾客户服务体系等产品和服务品牌，取得了巨大成功。

**二、招商银行与客户的互动途径**

1. 邮件轰炸

拥有招商银行信用卡的客户普遍素质高、单位价值高、邮箱使用率高，因此每隔一段时间，这些客户的邮箱里都会收到招商银行的广告信息，这些广告页面设计精美、附加价值高、价格优惠。让客户欲罢不能，流连忘返。单击页面中的某些链接，客户的消费习惯、日常爱好就会记录在招商银行的客户信息系统中，这样，招商银行便能更迅速地掌握客户信息。

2. QQ互联

QQ互联是QQ空间为第三方网站、媒体提供的开放平台，主要包含喜欢组件、分享组件和连接QQ空间等九大社交组件，帮助第三方网站、媒体与QQ用户进行长期的互动。以招商银行信用卡为例，QQ 用户只要单击"喜欢"按钮，就能轻松地成为招商银行信用卡的粉丝；通过单击其他相关组件按钮能快速、便捷地实现各种功能。

凭借 QQ 互联，招商银行已经在信用卡产品与用户之间打造出兼具"产品信息发布"与"用户沟通互动"这两大功能的 QQ 认证账户空间。通过这一互动、沟通平台，招商银行不仅能够发布信用卡的相关最新信息，发布最新的团购、积分活动，也可以解答用户有关办理信用卡的相关问题，及时了解用户的反馈信息，并与用户进行深度互动。另外，在此平台上，用户们也可以相互进行交流与资讯分享。

3. 举办客户交流会

（1）在厦门举办了"金色人生"养老业务交流会（与企业畅谈养生规划，打造美好的退休生活）。

（2）主办全国煤炭行业年金业务交流会。

（3）与华润集团举办了银企合作交流会。

（4）与新东方携手举办 VIP 大型家庭教育交流会。

（5）招行湘潭支行成功举办了中小企业客户融资产品交流会。

（6）与百泰首饰联手举办了尊崇客户专场交流会。

（7）招行武汉分行通过晚宴高尔夫加强高端客户交流。

**精彩推荐**

一网通论坛

| 境外刷卡赢IPhone+iPad，每月63台！！ | 一卡通 |
| 2012年各分行活动汇总 | 一卡通 |
| 空中银行大讲堂活动 | 一卡通 |
| 2012年专业版UKEY优惠活动 | 个人网银 |
| 关于防范电话诈骗的风险提示！ | 综合讨论 |
| 安全网上支付·谨防假网站 | 个人网银 |
| <<<<<网银常用下载资源汇总>>>>> | 个人网银 |
| 网上支付"身份验证"功能 | 个人网银 |
| 招商银行网上个人银行安全小贴士 | 个人网银 |

### 三、招商银行与客户互动的具体方式

| 互动方 | 互动方式 | 主要对象 | 频率 |
|---|---|---|---|
| 电话银行中心 | 95555 咨询电话 | 个人、公司、信用卡客户 | 7×12 小时服务 |
| 客户经理 | 直接接触 | 个人、公司、同业客户 | 持续 |
| 产品经理 | 直接接触 | 个人、公司、同业客户 | 持续 |
| 营业网点 | 直接接触 | 个人、公司、信用卡客户 | 持续 |
| 互联网网站 | www.cmbdchina.com | 个人、公司、信用卡客户 | 7×12 小时服务 |
| 营销人员对客户的回访、联谊或者培训 | 直接接触 | 个人、公司、同业客户 | 持续 |
| 自助设备 | 操作终端 | 个人、公司、信用卡客户 | 7×12 小时服务 |
| 信箱 | 信访邮箱 | 个人、公司、信用卡、同业客户 | 7×12 小时服务 |

（资料来源：http://www.cmbchina.com/）

### 四、客户个性化

**1. 客户个性化的含义**

客户个性化是一种有针对性的服务方式，根据用户的设定来实现，依据各种渠道对资源进行收集、整理和分类，向用户提供和推荐相关信息，以满足用户的需求。

**2. 客户个性化的过程**

（1）识别客户个性化需求。

需求是指客户有能力实现的、对某一产品或服务的渴求。随着人们的消费水平的提高及网络技术在人们日常生活中的广泛应用，人们的生活方式发生了十分深刻的变化，人们越来越追求个人心理上的满足，喜欢个性化的产品，崇尚个性化消费，从而带来客户需求的个性化。因此，金融机构不仅需要了解客户普遍的、共同的需求，更重要的是掌握不同客户的个性化需求。

（2）分析客户价值差异。

不同客户能够给金融机构带来的价值存在很大的差异。金融机构应当能够区分高价值客户和低价值客户。

（3）弄清企业的优势和劣势。

不同金融机构所拥有的资源千差万别，并且所拥有的资源是有限的，因此金融机构无法满足所有客户的需求，而只能满足某一部分客户的需求。金融机构在试图满足客户需求之前必须弄清楚自身所拥有的优势和劣势，扬长避短。

（4）根据客户需求、价值及企业现状选择客户。

面对多样化的客户，金融机构需要综合考虑客户需求、价值及自身的状况，来决定为客户提供哪种产品和服务。

① 对那些能够为金融机构带来高价值，且机构的资源和能力能够满足其需求的客户，是

金融机构重点选择和维持的客户。

② 在很多时候,金融机构明白有哪些客户是非常有价值的,能够为机构带来丰厚的利润,但是由于自身资源、能力的限制,难以在现阶段为这些客户提供他们希望的产品或者服务。那么,这些客户是企业在未来恰当的时机加以选择的客户。

③ 对那些金融机构很容易满足其需求,但是客户不能为机构带来高价值的客户。金融机构有两种选择:其一是不对其投入大量的资源,维持现状;其二是针对这些客户的需求,开展相应的营销活动,将这些客户转变成能够为企业带来高价值的客户。

④ 对那些金融机构现有的资源和能力难以满足其需求,同时又不能为金融机构创造高价值的客户,则不应当将其列入客户群体。

(5) 实施不同的营销模式。

金融机构在将客户区分不同的群体之后,结合客户的特征,可以设计和制定与客户互动的策略以及提供相应的产品或服务。在金融机构选定的、希望满足其需求的客户群体中,依然存在需求和价值的差异。那么,金融机构可以根据客户价值及需求差异大小,实施不同的营销模式。

① 对于那些无法为金融机构带来丰厚利润,但是又具有个性化需求的客户,金融机构不应将其作为目标客户群体,需要放弃这部分群体。

② 对于那些具有相似需求而又无法为带来高额回报的客户,金融机构可以采取大众的市场营销方式。由于该客户群体的需求无差异,因此可以用同一种产品来满足这些客户群体的需求。

③ 对有相似需求、能够带来高价值的客户群体,金融机构可以采取频次营销的方式。所谓频次营销,是指金融机构采用一定的手段鼓励客户多次购买本机构的产品,以提升销量。

④ 对能够为金融机构创造高价值、但是有不同需求的客户,金融机构应当实施定制营销的方式。所谓定制营销是指金融机构根据每个客户的不同需求,单独设计、生产产品并迅速交货的营销方式。

## 案例分析

### 花旗银行台湾分行的呼叫中心

花旗银行与旅行者集团合并后,其市价一度高达 3 000 亿美元以上。花旗银行凭借卓越的声誉和优质的服务成为世界银行业当之无愧的领军者。但花旗银行进入我国台湾的时间很晚,因此,在金融同业中并没有经营网点的优势,截至 1999 年 8 月花旗银行在全台湾只有 10 家分支机构。因此,如果仅靠经营网点吸引办理业务的客户,花旗银行将可能达不到营业网点的成本界限,同时网点少也让许多既有的客户深感不便。在花旗台湾分行考虑自身发展时,其管理者认为网点在现代金融行业竞争中的地位已大大下降,一方面,客户渴望得到随时、随地、随身的金融服务,另一方面,把银行提供金融服务的多种渠道相比较,电话中心是比较适合当前客户的应用需求,且费用也相对低廉的方式。花旗银行内部评估了多种金融服务方式的成本,认为每位客户的理财成本到银行网点办理为 120 元,通过电话由专人提供理财为 60 元,自动提款机为 20 元,电话语音系统为 10 元,网络银行为 5 元。根据银行客户的情况和市场环境以及网络的发展，花旗台湾分行决定先行建设呼叫中心，为客户提供电话银行服务，来弥补自身网点较少的缺陷，并力争获得更多的客户资源。

在花旗银行台湾分行建成的呼叫中心里约有280位专业电话理财员，每月为120万人次的客户提供服务。客户只要打一个电话就能办理银行信息的查询、确认等业务，理财、转账和基金、外汇买卖等工作则由电话理财员来办理。花旗台湾分行采取了各种方式提高理财人员的服务水准。首先，呼叫中心的每位理财人员都经过严格的银行业务培训和谈话技巧的训练；其次，在呼叫中心内部实现客户知识的积累和共享；最后，如果有问题，呼叫中心监听服务电话的主管会随时就需要改进的电话提出建议，从而使呼叫中心无论在规模、响应速度、服务质量、运营效率还是成本方面都达到一个相当高的水平，具备了自己的优势。花旗台湾分行的呼叫中心也因此曾被评选为亚洲最有创意和经营效率的呼叫中心。

为了保证呼叫中心持续保持高水准的服务并不断改善运营质量，花旗银行台湾分行制定了一系列的指标衡量和评价呼叫中心的运营情况，这些指标包括接电话的平均时间、电话未接通比率和占线率、电话平均等待时间、自动语音系统的处理问题比率和反应、服务人员回答的正确程度、客户满意度等。银行根据这些可衡量的指标进行调查和分析，并对照指标采取改善措施。

花旗银行台湾分行不仅把呼叫中心视作服务的主要渠道，更要求其与营销等业务结合，同时能为银行管理者决策提供参考意见。在支持业务方面，花旗银行要求话务人员不仅要正确解答顾客的问题，还要千方百计地为顾客提供额外的服务。即使在处理顾客投诉时，也要态度良好，不能引起顾客的不满，并要尽量挽留客户。此外，花旗银行还与快递公司合作，为顾客提供送货到门的快递服务等。在支持决策方面，呼叫中心可为管理者提供市场和客户状况的监控、分析和报告，比如有一段时间呼叫中心的话务量大增，经分析是因为当期花旗银行新出台的信用卡利息办法让许多客户有意见，银行决策者得到这个信息后立即采取了正确的措施改进工作。

思考：
1. 花旗银行台湾分行的呼叫中心为客户提供了哪些服务？
2. 花旗银行如何持续保持高水准的服务并不断改善运营质量？

## 活动三　CRM系统的功能

在目前市场竞争激烈、客户资源作用凸显的环境下，越来越多的金融机构开始应用CRM系统。由于CRM系统本质上是面向企业前台应用的管理信息系统，其本身蕴含了CRM的管理理念和管理思想以及先进的信息技术，因而其实施具有一定的程序性和复杂性。只有深入分析研究CRM系统功能，建立完善的、科学的CRM系统，才能使金融机构主动开展组织架构、工作流程的重组，同时面向客户的各项信息进行集成，实现对客户活动的全面管理；在实现客户满意度和忠诚度全面提高的基础上，真正形成以客户为中心的企业经营理念，从而建立金融企业不可复制的核心竞争优势。CRM系统主要包括以下几个功能。

### 一、市场管理功能

市场管理功能能帮助市场专家对客户和市场信息进行全面的分析，从而对市场进行细分，产生高质量的市场策划活动，指导销售队伍更有效地工作。市场管理功能可以对市场、客户、产品和地理区域信息进行复杂的分析，帮助市场专家开发、实施、管理和优化相应的策略。市场管理功能还可以为销售、服务和呼叫中心提供关键性的信息，比如产品信息、报价信息、金融机构宣传资料等都由市场管理模块提供。市场管理功能通过数据分析工具，可以帮助市场人员识别、选择和产生目标客户列表。市场管理功能还可与其他的应用模块相集成，确保新的市场活动资料自动地发布给合适的销售、服务人员，使活动得到快速的执行。市场管理功能的主要内容有：营销活动管理、市场计划管理、市场情报管理、市场分析等。

### 二、销售管理功能

在 CRM 系统中，销售管理功能主要管理商业机会、客户账目以及销售渠道等方面。该功能把金融机构的所有销售环节有机地组合起来，这样在金融机构销售部门之间、异地销售部门之间以及销售与市场之间建立了一条以客户为引导的流畅的工作流程。销售管理功能能确保金融机构的每一个销售代表（包括移动和固定销售代表）及时地获得最新信息，包括最新动态、客户信息、账号信息、产品和价格信息以及同行业竞争对手的信息等。这样销售代表同客户面对面的交流将更有效，成功率将更高。销售管理功能主要包括从市场管理功能中获取销售线索信息并转化商机后，提出销售报价、签订销售合同、结算佣金、开出销售订单、收回销售货款、编制销售计划、进行销售分析等，实现销售的全过程管理，同时为下一个环节提供销售服务需求，形成服务管理功能的数据来源。销售管理功能应设置的内容有：线索管理、商机、销售报价、销售合同、佣金、销售订单、收款、销售计划、销售分析等。

### 三、服务管理功能

服务管理功能主要用于快速及时地获得问题客户的信息及客户历史问题记录等，这样可以有针对性并且高效地为客户解决问题，提高客户满意度，提升金融机构的形象。主要功能包括客户反馈、解决方案、满意度调查等功能。应用客户反馈中的自动升级功能，可让管理者第一时间得到超期未解决的客户请求，解决方案功能使全公司所有员工都可以立刻提交给客户最为满意的答案，而满意度调查功能又可以使最高层的管理者随时获知本公司客户服务的真实水平。有些客户关系管理软件还会集成呼叫中心系统，这样可以缩短客户服务人员的响应时间，对提高客户服务水平起到了很好的作用。

### 四、客户管理功能

客户管理功能将金融机构所有的客户资源进行集中全面的管理，帮助金融机构建立客户全方位视图，从而延长客户生命周期，更深地挖掘客户潜力，提升客户价值。其主要包括客户基本信息、客户信息查询、客户关怀、客户分析等内容。

市面上很多 CRM 软件都有很多其他功能，比如办公管理、行政管理、进销存等，但是这些功能只是为使用者更加方便而产生的，其实与真正的客户关系管理没有任何关系。

## 案例分析

### 汇丰银行的客户关系管理

#### 一、引言

汇丰中国有限公司于 2007 年 4 月 2 日正式开业，总行设于上海，是香港上海汇丰银行有限公司全资拥有的外商独资银行，其前身是香港上海汇丰银行有限公司的原中国内地分支机构。汇丰银行在中国各分行的主要业务可分为两类：一是工商银行业务，包括项目方面的贷款与房地产贷款、进出口押汇与票据托收、证券托管与 B 股业务、外汇资金安排四个方面；二是零售银行业务，如存储账户、汇款、旅行支票、信用卡、商户服务等。汇丰银行上海分行还为客户提供房地产按揭贷款等业务，是世界上最大的银行金融服务机构之一。汇丰银行以"从本地到全球，满足您的银行业务需求"为其特色，使其在众多同行业竞争者中脱颖而出。

#### 二、汇丰银行对 CRM 的需求分析

银行的产品开发不是银行自身的需要，而是为满足客户的需要，因此汇丰银行强调产品开发不能从银行自身发展出发，而要从客户需要出发。汇丰银行大部分重要的客户都由汇丰银行设立的专门的客户关系管理团队为其服务。无论何时他们需要任何个性化的服务和帮助，他们的客户关系经理都会在电话的另一头随时待命。如果他们寻求更专业的建议或者解决特定问题的方法，他们的客户关系经理会转向其他人征求更完善的建议，或者将另外的更合适的专业团队介绍给客户。

在汇丰银行，客户经理的任务是维护银行与客户之间的各种关系；及时解决客户的需要；作为客户的策略及财务参谋；研究分析客户的需要并提出解决办法；协调和争取银行的各项资源（即产品）；了解竞争银行的客户策略并及时提出对策、建议；通过管理、服务客户为银行赚取合理的回报；通过分析客户需求，努力从各个角度、各个层面为客户提供全方面的服务。

汇丰银行根据客户分类和不同客户的特点，开发出适合不同客户需要的产品，更好地满足客户需要。为此银行都大力加强产品开发，努力为客户提供全方位、多品种和"一站式"的金融服务。汇丰银行近年来大力发展电话银行中心、网上银行、电视银行等电子银行体系，为客户提供随时随地的银行服务。由于客户的业务都很繁忙，没有时间在银行办公期间上银行跑一趟。因此，汇丰把一些分支机构改为昼夜银行业务中心，客户可以在自己方便的时候利用空余时间处理自己的账户。同时也建立了电话及 e-banking 银行业务，方便客户使用自己的账户及利用电话和互联网随时随地地进行交易。

现在，人们要求的银行业务比传统银行服务在过去提供的要多很多。他们希望银行为他们提供财务建议以满足自己的需求。他们更喜欢银行提供一步到位的金融服务以满足自己的投资、保险和储蓄方面的需求。而这些种类的服务比传统银行服务具有更强的赢利性，因而汇丰银行正开始加强这些领域的服务和产品，他们为个人和公司商务客户提供许多银行产品和服务，例如投资、抵押、融资计划、保险、银行卡、贷款等，并且每一组产品都有自己的帮助热线和专家提供服务。

#### 三、CRM 的实施过程

根据"二八法则"，并非所有客户都会给银行带来价值，因此银行的目标是留住那些有价

值的客户。而根据有价值的客户对银行利润贡献的大小，又可分为一般客户、重点客户和核心客户。CRM 的理念之一就是"鉴别最佳客户，设计最佳体验"。那么，区分出一般客户、重点客户和核心客户，并且针对不同群体提供个性化、客户制的财务解决方案，满足不同的财务需求，就成了银行合理配置资源、节约营运成本、提高盈利的重要途径之一，同时也是银行在市场中获得竞争优势的有力法宝。根据客户的利润贡献，汇丰银行把它的客户分为以下七类：

第一类是高忠诚度、高价值客户。他们在汇丰有许多活跃的账户，并且使用汇丰银行的一系列产品和服务；他们愿意把产品推荐给其他人，乐意提供反馈信息；他们为汇丰带来大量的现金流；他们创造的收入远远大于银行为此付出的成本。

第二类是高忠诚度，低价值客户。他们在汇丰有许多活跃的账户，并且使用汇丰银行的一系列产品和服务；他们愿意把产品推荐给其他人，乐意提供反馈信息；但是，他们仅和汇丰银行做小笔交易，他们创造的收入不尽如人意。

第三类是低忠诚度、高价值客户。他们在汇丰银行有一些活跃的账户，使用银行的一些产品和服务；他们愿意支付的价格极富弹性，不愿意提供反馈信息；但是，他们为汇丰带来大量的现金流，他们创造的收入远远大于银行为此付出的成本。

第四类是低忠诚度、低价值客户。他们在汇丰银行有一些活跃的账户，使用银行的一些产品和服务；他们愿意支付的价格极富弹性，不愿意提供反馈信息；并且，他们仅和汇丰银行做小笔交易，他们创造的收入不尽如人意。

第五类是潜在型客户。他们以前在汇丰开有账户，但现在撤销了。或者，他们是汇丰银行贷款者的担保人，但自己又在汇丰开设账户。

第六类是非活跃型客户。他们在汇丰银行开设有账户，但是很少办理业务或进行交易活动。

第七类是可疑型客户。他们从不在汇丰银行开设账户。

对汇丰银行来说，要想赢利，主要任务在于识别并保留高忠诚度、高价值客户。这就需要对客户简介资料、客户反馈信息、客户创造利润率等进行分析，从而识别出这部分客户，并且为这部分客户量身定制不同的理财方案。

**四、CRM 实施效果**

通过引入 CRM，对客户简介资料、客户反馈信息、客户创造利润率等进行分析，汇丰可以识别出其 VIP 客户，他们着重为这些客户提特别的银行服务（称为 HSBC Premier），这些客户享受着由专业的客户关系经理提供的个性化的便捷服务——只需一个电话，无论在地球的哪个地方，他们都能得到任何金融服务和帮助。他们拥有个人的客户关系经理或者专门的执行团队，随时准备提供财务解决方案的帮助以满足他们的需求。现在汇丰可以得到关于客户倾向和习惯的更多信息，以及其主要客户对不同种类产品、服务和投资组合的要求。在分析了经数据挖掘获得的资料之后，公司就能在必要的地方改进技术，提供职员培训，创造新的产品以满足客户的需求。同时，汇丰银行通过五种渠道为顾客提供便捷和灵活多样的服务，这五种渠道是网上银行、电话银行、自助银行、移动银行和分行。通过 ATM 机和自助服务银行中心提供较简便的银行业务，如存取款业务；通过在线银行可以为客户提供一些银行业务的实时服务，进行实时投资订单的确定；通过电话银行业务客户获取银行投资服务，确定投资订单等。

思考：
1. 汇丰银行是如何进行客户区分的？
2. 汇丰银行实施 CRM 的关键点是什么？

## 任务二　实施 CRM

### 活动一　从业务管理层实施 CRM

客户关系管理系统的建立和应用，可以拉动和完善企业资料计划管理（ERP）和供应链管理（SCM）的应用和系统建设，也将进一步推动电子商务的发展。实施 CRM 可以降低成本，增加收入，并提高业务运作效率和核心竞争力。因此，除了对客户的管理，金融机构业务层面的管理也必不可少，对业务层面的管理往往采用运营型 CRM。

#### 一、运营型 CRM 的含义

运营型 CRM 是 CRM 系统的"躯体"，是整个 CRM 系统的基础，它可为分析和客户的服务支持提供依据。运营型 CRM 主要包括销售、市场和服务三个过程的流程化、规范化、自动化和一体化。

#### 二、运营型 CRM 的实施

（一）销售层面

在销售方面，为销售业务的全过程提供丰富强大的功能，包括销售信息管理、销售过程定制、销售过程监控、销售预测、销售信息分析等。主要包括：客户与联系人管理、销售机会管理、待办事宜与工作流、产品的报价和配置、渠道销售管理、合同制定和管理、网上订购、销售的预测和统计报表、竞争对手的跟踪、合作伙伴的信息。

销售人员、销售主管更关心的是现在销售的行为如何、能否按时完成任务、销售的成本有多大、是否控制在预算之内、季度或年销售任务是否可以完成、哪些项目是完成任务的重点、采取什么样的策略可以尽快拿下这个项目……在销售系统中，一定要体现这些内容。所以，CRM 系统中一般包括漏斗报告、成本分析和销售预测。

（二）营销层面

在市场营销方面，为掌握市场营销活动的运作提供便利，提供从市场营销活动信息管理、计划预算、项目追踪、成本明细、回应管理、效果评估等功能，帮助金融机构管理者清楚地了解所有市场营销活动的成效与投资回报。主要包括：市场预算和收入跟踪管理；市场活动管理；活动反响跟踪；促销内容管理；市场宣传资料；工作流自动化；任务管理；市场衡量指标；时间表管理；电话促销管理；邮件促销管理；Web 促销管理。

对于市场经理，关心的重点是市场定位是否准确、产品品牌是否有所提高、成本是否控制在预算内、市场活动是否有效、为销售带来了多大的机会等。

### （三）销售、市场营销和服务的一体化运行

举一个例子来说明销售、市场和服务一体化。金融企业举行了一次市场活动，收到大量的名片，市场部将名片输入客户信息中，CRM 系统会将这些人的信息自动按行业、地域等分派给相应的销售代表或销售经理，销售人员就会对感兴趣的人进行跟踪。销售人员会为需求强烈的人员或单位安排讲座，讲座的内容安排、听众的组成、达到的最低目标和最高目标等被输入 CRM 系统中并自动传给相应的售前经理。在售前经理的计算机上，会弹出一个待办事宜的窗口，提醒他安排讲座的相关事宜，安排好的活动会自动传给相关人员。在讲座安排的日期前指定的时间，计算机会自动提示相关人员参加活动。直到活动结束，达到了讲座的预期目标，这一个活动结束，并将该活动自动记录到销售过程中，以便以后统计该项目活动的有效性和项目成本核算。如果此次活动不成功，销售人员将要填写存在的问题等。

这是 CRM 的一个销售流程管理，也体现了市场和销售以及售前共享一个数据库，他们实现了一体化。在服务方面，当销售成功后，服务部就看到相关客户服务的信息，当客户打来电话投诉时，如果客户的电话号码和客户信息中的号码一致，接线员的计算机显示屏上将马上弹出客户的基本信息，接线员马上会问道："您是××先生家吗？您×年×月×日购买了我们公司的××产品，现在需要我为您提供什么服务？"本来客户非常生气，想大发脾气，但是，听到如此主动解决问题的话语，让客户的气也消了一半。因为在 CRM 系统中，销售、市场和服务的数据是共享的，这样就不会造成当客户投诉多次时不同的接线员给出不同的回答，因为答复会自动或被动地记录在客户的服务信息中。

因此，运营型 CRM 是整个 CRM 的基础，它收集了大量的客户信息、市场活动信息和客户服务的信息，并且使得销售、市场、服务一体化、规范化和流程化，但是，对大量的客户信息如何处理、如何从数据中得到信息、从信息中得到知识，对决策和政策制定加以指导是十分重要的。所以，除了针对业务管理层的运营型 CRM，还有针对管理者决策分析的分析型 CRM。

## 延伸阅读

### 从移动互联网到人工智能，深度解析 CRM 的进化方向

#### 一、背景介绍

在企业级服务市场，Salesforce 一直是神一般的存在。

创立于 1999 年的 Salesforce，一开始就提出了"no software"的口号，彻底改变了商业软件一贯的销售模式，迅速攻占了 Oracle、SAP 多年霸占的 CRM 市场。

在经历了 Siebel 的单机、Salesforce 的 PC 互联网以及 SugarCRM 的开源之后，CRM 市场并未停歇，而是进入一个全新的领地——移动互联网。

#### 二、CRM 的创立

为什么 CRM 如此重要？要理解这个问题，不妨先来看看 CRM 这个概念创立的初衷。CRM 最早由咨询分析机构 Gartner 提出。过去，CRM 一直作为企业资源管理也就是 ERP 中的一个环节，不过在技术发展过程中，ERP 系统无法真正实现对客户关系的有效管理，尤其

在20世纪90年代后期，全球范围内的企业驱动力的转型——由产品为核心向以用户（客户）为中心的转型使得客户关系管理变得尤为重要。

简言之，当企业发展越来越多地依靠新客户的拓展和老用户的维护时，企业迫切需要一套管理客户关系的流程和系统，这就是CRM出现的商业背景。

技术方面，以Salesforce为代表的公司之所以能在20世纪90年代迅速崛起，其大背景是美国20世纪最后十年PC互联网文化的蓬勃发展，不论是政府层面的信息高速公路建设还是微软、网景的浏览器大战抑或是华尔街、硅谷联手上演的互联网世界泡沫，都从不同层面推动了PC互联网的普及。

商业需求与全社会共识下的新技术，不断推动CRM的发展。PC互联网如此，移动互联网更是如此。

10月底，CNNIC的报告显示，我国手机网民规模达5.94亿，同比增长86.8%，手机超越电脑成为中国网民第一上网终端。德勤也在一份《移动消费大未来：2015中国移动消费者行为》报告中指出，中国人均智能手机持有量接近2台，智能手机拥有率高达86%。

来自移动信息研究中心的数据预计，2015年中国的移动CRM市场规模将达7.82亿元人民币，2016年预计达到12.68亿元人民币。

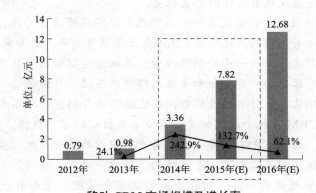

移动CRM市场规模及增长率

数据来源：移动信息化研究中心，2015/06

这个预计也和Gartner的技术合力"Nexus of Forces"预测一致，所谓"Nexus of Forces"是由云、社交、移动和大数据这四种独立的IT技术相互融合带来的影响力。

### 三、CRM的概念

从概念层面来看，CRM是一个企业为提高核心竞争力，利用信息技术以及互联网（移动互联网）来协调企业与顾客间在销售、营销和服务上的交互，从而提升其管理方式，向客户提供创新式的个性化的客户交互和服务的过程。

在产品层面，CRM系统包括现有客户管理、联系人管理、时间管理、客户拜访管理、潜在客户管理、销售管理、营销管理、电话营销、客户服务等。

无论是CRM的概念还是其产品设计上，数据、服务都贯穿其中，这使其在移动互联网时代的推广与应用变得简单而直接。

首先，移动设备天然就是数据收集器，越来越便宜的传感器芯片和应用，让移动设备能够收集更多维度的数据，GPS可非常自然地实现客户拜访管理的地理数据收集、日历应用配合电话、短信,实现时间管理和电话营销等。

其次,移动设备就是一个个不断移动的云计算终端。受限于移动设备的屏幕大小、处理器性能,移动应用的性能无法与桌面应用相媲美,尤其是企业级应用模块繁多、功能复杂,企业级应用在移动互联网时代唯一的出路就是云,更准确地说就是SaaS。基于SaaS的CRM也是全球范围内的趋势,根据Gartner今年5月份的一份数据:全球约有47%的CRM系统是基于SaaS提供的。

尤其在中国4G网络快速普及的今天,将大量计算放在云端,用户完全可以通过移动设备做到随时取用。

### 四、互联网时代的CRM

当CRM进入移动互联网时代,意味着进入了真正的大数据时代。IBM在2013年的一份报告中指出,在全球现存数据中,有90%是过去两年中产生的。越来越多的销售人员携带移动设备拜访客户,并通过移动设备与客户在线沟通,海量的客户数据不断沉淀,正在成为企业发展的重要资产,而这些新的技术趋势也给CRM企业带来新的机遇和挑战。

其一,CRM公司必须成为大数据公司。使用CRM系统的企业当然喜欢海量的客户数据,毕竟这意味着更多的销售机会和潜在收入,这也意味着CRM公司需要具备处理海量数据的能力,利用工具帮助企业发现有价值的销售机会。

未来的CRM不仅仅是帮企业定义一些工作流或者实现销售自动化,而且是要往智能化方向发展。不仅仅是给老板用的,也要让CRM真正给销售业务人员带来帮助和产生价值。

比如说有一千个潜在客户、一千个销售线索,系统会直接帮助销售找出最有潜力的那些线索。系统会根据这些客户的一些特征和系统内部数据匹配,告诉销售人员哪些客户是比较容易签单成功的。在销售人员打单的过程中,系统能够推荐相关的产品专家和文档。

另一方面,由于CRM系统中沉淀的是一家公司最核心的客户数据,未来CRM会跟很多系统整合得更加紧密。由于CRM就是一套以客户为中心的管理系统,企业在任何一个点跟客户有任何关联的时候,都是需要CRM系统的。毕竟,将客户数据、财务数据、生产数据等企业生产经营中的数据放在一起,对于企业的决策和管理效率都有巨大意义。事实上,Salesforce、workday也都在进行布局。

其二,SaaS的进化,Service(服务)依然是重点。如今基于SaaS、移动端的CRM公司看似同质化现象越来越严重,除了产品能够满足企业的业务挑战外,能够产生差异化竞争并保持长期竞争力的就是SaaS里的第二个S——Service。在对SaaS类公司进行估值时,用户获取、用户维持(续约率)都是重要指标,而决定用户是否在一个SaaS平台的重要因素就是其服务质量的好坏。

其三,商业模式的探索。免费还是付费,这似乎是摆在诸多国内CRM创业公司面前的一个无法给出终极答案的开放命题。从企业级服务完善的美国来看,决定意义上的免费服务是不存在的,而所谓的免费则是一种针对中小企业的营销策略,随后会通过一系列手段将其变成付费用户。

国内的CRM厂商往往以中小企业为切入口,通过免费的策略吸引他们成为用户,但正如上文所言,SaaS产品的重要指标并非仅仅是用户数量,还有用户续约率。且不说中小企业对于免费产品能有多大的忠诚度,仅以中美中小企业的寿命来说,销售易创始人史彦泽曾透露了一个数字:中国小微企业的生命周期只有2.5年,美国是8年。因此,中国中小企业并非 SaaS 类公司的最优客户选择,而免费的模式到底能给 SaaS 类企业带来哪些作用实在要打上一个大大的问号。

**五、CRM 在中国市场的发展前景**

过去两到三年,中国企业级市场进入新一轮爆发期,基于 SaaS 的新产品层出不穷。国家层面的政策支持、资本市场的觉醒、经济社会层面的转型与人口红利消失、技术层面的移动、大数据、云都成为这一轮爆发的推动力。

进一步来看,资本市场对于中国 SaaS 企业的青睐也会特别强调其巨大的市场空间。一个最常见的推理依据是,中国企业总数与美国几乎相当(分别为 2 200 万和 2 700 万),美国三大企业公司 Oracle、SAP、Salesforce,市值总和 3 500 亿美元左右,因此中国企业级市场 SaaS 领域至少有万亿人民币的市场空间。

这个推论是否准确当然有待商榷,不过正如上文所言,CRM 的出现有其商业和技术的原因,这给了我们一个观察企业级服务发展的新维度:当以客户为中心的业务需求碰上机器学习、人工智能武装的商业软件,其创造出来的威力或许早已不是上述数字所能代表的了。

(资料来源:http://www.cbdio.com/BigData/2015-11/19/content_4176323.html)

## 活动二　从决策支持层实施 CRM

决策支持层为金融机构的发展战略提供科学、量化的数据支持。结合对 CRM 内涵的理解,金融机构的决策支持层面可以采用分析型 CRM。

### 一、分析型 CRM 的含义

分析型 CRM 是 CRM 系统的"心脏"和"大脑",但是如果没有运营型的 CRM 和协作型的 CRM 提供大量的数据,分析将完全成为一句空话。

分析型 CRM 主要是分析运营型 CRM 和原有业务系统中获得的各种数据,进而为经营、决策提供可靠的量化依据。分析型 CRM 一般需要用到一些数据管理和数据分析工具,如数据仓库、OLAP 和数据挖掘等。

### 二、分析型 CRM 的实施

把合适的产品和服务通过合适的渠道,在适当的时候提供给适当的客户,这是 CRM 的核心。把大容量的销售、服务、市场以及业务数据进行整合,使用数据仓库、数据挖掘、OLAP(联机分析处理)和决策支持技术,将完整的和可靠的数据转化为有用的、可靠的信息,再将信息转化为知识,进一步为整个企业提供战略上和战术上的商业决策,为客户服务和新产品的研发提供更准确的依据,提高企业的竞争能力,使得公司能够把有限的资源集中服务于所选择的有效益的客户全体,同这些客户保持长期和有效益的关系。分析型 CRM 使这一切成为可能,它是一种处理大容量的客户数据的方法,目的是获得可靠的信息支持策略和做出商业决策。

要想给客户提供更好的服务,赢得客户的忠诚,必须了解客户的效益率。通过客户的各种背景数据和其过去交易行为数据,建立合适的客户终身价值模型,按照客户的终身价值对客户进行分类,预测其未来的趋势,了解每类客户能为公司带来多少效益,从而对不同类型的客户提供他们最需要的服务和产品，公司才能优化利用其有限的资源，集中服务于所挑选的客户群体。

"以客户为中心"策略的一个关键步骤是收集足够的客户背景信息和行为信息对客户进行细分。分析型 CRM 可将客户的各种信息按照分析的要求有机地整合起来，为数据分析提供准确的数据源：将客户的背景数据、生活方式方面的信息与客户行为信息相结合，通过建立合适的模型，对不同群体的客户采用针对性和有效的互动交流，分析结果信息被反馈给销售系统，销售系统通过电话呼叫中心对特定的客户进行特殊的服务或者提供交错销售，以满足客户的需求。

客户关系管理数据仓库（CRMDW）不是为了存储数据，而是为市场的定位和销售策略的制定更好地提供所有可能收集到的数据支持。建立数据仓库不是目的，只是进行分析的中间环节，保证数据的一致性、准确性、综合性、易用性，为各种分析方案提供统一的数据源。因而以客户为中心的数据仓库是根据客户管理的需求，对金融企业所有可能和客户相关的数据进行重组，使得金融企业对自己的客户具有统一的认识。

有了分析的结果以后，一方面是将分析的结果交给领导作决策；另一方面是要将分析的结果，通过合适的渠道如电话、e-mail、传真、书信等方式，自动将结果分发给相关客户。如我们已经分析到一类客户可能会流失，那么就应该给这些客户以关怀，CRM 系统将自动把这些客户的联络方式送到电话呼叫中心，通过电话呼叫中心和客户进行互动、关怀。这就需要协作型 CRM。

## 活动三　从客户应用层实施 CRM

在 CRM 中，客户是金融机构的一项重要资产，客户关怀是 CRM 的中心，通过实施客户关系管理，可以拉近机构与客户之间的距离，加深对客户需求的把握和了解，使金融机构为客户提供的产品和服务更有针对性，满足客户的个性化需求，提升对客户的价值，提高客户的忠诚度。除此以外，还有助于金融机构拓展市场，争取更多的客户。客户关系管理受到我国金融机构的普遍认可和大力推广，在对客户的管理中发挥着重要作用。在与客户的接触层面上，可以采用协作型 CRM。

### 一、协作型 CRM 的含义

协作型 CRM 可以实现全方位地为客户交互服务和收集客户信息；实现多种客户交流渠道，如电话呼叫中心、面对面交流、Internet/Web、e-mail/Fax 等集成起来，使各种渠道融会贯通，以保证金融机构和客户都能得到完整、准确和一致的信息。

协作型 CRM 的参与对象是两种不同类型的人，即金融机构客户服务人员和客户共同参与。如支持中心人员通过电话指导客户修理设备，在修理这个活动中有员工和客户共同参与，他们相互协作。而运营型 CRM 和分析型 CRM 只是金融机构员工自己单方面的业务工具，他们在进行某项活动时，客户并未参与。

### 二、协作型 CRM 的实施

协作型 CRM 的运行需由员工和客户一起完成某种任务，因此要求时间短。员工和客户由于要同时完成某项工作，所以都希望快一点解决问题。这就要求 CRM 的应用能够帮助员工快速、准确地记录客户请求内容，并快速找到问题的答案。换句话说，必须要有知识量丰富和智能查询等特点。同时，员工本身也必须经验丰富。如果问题无法在线解决，协作型 CRM 还必须提供智能升级处理，员工必须及时做出任务转发的决定。

### 三、运营型 CRM、分析型 CRM、协作型 CRM 的协同运作

整个 CRM 的实施是一个闭环，先上分析型 CRM，还是先上运营型 CRM 或者协作型 CRM，完全取决于金融机构的现状。

目前，以上三种类型的 CRM 系统软件都存在一定的局限性。随着技术的发展以及需求，整合了以上三种 CRM 或两种 CRM 的新型的 CRM 出现了。这种整合使得 CRM 系统软件的应用领域更加广泛。这种 CRM 系统软件不仅仅是局部办公系统，而应该是一个整合的、协同能力很强的综合办公系统。

在三种 CRM 的协同运作下，运营型 CRM 关注企业业务流程，作为"前台"，它与客户直接发生接触，运营型 CRM 可以确保企业与客户的交互，并使其合理化，但这不一定意味着是最优化服务。

分析型 CRM 作为"后台"，用来分析运营型 CRM 和企业其他业务系统中获得的各种数据，进而为企业的经营、决策提供可靠的量化依据。分析型 CRM 一般需要用到一些数据管理和数据分析工具，如数据仓库、OLAP 和数据挖掘等，把销售、服务、市场及业务数据进行整合，将数据转化为有用的、可靠的信息，再将信息转化为知识，为客户服务和新产品的研发提供准确的依据。

协作性 CRM 则关注企业与客户的沟通渠道，是为了实现多种客户交流渠道（例如对于银行而言，有营业网点、网上银行、银行客户服务中心等）的集成，并协同工作，来保证企业和客户都能得到完整、准确而统一的信息。呼叫中心就是典型的协作型 CRM。

## 案例分析

### 华夏银行 CRM 体系

#### 一、客户关系存在的问题

1. 银行的业务方面：流程还是基于内部管理和内部核算需要，银行业务开展也是围绕着"以资金为中心"的思想来运营的，而不是"以客户为中心"。

2. 在线事务处理（OLTP）的弊端：

（1）事务处理效率低，不能同时运行两种不同性能的应用。

（2）各个部门的数据比较孤立和分散。

（3）业务系统缺少数据动态集成的能力。

（4）业务系统只能存储短期数据。

（5）不能识别同一客户的不同账户，不能为客户提供一对一的服务。

#### 二、华夏银行对 CRM 体系的目标需求

在对整个中国银行市场状况进行分析之后，华夏银行确定了自己的目标需求。华夏银行

希望通过 CRM 系统的应用，达到改进银行管理，提高企业竞争力的目的。

华夏银行认为银行业的企业竞争力主要表现为：

1. 客户忠诚度：在不断扩展新客户的同时保留既有客户，提高客户忠诚度。
2. 商业价值：充分了解客户的需求，创新业务，开拓市场，从而产生更大的商业价值。
3. 运作风险：尽早识别客户信用，降低运作风险。
4. 运作成本：在保持运作质量的前提下降低运作成本。

基于以上基本原则的考虑，华夏银行对其 CRM 系统提出以下具体要求：

1. 客户资料管理——将零散、不集成的客户资料集中管理，可以及时、准确地了解老客户和新客户的准确信息和发送批量的信件。
2. 客户跟踪管理——跟踪销售人员的每次业务联系中与客户的联系情况，可以对客户的活动与需求保持了解，为银行的相关工作提供信息。
3. 客户服务管理——对客户意见和投诉及处理过程进行记录；对企业的售后服务进行统一管理。主要体现在对各种意见的处理的及时性、有效性的实时监控；对相关处理信息和结构存档并有效地杜绝再次发生；对相关金融产品的销售提供配套的基础性的咨询服务和管理等方面。

### 三、华夏银行客户关系管理系统定位、选择与解决措施

1. 系统定位

华夏银行根据自身目标需求，将他们要实施的客户关系管理定位为获取、保持和增加"可获利客户"的理论、实践和技术手段的总和。他们认为，这必须是一种国际领先的、以客户价值为中心的企业管理理论、商业策略和企业运作实践，也必须是一种以信息技术为手段、有效提高企业收益、客户满意度、雇员生产力的管理软件。它的根本目的应该是通过不断改善客户关系、互动方式、资源调配、业务流程和自动化程度等，来降低运营成本，提高企业销售收入、客户满意度和员工生产力。

2. 系统选择

Power CRM 是一套完全基于 WEB 方案的企业级的客户关系管理应用系统；是中国第一款自主开发的具有大容量数据处理能力，具有大型系统定制能力，针对中高端用户、大型企业（通信行业、金融、证券、保险行业、制造业、零售业、服务行业、顾问咨询行业、IT 行业等）解决方案，通过不断地优化产品设计，争取奉献给国内企业客户功能最强大、性能价格比最高、最符合中国企业特色的 CRM 产品。Power CRM 主要包括协作型 CRM、运营型 CRM、分析型 CRM。通过集成各种与客户接触的渠道，如 Call Center、Web、e-mail、Fax/Mail 等，建立统一的与客户互动的接触界面；以此为基础，建立起基于可定制业务流程的销售管理、市场营销、客户服务与支持等与客户相关的全部业务的应用系统，形成跨越部门的业务处理协作环境；通过对与客户接触过程以及企业面向客户的协作过程所产生的大量数据进行分析，识别客户规律，指导企业的运作过程，进一步改善与客户的互动关系，发现和捕捉更多的市场机会。

3. 具体解决方案

在对华夏银行发展和客户业务深刻研究以及客户关系管理系统研究的基础上，华夏银行选择了适用于银行系统的客户关系管理（Power CRM）解决方案。

Power CRM 完整的银行客户关系管理系统应具有如图所示的架构，其协作型 CRM、分析型 CRM、运营型 CRM 解决方案覆盖了银行整个系统。

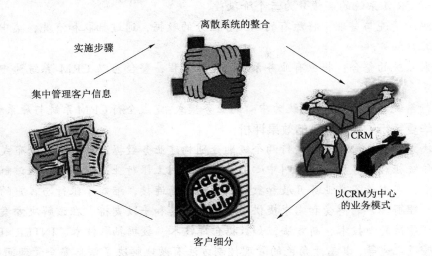

该解决方案以客户个人资料为基础，包含所有各类操作业务信息和服务过程信息，形成了全面客户导向的数据仓库，辅助以商业智能的数据分析处理方法，为银行业务开展中进行客户个性识别，潜在需求和愿望识别，从而贴近客户感觉，开展个性化服务，有效地吸引和保留客户提供高效全面的决策支持帮助。

### 四、华夏银行 CRM 体系的方案实施

1. 系统构成

华夏银行 CRM 系统的解决方案由七个子系统组成，它们彼此协同工作，实现着增值的数据处理后的决策支持效果。

（1）客户签约与归户系统：完成客户个性化静态数据的归类和产生。
（2）数据集成系统：完成客户静态和动态各类数据的抽取。
（3）数据仓库系统：全面综合的以客户为中心的数据库，20 多种专用分析方法。
（4）决策支持与展现系统：从各个应用层面观察数据和之上的各类信息，支持多种展现形式。
（5）信息查询系统：为客户及银行各类相关业务人员提供方便、迅速的操作手段。
（6）报表制作与发布系统：提供专业化的高质量的报表。
（7）系统管理系统：对系统中的各类角色的授权与控制进行相应管理操作。

系统配置如下：
① 客户服务中心服务器：Informix Internet foundation.2000
② 客户服务支撑平台：Informix i.Sell 应用服务器
③ 个性化服务器：i.Sell 个人服务器
④ 客服界面管理服务器：i.Sell merchandiser
⑤ 数据抽取清洗工具：Informix Data Stage
⑥ 客服支撑服务器：Informix Red Brick

⑦ 深层分析支撑服务器：Informix MetaCube

2. 实施过程及效果保障

华夏银行 CRM 系统的实施分为三个阶段：

（1）数据的清洗与整理：将原有的以业务区分的数据，通过抽取和清洗，集中整理客户信息并进行客户细分。

（2）离散系统的整合：将原有业务系统的处理流程，整合为以 CRM 系统为中心的处理方式进行处理。

（3）全行系统形成以 CRM 系统为中心的业务模式：完成全行 CRM 系统与原系统的磨合。

## 五、对华夏银行 CRM 体系的效果评析

在该解决方案中，按总行和分行两个级别分别构建业务数据流程，采用分布式 CRM 实现方式，将传统柜台业务数据、呼叫中心业务数据、网上银行业务数据都纳入该解决方案的管理控制之中，实现着各类业务开展和数据共享的无缝连接，缩短了银行与客户的距离，为深刻地了解和理解客户的感受和需求提供了有效的工具和手段支持。在该解决方案，大量采用了具有高可靠性的新技术、新方法，如数据仓库技术、数据抽取技术、INTERNET 技术、数据分析和展现记述等，其基于角色的管理控制方法有效地解决了信息安全管理问题，同时，为今后的业务应用扩展提供了方便的手段和空间。构建了客户关系管理后的华夏银行将以柜台与客户自身将相关信息通过各接触点输入 CRM 集成系统，并通过 Power CRM 平台，与来自银行人力资源系统、管理信息系统、财务系统等相关环节的信息再次通过集成，并统一在银行的 CRM 数据仓库中进行分析和处理，将得到的相关决策信息按照其各自归属的部门和环节，再反馈给直接接触点或银行内部的相关部门，改进各子系统的工作，提升客户信息的价值，也使整个银行的业务流程形成一个良性循环。

华夏银行所实施的客户关系管理体系的实行使华夏银行在客户管理体系上有了较好的基础，对于指导银行的内部运作过程，进一步改善与客户的互动关系，发现和捕捉更多的市场机会，最大限度发掘银行自身潜力，增强竞争实力，发挥了重要作用。2014 年、2015 年共有 80 家网点被中国银行业协会命名为"中国银行业文明规范服务五星级营业网点"，总行多次被中国银行业协会授予"突出贡献奖"；客户服务中心被中国银行业协会评为"金融业最佳客户服务中心"，荣获"优秀综合示范奖"。

**思考：**

1. 改进前，华夏银行的客户关系存在哪些问题？
2. 针对问题，华夏银行采取了哪些措施来对客户关系管理进行改进？
3. 华夏银行的 CRM 系统有怎样的特点？

**任务实战演练：**

1. 5~8 人为小组，熟悉客户关系管理的流程，了解客户的生命周期，并针对不同周期阶段选择适合的客户关系管理方法进行管理。

2. 3 人一组展开客户关系管理活动，活动中设客户、服务人员和观察员三个角色，服务人员通过与客户一对一的沟通来了解客户的需求。具体角色设计如下，各个小组可从中选择一个情景或自行设计情景：

（1）银行工作人员和客户。

（2）小额信贷公司信贷员和客户。

(3)保险公司销售经理和客户。
(4)自行设定角色。

每组除客户和服务人员外,设置观察员,观看和倾听两方的表演,并判断服务人员沟通的技巧和效果。

活动结束时,对活动过程进行总结。活动时间由观察员控制,建议表演时间如下:角色准备 10 分钟,角色表演 5 分钟,讨论和反馈 10 分钟,总结 10 分钟。

## 项目小结

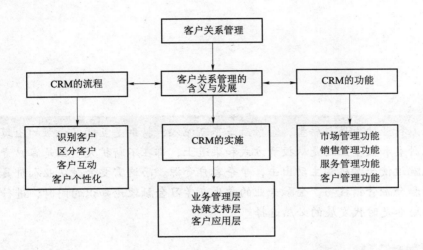

# 项目十一

# 金融营销能力和技巧

## 引 言

随着金融行业的发展与转型,金融改革不断深入,特别是互联网金融的出现,使得金融机构无论从种类和数量上还是从投资方式和渠道上,都在不断扩大。但是客户资源却是相对有限的,这就迫使金融机构主动出击,争夺客户资源。而这需要金融从业人员具有较好的金融营销能力和金融营销技巧。金融专业的学生在学习金融理论知识的同时,进行金融营销能力和技巧的培养是时代发展的必然选择。

## 项目学习目标

### 知识目标
1. 理解金融营销沟通能力的重要性。
2. 熟悉挖掘客户和分析客户需求的方法与技巧。
3. 熟悉约访客户和维护客户的方法与流程。
4. 掌握管理金融消费者的方法与技巧。

### 技能目标
1. 具备金融营销的沟通能力。
2. 学会运用金融营销的技巧对客户进行挖掘、识别和需求分析。
3. 学会按照规定的流程和方法约访客户、面谈营销。
4. 学会按照规定的流程和方法维护客户、管理金融消费者。

## 技能测试

### 测测你的沟通能力

此测试旨在测试你的沟通能力。答题时无须多想,所选答案要出于你最真实的情况。准备好开始答题吧!

1. 在沟通中，我与对方保持目光交流。
（1）从来不　　　　　（2）很少　　　　　（3）有时
（4）经常　　　　　　（5）大部分

2. 在我与别人说话时，我会让对方陷入思索，对方也会对我说："这真是个好问题。"
（1）从来不　　　　　（2）很少　　　　　（3）有时
（4）经常　　　　　　（5）大部分

3. 对于一些问题，我会从他人的角度看待和理解。
（1）从来不　　　　　（2）很少　　　　　（3）有时
（4）经常　　　　　　（5）大部分

4. 我认真听，即使我的观点被否定了。
（1）从来不　　　　　（2）很少　　　　　（3）有时
（4）经常　　　　　　（5）大部分

5. 在交谈时，我能够通过观察得知别人的态度。
（1）从来不　　　　　（2）很少　　　　　（3）有时
（4）经常　　　　　　（5）大部分

6. 如果其他人不同意我的看法我能够做到不心烦，特别是其他人没有我有经验时。
（1）从来不　　　　　（2）很少　　　　　（3）有时
（4）经常　　　　　　（5）大部分

7. 当我批评人时，我确信我提到人们的行为，而不是人本身，即对事不对人。
（1）从来不　　　　　（2）很少　　　　　（3）有时
（4）经常　　　　　　（5）大部分

8. 解决问题时，我能够控制个人感情。
（1）从来不　　　　　（2）很少　　　　　（3）有时
（4）经常　　　　　　（5）大部分

9. 很在乎某件事时，我会提供信息让对方明白。
（1）从来不　　　　　（2）很少　　　　　（3）有时
（4）经常　　　　　　（5）大部分

10. 当竞争对手的工作取得成绩时，我会及时表扬他们。
（1）从来不　　　　　（2）很少　　　　　（3）有时
（4）经常　　　　　　（5）大部分

11. 与上级/下属的沟通，我能很好地理解他们的想法。
（1）从来不　　　　　（2）很少　　　　　（3）有时
（4）经常　　　　　　（5）大部分

12. 当我不理解一个问题时，我会提出需要解释。
（1）从来不　　　　　（2）很少　　　　　（3）有时
（4）经常　　　　　　（5）大部分

13. 我与对方交谈时，给予对方反馈，尤其是在他希望有所反应时。
（1）从来不　　　　　（2）很少　　　　　（3）有时
（4）经常　　　　　　（5）大部分

14. 当沟通出现争议时，我注意改变话题。
（1）从来不　　　　　（2）很少　　　　　（3）有时
（4）经常　　　　　　（5）大部分

15. 在给别人打电话时，我尽量避免要求什么。
（1）从来不　　　　　（2）很少　　　　　（3）有时
（4）经常　　　　　　（5）大部分

**测试结论**：如果你选择"大部分"多于9个，恭喜你，你注重沟通问题，已经掌握了一部分沟通技巧。如果选择"有时"和"经常"较多，说明你应当加强学习沟通技巧。

## 任务一　修炼沟通能力

### 活动一　认识沟通

金融营销是发现客户金融需求并满足客户需求的过程。

怎样才能营销成功呢？沟通！

金融营销本质上是一种沟通，是销售员与客户的双向交流，是通过与客户沟通，建立信任关系，发掘客户需求，推广和销售产品的过程，主要是深挖产品的内涵，切合客户的需求，从而让消费者深刻了解该产品进而购买的过程。沟通是营销的第一步，也贯穿于整个营销过程。

#### 一、沟通概述

沟通是为了一个明确的目标，把信息、思想和情感传递给对方（个人或群体），并且期望得到对方的回应，最终达成协议的过程。

因此，沟通具有以下三要素。

**1. 明确的目标**

沟通时要有一个明确的目标，否则营销人员在营销时就无法理清思路，无法找到沟通的方向，最终会导致无法在关键环节达成共识。

**2. 传递信息、思想和情感**

沟通的传递要素包括中性的信息、理性的思想和感性的情感。如果沟通过程仅仅包含中性的信息，就只能称之为毫无感情的机器语言。理性的思想一定要在沟通中传递，否则只能是一个人内在的思考反省过程。如果沟通的过程没有情感，就达不到理解并接受的程度，那么只能称之为日常的通知而已。因此，"晓之以理，动之以情"才是一种良好的沟通。

**3. 达成共同的协议**

沟通具有相互性和双向性，是话语权平等流动的过程，也是一切对话的基础。你需要说，更需要听，你需要获取信息，更需要恰如其分地回应。主体发出的信息、思想与情感，不仅要传递给对方，还要得到对方的反馈，只有被充分理解，才能达成协议。营销沟通要达成协议，这是与日常所讲的沟通最大的不同之处。

沟通的三要素缺一不可。

## 二、金融营销沟通

金融营销沟通是金融机构为了创建品牌、销售产品和取得盈利,通过各种营销活动,凭借一定的渠道,将金融产品的各种信息传递给客户,并寻求反馈以求得客户购买产品的过程。

金融营销沟通是金融机构通过与客户进行双向的信息交流建立共识而达成价值交换的过程。就本质而言,金融营销与沟通是不可分割的,金融机构在营销活动中要围绕金融产品进行信息传播、交换、理解和说服工作,说到底就是一个沟通的过程。

## 三、沟通的方式

沟通的方式分为语言沟通和非语言沟通。最有效的沟通是语言沟通和非语言沟通的结合。

**1. 语言沟通**

语言是人类特有的沟通方式。中国有句老话"良言一句三春暖,恶语伤人六月寒",就是对语言沟通最形象的描述。

语言沟通包括口头语言、书面语言和其他语言,具体如表 11-1 所示。

表 11-1　语言沟通的形式及其内容

| 形式 | 内容 |
| --- | --- |
| 口头语言 | 面谈/小组会/讲话/电影/电视/录像/电话(一对一/联网)/无线电/录像会议 |
| 书面语言 | 书信/用户电报/出版物/传真/广告/计算机/报表/电子邮件 |
| 其他语言 | 幻灯片/电影/电视/录像/投影/照片/图表/曲线图/画片等与书面模式相关的数据 |

**2. 非语言沟通**

非语言沟通和语言沟通同样重要。在沟通过程中,语言更重于信息的传递,而非语言沟通更重于人与人之间思想和情感的传递。有时候,非语言沟通的作用比语言沟通更加明显。

通过非语言沟通,人们可以更直观、更形象地判断一个人的为人、做事的能力,从而达到更好的沟通效果。

现实生活中存在大量非语言沟通,如一个眼神、一个动作等,具体如表 11-2 所示。

表 11-2　非语言沟通

| 形式 | 内容 |
| --- | --- |
| 手势 | 柔和的手势表示友好、商量;强硬的手势则意味着不容商量 |
| 表情、眼神 | 微笑表示友善礼貌;皱眉表示怀疑、不满。盯着意味着不礼貌,但也可能表示兴趣,寻求支持 |
| 声音 | 演说时抑扬顿挫表明热情,突然停顿为了造成悬念,吸引注意力 |
| 姿态 | 双臂环抱表示防御;开会时独坐一隅意味着傲慢或不感兴趣 |

## 四、沟通的技巧

沟通是一项非常重要的技能。说话谁都会,但如何把话说得艺术、如何跟他人进行很好的沟通，不是每个人都能做好的。戴尔·卡耐基说："一个人的成功15%取决于他的专业知识，而85%来自他的沟通能力和综合素质。"想更好地与人沟通，就得学习一些沟通的技巧。

**1. 学会赞美**

金融营销人员如果能巧妙地赞美客户，就掌握了与客户交往的通行证。在寒暄中巧妙地运用赞美，将使营销工作事半功倍。每个人都有赞美别人的能力，赞美要出于真心，用词要恰当，语气要诚恳，眼神要真诚，赞美可以拉近人与人之间的距离。

### 延伸阅读

#### 赞美的话

"听君一席话，胜读十年书，今天与您交谈，我受益匪浅。"
"不跟您畅谈不知道，您真是眼光独到，志向远大呀！"
"在同龄人中，您的能力真是出类拔萃。"
"从您这儿，我算知道什么是聪明了，以后有机会教教我。"
"你给人感觉像见了老朋友。"
"你的心真是菩萨心肠！你的修养的确与众不同。"
"你真是一个伟大而慈祥的母亲！"
"你的皮肤真好，白里透红。好羡慕呀！"
"您的孩子真乖，长大以后绝对不是一般的人物。"
"您的猫咪好可爱，您养得真好，一定花了很多精力吧？"
"您总是这么干净整洁，一看就是一位热爱生活又有修养的人。"
"我真佩服您的头脑，多少别人办不成的事，您一到便迎刃而解。"

**2. 站在对方的角度思考**

客户是金融营销的对象，如果没有客户的存在，那么就没有营销。金融产品只有在满足客户需求的基础上才能营销成功。所以，金融营销人员要站在客户的角度去思考问题，这不仅包括理解对方的处境、思维水平、知识素养，同时包括维护对方的自尊，加强对方的自信，请对方说出自己的真实感受。

### 小案例

王先生喜欢期货投资，对期货投资也有一定的研究。他去过很多金融公司去咨询，咨询过程中王先生从不会透露自己对期货交易的喜爱，也不会透露自己对期货交易深入的研究。王先生发现大多数金融公司的营销人员都一味地强调自己的产品，直接通过介绍主打产品来对他展开营销。只有某金融公司的客户经理小李与王先生的沟通能站在客户的角度考虑问题，尊重客户，并且在沟通过程中发现了王先生的需求点，为王先生介绍了契合王先生需求的产品，最后王先生决定在小李所在的金融公司购买产品。

### 3. 善意聆听

真正的沟通高手一定是一个热衷于聆听的人。如果你在听别人说话时，可以听懂对方话里的意思，并且能够心领神会，同时可以感受到对方的心思而予以回应，就表示你掌握了倾听的要领。

### 4. 不要动怒

沟通最大的忌讳就是生气，生气意味着拿别人的错误来惩罚自己。人在生气时沟通，容易语无伦次，还容易说出一些攻击性的字眼，容易伤害到对方。

如果你经常说"你让我很难过""你伤了我的心""他把我逼疯了"，就容易让人产生被指责的感觉，很容易使人反感，对方会反唇相讥说"是你自己要生气的"或"你难过可不干我的事"。这样就很难达到沟通的目的。

### 5. 绽放你的微笑

微笑是一剂神奇的灵丹妙药，有治愈的效果，能给周围的气氛增添温暖。微笑能使陌生人感到亲切，使朋友感到安慰，使亲人感到愉悦。微笑是仁爱的象征、快乐的源泉，是亲近客户的媒介。所以，大多数服务机构都有"微笑服务"的要求和规定，在与客户进行沟通时，微笑服务是热情待客的表现，能够改善沟通的效果。

### 6. 学会表达感谢

在生活中，人们之间总免不了互助，哪怕是一件微不足道的小事，也不要忘记对帮助自己的人说声"谢谢"。另外，要学会不断去发现生活中值得感谢的东西。表达感谢必须使用亲切的字眼，仅仅在心里感谢对方是不够的，还需要表达出来，这一点非常有助于双方的交流和沟通。

## 活动二　学会说、听、问

一个双向的、良好的沟通一定包含三个行为，就是说、听、问。一个有效的沟通一定是由这三种行为组成的，如图 11-1 所示。

换句话说，考量一个人是否具备良好沟通能力，就要看他这三种行为是否都在沟通行为中出现，以及这三种行为的比例是否协调。

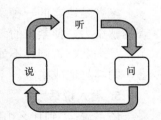

图 11-1　有效的沟通行为

### 一、学会说话

说是沟通的第一个行为。古人曰："口者，心之门户也。"语言是沟通的桥梁。有人因为会表达而受欢迎，有人则因为表达方式不当而吃亏。说话是一门艺术，学会说话需要掌握一定的表达技巧。

#### 1. 三思而后说

我们在生活中总会听到有的人说自己说话很直、比较率性，这可不能被当成理所当然的理由。当一个人因为过于直接伤害到对方时，别期望用"抱歉，我说话比较直接"来补救，那是最苍白无力的解释，根本没用，对方会记得这个伤害，所以一定要三思而后说。

### 小案例

一天，一位年轻的女孩来到一位智者面前倾诉自己的烦恼。智者明白了女孩的缺点，就是说话直接莽撞，容易伤害别人，其实她心地倒不坏。

智者说:"你不应该说话直接莽撞,我知道你也为此苦恼。不过为了赎罪,你要到市场上买一只鸡,走出城镇后,沿路拔下鸡毛并四处散布。你一定要不停地拔,直到拔完为止。你做完之后告诉我。"

女孩照办了,然后去见智者。

智者说:"你已经完成了赎罪的一部分,现在你要进行第二部分。你必须回到原来的路上,捡起所有的鸡毛。"

女孩难为情地说:"这可能吗?风已经把鸡毛吹得到处都是了。我只能捡回一些,但不能捡回所有的。"

"没错,我的孩子。你那些脱口而出的愚蠢话语不也是如此吗?到后来想收也收不回来?以后要三思而后说,不要让那些愚蠢的言行如同羽毛散落在路旁,想收也收不回来。"

**2. 说话风格明快**

表达想法要客观、准确、清晰,不要太过含蓄,不要打哑谜,这样可以给人做事干练、精明的印象。一般来说,人都不喜欢晦暗的事物。带给人阴沉感的谈话会让人有疑虑、厌恶及压迫感。

**3. 思路有条理**

说话一定要讲究思路的条理性。如果说了半天,对方听不懂,对方就会觉得兴趣索然,甚至不愿意听下去。要想使自己的语言达到思路清晰、有条理,技巧如下:

(1) 说话有重点,先主后次。

(2) 词句要简短,声音果断。

(3) 表达明了清楚,不含糊。

**4. 要有幽默感**

幽默是语言的一种风格,也反映了人的性格特征。说话时,运用幽默的语言可以增加语言的感染力,使紧张的气氛变得轻松。幽默是一把双刃剑,展示的时机对了、符合大家口味了,是幽默,否则还不如沉默。幽默一定要自然,适当的幽默能拉近人与人之间的距离,反之,则容易造成尴尬。

**5. 看人说话**

俗话说:"到什么山唱什么歌,见什么人说什么话。"对不同的人说不同的话,并不是见风使舵,而是机智与尊重。

不要以为你一贯的说话方式适合所有的人,面对不同的人都用同一种说话方式,是行不通的。和不同性格、不同阅历、不同背景、不同年龄、不同学识、不同职业的人打交道,采取的沟通方法也是不一样的。只有对不同的人说不同的话,把握好说话的方式,才能和他人很好地进行沟通。

## 小案例

### 不同的说话方式

销售代表小张和客户王老板沟通渠道奖励的事情。

情况一:如果客户比较贫嘴,就要用贫嘴的方式来沟通。

小张："我的王老板最近忙什么？好久不见，也不给我电话。"
王老板："你小子怎么不给我电话？我整天帮你卖货，我是为你打工，你要知道。你很滋润，和老婆享福，也不关心贫下中农的死活。嘿。"
小张："谈正经的，我们公司最近要做一个渠道奖励。"
王老板："快点，有话快说。我这里忙。"
小张："你小子急什么？是这样的……"

情况二：如果客户是一个绅士，就要用绅士的方式来沟通。
小张："王总，您好。我是小张。"
王老板："你好，最近忙吗？很久不见，最近有什么新政策？"
小张："公司最近出来了一个渠道奖励计划，要和您谈谈。"
王老板："还要你多关照呀，具体怎么操作呢？"
小张："是这样的……"

**6. 善于运用肢体语言**
（1）谈话时表情要自然，语言和气亲切，表达得体。
（2）说话时要适当运用手势，但手势不要过多。
（3）谈话时，双方距离要适度，太远或太近都不好。
（4）谈话时，双方应相互正视，相互倾听，不要做一些不必要的小动作。
（5）不要用手指指人，也不要拉拉扯扯、拍拍打打。
（6）忌讳讲话时唾沫四溅。

**7. 沉稳平和的语调**
说话时的声音大小、轻重、粗细、高低、快慢有着具体的规范。
（1）发音清晰，尽量不夹杂乡土口音。
（2）放低声调比提高嗓门来得悦耳。
（3）委婉、柔和的声调比粗厉、僵硬的声调显得动人。
（4）发音稍缓，比连珠炮式易于使人接受。
（5）无论选择什么样的语调，语调变化自然。

**8. 拥有个性的声音**
俗话说，"声为将，听声能知人的气魄。"当你用声音进行表达的时候，也是一种在向他人介绍自己的方式。所以，谈话时需要注意说话的声音。很多人都认为自己的声音是天生的，其实后天的练习对声音的影响也很大。一个人可以决定自己拥有什么样的声音，比如可以把自己的话录下来仔细地听，以发现自己说话的毛病。通过检查，注意发音的技巧，边改边练，就会不断提高声音的质量。

## 技能测试

### 让你的表达更完美

（1）我很想帮你这个忙，但是我现在实在太忙了，我恐怕暂时还做不到。

不妥的原因：_____
更好的表达：_____
_____

（2）你这套新西装太有型了，但是袖口这里如果能再讲究一点就更好了。
不妥的原因：_____
更好的表达：_____
_____

（3）我很赞成你的这个提法，但是我不同意你的最后一句话。
不妥的原因：_____
更好的表达：_____
_____

（4）你的工作热情是大家有目共睹的，但是我觉得你应该更细致一点。
不妥的原因：_____
更好的表达：_____
_____

（5）这件事确实对你有些不公平，但是既然这是公司的规定，我也没有办法帮你。
不妥的原因：_____
更好的表达：_____
_____

解读：

不妥的原因：上面五句话都不恰当地使用了"但是"一词，使意思更加注重后一层，容易引起误解，导致原本希望表达的好意或善意走样，使对方难以接受，不能达到很好的沟通效果。

更好的表达：

1. 我现在实在太忙了，恐怕暂时还抽不出时间；如果你能稍微等一下就好了，我想我很快就会抽出时间的，因为我确实希望自己能对你有所帮助。

2. 你的眼光真不错！这套新的西装整体看起来非常有型，如果袖口这里再稍微细致一点，那简直就是完美无缺了。

3. 尽管我不太同意你最后一句话，但我非常赞成你的这个提法。

4. 你的工作热情确实是大家有目共睹的；如果你对待工作方面更细致一点的话，我想你会做得更出色。

5. 虽然这是公司的规定，我没办法帮你，但这确实对你有些不公平，我很能理解你此刻的心情。

小结：很多时候，你只要把自己的表达顺序稍微调整一下，就可以获得令人惊喜的沟通效果。

## 二、学会倾听

在营销沟通中，语言是最直接、最重要和最常见的一种途径，有效的语言沟通很大程度上取决于倾听。倾听是我们了解客户需求的最佳途径，倾听会获得让人意想不到的营销效果，一个好的营销员往往需要一个好的听众。

倾听是一种智慧,倾听更是一种能力,学会倾听就是对别人极大的尊重,也是真心实意关心别人的表现,会给别人留下一个可交、可靠的印象,在直抒胸臆之前,先听听对方的话是很重要的。其实,有人向我们倾诉,是对我们的信任。

以下是倾听的技巧:

(1)注视说话者,身体稍稍前倾,保持目光接触,不要东张西望。

(2)面部保持自然的微笑,表情随对方谈话内容有相应的变化,恰如其分地频频点头。

(3)不要立即下判断。人们总是不免心存偏见。诚实面对、承认自己的偏见,并且聆听对方的观点,容忍对方的偏见。

(4)不要中途打断对方,让他把话说完。

(5)适时而恰当地提出问题,并配合对方的语气表述自己的意见。

(6)尽量把你的语言减到最少,因为说话和聆听是不能同时进行的。

(7)建立协调关系。了解对方,试着从他的角度看问题,这是提高聆听技巧的主要方法之一。

(8)适时用自己的话语查证对方。避免误会的最好方法就是:把对方的主要观点用自己的话表达出来,让对方加以证实。

## 技能测试

### 测测你的倾听技能

1. 你喜欢听别人说话吗?
 (1)几乎都是  (2)常常  (3)偶尔
 (4)很少  (5)几乎从不

2. 你会鼓励别人说话吗?
 (1)几乎都是  (2)常常  (3)偶尔
 (4)很少  (5)几乎从不

3. 你不喜欢的人在说话时,你也注意听吗?
 (1)几乎都是  (2)常常  (3)偶尔
 (4)很少  (5)几乎从不

4. 无论说话人是男是女、年长年幼,你都注意听吗?
 (1)几乎都是  (2)常常  (3)偶尔
 (4)很少  (5)几乎从不

5. 朋友、熟人、陌生人说话时,你都注意听吗?
 (1)几乎都是  (2)常常  (3)偶尔
 (4)很少  (5)几乎从不

6. 你是否会目中无人或心不在焉?
 (1)几乎都是  (2)常常  (3)偶尔
 (4)很少  (5)几乎从不

7. 你是否注视听话者？
   （1）几乎都是　　　　　　（2）常常　　　　　　（3）偶尔
   （4）很少　　　　　　　　（5）几乎从不

8. 你是否忽略了足以使你分心的事物？
   （1）几乎都是　　　　　　（2）常常　　　　　　（3）偶尔
   （4）很少　　　　　　　　（5）几乎从不

9. 你是否微笑、点头以及使用不同的方法鼓励他人说话？
   （1）几乎都是　　　　　　（2）常常　　　　　　（3）偶尔
   （4）很少　　　　　　　　（5）几乎从不

10. 你是否深入考虑说话者所说的话？
    （1）几乎都是　　　　　　（2）常常　　　　　　（3）偶尔
    （4）很少　　　　　　　　（5）几乎从不

11. 你是否试着指出说话者所说的意思？
    （1）几乎都是　　　　　　（2）常常　　　　　　（3）偶尔
    （4）很少　　　　　　　　（5）几乎从不

12. 你是否试着指出说话者为何说那些话？
    （1）几乎都是　　　　　　（2）常常　　　　　　（3）偶尔
    （4）很少　　　　　　　　（5）几乎从不

13. 你是否让说话者说完他（她）的话？
    （1）几乎都是　　　　　　（2）常常　　　　　　（3）偶尔
    （4）很少　　　　　　　　（5）几乎从不

14. 当说话者在犹豫时，你是否鼓励他继续说下去？
    （1）几乎都是　　　　　　（2）常常　　　　　　（3）偶尔
    （4）很少　　　　　　　　（5）几乎从不

15. 你是否重述说话者的话，弄清楚后再发问？
    （1）几乎都是　　　　　　（2）常常　　　　　　（3）偶尔
    （4）很少　　　　　　　　（5）几乎从不

16. 在说话者讲完之前，你是否避免批评他？
    （1）几乎都是　　　　　　（2）常常　　　　　　（3）偶尔
    （4）很少　　　　　　　　（5）几乎从不

17. 无论说话者的态度与用词如何，你都注意听吗？
    （1）几乎都是　　　　　　（2）常常　　　　　　（3）偶尔
    （4）很少　　　　　　　　（5）几乎从不

18. 若你预先知道说话者要说什么，你也注意听吗？
    （1）几乎都是　　　　　　（2）常常　　　　　　（3）偶尔
    （4）很少　　　　　　　　（5）几乎从不

19. 你是否询问说话者有关他所用字词的意思？
    （1）几乎都是　　　　　　（2）常常　　　　　　（3）偶尔
    （4）很少　　　　　　　　（5）几乎从不

20. 为了请说话者更完整地解释他的意见，你是否询问？
（1）几乎都是 　　　　　　（2）常常 　　　　　　（3）偶尔
（4）很少 　　　　　　　　（5）几乎从不

评分标准：

几乎都是—5分；常常—4分；偶尔—3分；

很少—2分；几乎从不—1分

将所得分加起来：

90～100分，你是一个优秀的倾听者；

80～89分，你是一个很好的倾听者；

65～79分，你是一个勇于改进、尚算良好的倾听者；

50～64分，在有效倾听方面，你确实需要再加强训练；

50分以下，你注意倾听过吗？

## 三、学会提问

### 1. 学会提问的必要性

问题对于营销而言，就如同呼吸之于生命。

我们要清楚地知道，客户购买的不是产品，而是产品所带来的好处，而且这个好处需要是消费者所认同的好处。产品再好，如果客户不认同，就不会营销成功。因此，营销其实不是做产品的工作，而是做人的工作。

如何了解人、认识人呢？要从学会问话开始。

营销人员的提问是了解客户最直接、最有效的方式。通过提问，营销人员可以获得自己想要了解的信息，找到客户的兴趣和爱好以及他对产品的价值取向，了解客户的实际困难和真正需求。只有找到客户的需要然后满足他们，营销才能成功。

### 2. 提问的方式

按提问的角度不同，提问可以分为：开放式提问和封闭式提问。

（1）开放式提问。

开放式提问是没有固定答案的提问，答案是多样的、没有限制的、没有框架的，因每个人想法不同、理解不同，答案也就不同。开放式提问能够让客户围绕某一个主题，自由发挥，方便更全面地收集信息，了解客户的看法。

举例："幸福是什么？"

"您来办理什么业务？"

"对资金投入，您有什么想法？"

"您有什么顾虑呢？"

（2）封闭式提问。

封闭式提问一般只有一个答案，封闭式提问的答案具有局限性、有固定答案，通常伴有"是不是，对不对，有没有，行不行，好不好"等出现。封闭式提问有利于明确到具体某一个点，获取最直接的想要的信息，也可以明确地引导客户。

举例："你喜欢我的声音吗？"

"这个理财产品您是购买10万，还是20万呢？"

"您想了解分红保险吗？"

"是不是觉得这款理财产品挺符合您的需求？"

表 11-3 为开放式提问和封闭式提问的比较。

表 11-3　开放式提问和封闭式提问

| 提问方式 | 优　势 | 劣　势 |
| --- | --- | --- |
| 封闭式提问 | 1. 节约时间<br>2. 控制谈话内容 | 1. 会给人逼迫的感觉<br>2. 不能充分了解细节 |
| 开放式提问 | 1. 收集信息全面<br>2. 谈话气氛愉快 | 1. 浪费时间<br>2. 谈话不容易控制 |

**3. 提问的技巧**

一个好的问题是客户能够回答、客户愿意回答、答案对你有帮助的问题。提问的技巧如下：

（1）掌控气氛，提问要有礼节。

提问要有礼节，不可太过唐突、太过直接、太有偏见，要分清场合，掌控好沟通气氛，表现出对客户足够的尊重。

（2）激发兴趣，提问要有好奇。

采用提问激发客户的兴趣，往往会获得信息量丰富的答案，因此，在营销进行之前，不妨跟你的客户谈谈他感兴趣的东西，如果是双方都感兴趣的内容会更好。

（3）发现需求，提问要有引导。

通过提问引导客户说话，聊聊客户的兴趣爱好、家庭状况、工作情况等，对客户的信息进行分析，找到客户的诉求和需要，然后满足他们。

（4）建立信任，提问要有亲和力。

如果营销员对客户说话的方式和意图是善意的、和缓的、尊重的，客户就会觉得有亲和力，就容易接受营销人员所说的话，也会对营销人员建立信任关系。

（5）允许思考，提问要有停顿。

提问后允许对方有思考后作答的时间，不要随意搅扰对方的思路。适当的停顿是必要的，客户的思考证明营销人员的提问方式是对的。

（6）善用反问，提问要有技巧。

如果营销人员对客户提出的问题不知道怎么回答，这时切忌不懂装懂，可以实事求是地说自己不知道，但更巧妙的方式是反过来提问客户，让客户说出他是怎么看待这个问题的。

（7）因人设问，提问要有针对性。

提问应与对方的年龄、职业、社会角色、性格、气质、受教育程度、专业知识深度、知识广度、生活经历相适应，提问对象的特点决定了我们的提问是否应当率直、简洁、含蓄、委婉、认真、诙谐、幽默、周密、随意等。

（8）简明扼要，提问要有节奏。

提问太长、太多有碍于对方的信息接受和思考，因此提问要简明扼要，问简单、容易回答的问题。特别是当问题较多时，每次至多问一两个问题，待搞清楚或对方表示回答完后再接着往下问，把握好提问的节奏。

（9）敏感问题，提问要委婉。

有时因为一些不可避免的理由，有可能需要问一些对方敏感的、在公众场合下通常忌讳的问题，最好是在提问之前简单说明理由，这是避免引起尴尬的技巧。如有的女士对年龄很敏感，则可以说："为了填写这份表格，可以问问您的年龄吗？"

## 实训游戏

### 折纸游戏——提问的重要性

人数：10人　　　　用具：废旧 A4 纸　　　　场地：教室

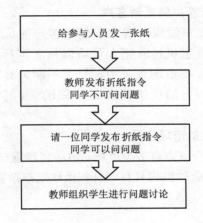

一、游戏要求

大家不左顾右盼，只关注自己的折纸。

二、折纸指令

1. 把纸对折，再对折，再对折。
2. 把右角撕下来，转 180 度，把左上角撕下来。
3. 把纸打开，比较一下大家撕出的图样是否相同。

三、问题讨论

两次折纸的结果有什么不同？原因是什么？

## 任务二　挖掘和识别目标客户

### 活动一　挖掘新客户

有人认为老客户的意义远远大于挖掘新客户，那是因为开发新客户的成本过高，但是我们做决策的时候不能只关心成本，决策的着重点应是收益，新客户能为金融机构带来新的血液，也带来了新的盈利点，所以挖掘和开发新客户是非常有必要的。

## 一、挖掘新客户的意义

### 1. 获得新客户意味着市场的新增长

每一个金融机构都必然要求新的市场空间，即新客户带来的增长空间。老客户存在流失的必然性，老客户可能因自身的业务萎缩减少需求，也可能选择别的合作商。若把生意的增长全押注在老客户身上，风险过大。所以，开发新客户才是企业发展壮大的阳光大道。

### 2. 开发新客户，有助于淘汰不合格的老客户

合作是建立在双方都有利可图的共赢前提下，但利润会随着市场发展有所变动。伴随客户而来的可能是盈利，也可能是亏损，一些不合格的老客户带来的风险不能忽视。金融机构要保障收益的稳定增长，就需要淘汰不能提供利润的老客户，开发能为金融机构带来收益的新客户。

### 3. 再次开发老客户，把老客户做成新客户

再次开发老客户，把老客户做成新客户，使老客户的价值贡献获得新增长，这才是服务好老客户的意义所在。金融机构营销人员可以从老客户身上找到更多合作机会，也可以通过老客户吸引新客户。在市场竞争中，只有不断为客户提供新价值，才能留住客户。稳定的合作关系建立在双方的价值供给与需求上，与其维护客户关系，不如再造客户关系。

### 4. 挖掘新客户，赢得更大的市场空间

客户即是市场，做多少客户就占有多少市场。追求客户规模，是做数量；深挖客户价值，是抓质量。在动态的市场中，金融机构只有一直积极地挖掘新客户，才会赢得更大的市场成长空间。

## 二、挖掘新客户的方法

### 1. 缘故法

所谓缘故法，就是从与自己熟悉的人和生活圈子中挖掘客户，包括亲戚、朋友、老乡、同学、同事、同好、邻居、社团等。

（1）缘故法接触客户的优势。

① 易于接近，容易获得客户的资料和信息。

② 信任度较高，成功的概率较大。

③ 可以累积营销经验。

缘故法是最容易开拓客户的方式，是金融营销人员的首推之法，特别是对于刚入行的营销人员，事业处于起步阶段，可以首先从自己的关系网开始，培养从事金融营销工作的自信。

（2）缘故法的障碍。

缘故法的最大障碍是金融营销人员的情面障碍，对身边认识的人开展营销活动，会觉得赚亲朋好友的钱心里不舒服，还会觉得营销是在求人，怕别人拒绝，丢面子。

其实金融营销人员必须正确地认识自己正在从事的工作，认识到金融机构是有益于亲友财富更大化的正规行业。只有思想和行动统一了，才会态度坦然，充满自信，也有助于打消

亲朋好友的疑虑。

（3）运用缘故法挖掘客户的步骤。

第一步，让大家知道你的职业及正在做的事业。

第二步，列出缘故客户名单，分类整理，制定一个最有效的工作时间表，按照工作时间表对缘故客户进行拜访，让每一个缘故客户都对你有印象。

第三步：克服心理障碍，用专业的态度开展营销，用敬业的精神进行后期维护。

（4）缘故法需要注意的问题。

① 学会开口。金融营销人员必须勇于开口，说出自己的所知，让对方感受到坦诚和专业。也许在"开口"过程中我们会有所疏漏，但这些都是可以弥补的，关键在于敢于开口。

② 坚持最专业的服务。金融营销人员不要因为客户是自己的熟人就免去了专业化，在营销过程中的各个环节都要做到专业化，可以展现一个完全不同于他们之前认知的自我，同时也可以考验和提高自己的业务水平。

③ 绝不能强迫营销。虽然客户是营销人员的亲朋好友，但没有义务一定要与营销人员所在的金融机构合作。强迫营销会使人产生反感厌恶的情绪，不仅不会营销成功，还可能导致人际关系恶化。

## 实训测试

### 问自己"我认识谁"——缘故客户名单

**缘故客户名单列表**

| 类别 | 名　　单 |
| --- | --- |
| 亲戚 | |
| 朋友 | |
| 老乡 | |
| 同学 | |
| 同事 | |
| 同好 | |
| 邻居 | |

**2. 转介绍法**

转介绍法是营销人员利用现有的人脉关系挖掘客户的方法。

（1）转介绍的种类。

一是老客户介绍新客户,请老客户现身说法,不断寻找和争取新的客户。

二是通过已有的缘故,如亲戚、朋友、同学、同事等人际关系进行转介绍。

(2) 转介绍的优点。

① 可以节省很多时间和精力。

② 更容易获取客户的信息,找到有潜质的准客户。

③ 借助已有客户的推荐及信任,营销成功概率大。

④ 利用客户的从众心态,营销成功机会大。

⑤ 获得再次转介绍的概率高,又一次增加了新客户的资源。

(3) 转介绍遵循的原则。

原则1:敢于开口要求

营销人员需要克服心理障碍,敢于开口要求转介绍,不要害怕客户反感,不要觉得太过鲁莽,不要怕被拒绝。只要客户认同你的人品、服务和专业,提出要求的方法得体,言语恰当,通常客户都会答应转介绍。

原则2:获取老客户的信任

想要老客户介绍新客户,首先要让老客户得到优质的服务,信任营销人员,而且要让老客户了解相关的金融产品,当对方对营销人员和相关产品都信任时,才会更好地介绍给朋友购买。如果老客户对营销人员和相关产品不够信任,是不会推介给自己的朋友的。

原则3:尽量少谈交易

与老客户沟通时,可以简单地介绍一些新产品,帮助对方了解最新动态,避免谈论产品交易,尽量让谈话变得轻松自然。只要有足够的耐心,实现老客户转介绍就不会是难事。

原则4:了解被介绍人

转介绍的工作重点要放在老客户身上,在跟被介绍人联系之前,要通过跟老客户的聊天和沟通,尽可能多地去了解被介绍人的各方面的情况,把与被介绍人见面可能遇到的所有问题,提前跟介绍人沟通好,并预先解决掉。因为介绍人对被介绍人的了解较多,从介绍人入手会起到事半功倍的效果。

原则5:与老客户长期联系

无论是成交还是没有成交的老客户,一定要长期联系,为客户的长期合作和转介绍新客户打下基础。突然向久不联系的老客户提出转介绍的请求会显得很冒失,客户未必愿意提供帮助。营销人员可以利用闲暇时间给老客户打个电话,进行简单的沟通,长期坚持就会出现明显效果。

原则6:提高影响力

营销人员要提高自己的影响力,也就是提高自己的号召力,成为客户朋友圈里的意见领袖。营销人员只有真正做到用心地服务客户,真诚地对待客户,用心地关怀客户,让客户感受到尊重,才会得到客户的欣赏,与客户成为朋友,得到客户的认可和支持,进而提高自己的影响力。

(4) 转介绍的技巧。

① 安排三方谈话。

通过转介绍老客户安排一次与被转介绍新客户的见面,见面时要邀请转介绍老客户一同前往,有转介绍人在场,谈话气氛会更融洽,能够更快地与被介绍客户建立信任关系。如果转介绍老客户没有时间一起交流，可以拜托转介绍老客户写一封介绍信或提前电话联系，这样更方便与被转介绍客户作进一步的交流。

② 少量投寄产品资料。

给被介绍客户投寄资料时，不必邮寄过多，因为邮寄资料只是销售过程中的一个小环节，是让客户了解产品与服务的一种途径，不是实现销售成交的最终方式。如果邮寄太多，对方可能没有时间甚至不愿意浏览繁冗枯燥的资料。

③ 首次见面以建立信任关系为主。

通常，被介绍的客户因为有转介绍客户会更加信任我们，一旦确认对方的信任态度，那么营销工作的开展往往会很顺利。因此不必在第一次见面时就着急向客户推销产品，那样反而会让对方产生反感情绪。

④ 充分利用权威推荐。

充分利用人们对各行各业权威的崇拜心理，有针对性地邀请权威人士向相应的人员介绍产品，吸引客户认同。或者利用行业主管单位的一些关系资源，争取他们利用自身优势和有效渠道，协助推荐客户。

⑤ 全面获取客户资料。

与被转介绍客户进行第一次沟通之前，先要想办法获取较多关于被转介绍客户的信息资料，这些资料包括：被转介绍客户的公司资料、客户在公司所处职务、个人兴趣爱好、联系方式、家庭成员等信息，看似不重要的信息有时会对销售工作的顺利开展起到关键作用。

**3. 陌生拜访法**

陌生拜访法是指营销员直接向不认识的人介绍和推销产品。

陌生拜访的方式包括电话陌生拜访、邮件陌生拜访和扫街、扫楼陌生拜访。

陌生拜访法是相对来说最难的一种方法，其本质在于"大数概率"。这源自人们对陌生人既有的戒备和不信任，从陌生到熟悉到信任会有一个过程。

（1）陌生拜访的意义。

① 扩大客户的开拓范围。陌生拜访是营销新人在没有缘故市场的前提下唯一可以利用的方式，是新人开拓新客户的有效途径，也是新人迅速成长的良好平台。

② 了解市场和收集信息。陌生拜访的市场是无穷大的，便于营销人员了解市场总体情况，收集各类信息。对市场的了解越深入，开拓陌生客户越容易。

③ 营销人员成长最快的方式。

陌生拜访是营销人员成长过程中必经的过程，也是使营销人员成长最快的方式。营销人员会在陌生拜访过程中学会自我调整心态，提高沟通技能，练就强大的心理承受能力。

（2）陌生拜访的流程。

① 打招呼：在客户未开口之前，以亲切的语调向客户打招呼问候。如："王经理，早上好"。

② 自我介绍：讲明公司名称及自己的姓名并将名片双手递上，在与客户交换名片后，对客户同意见面表达谢意。如："这是我的名片，谢谢您能抽出时间让我见到您！"

③ 破冰：营造一个好的气氛，以拉近彼此之间的距离，缓和客户对陌生人来访的紧张情绪。如："王经理，我是您部门的张工介绍来的，听他说，你是一个很随和的领导。"

④ 了解需求：采用扩大询问法，可以让客户自由地发挥，让客户多说，了解客户更多的

信息，挖掘客户深层次的需求。如："某某，您对今年的投资市场怎么看？"

⑤ 结束拜访时：在结束初次拜访时，营销人员应该再次确认一下本次来访的主要目的是否达到，然后向客户叙述下次拜访的目的、约定下次拜访的时间。如："王经理，今天很感谢您用这么长的时间给我提供了这么多宝贵的信息，根据您今天所谈到的内容，我将回去好好总结，然后再过来跟您仔细地聊聊，您看我下周二上午过来和您聊方便吗？还是您哪天有时间？"

（3）陌生拜访的技巧。

① 做好准备：

一是心态的准备。让自己处于工作的最佳状态。

二是服饰的准备。要求服装干净、整洁，一般职业男士要求穿西装，夏天不能穿拖鞋、短裤；女士要求不穿奇装异服，更不能穿着轻佻。

三是工具的准备，如名片、笔、记事本、公司资料册、计算器、价目表、公司小册子、做演示用的产品等。

四是要有礼貌并且保持笑容，注意语气语调。

② 心态决定成败。

心态决定拜访的成效。许多人一想到要和素不相识的人说话就会觉得紧张，这是很正常的生理反应。做陌生拜访一定不能有太多的顾忌。做之前不要想太多，要有不怕失败的心态。你要明白别人拒绝你是正常的，要有稳定、平和的心。

③ 要敢于"放弃"。

在所有拜访的客户中，不是每一个人都是准客户。当遇到比较挑剔的客户或者不诚信的客户时，营销人员不如暂时放弃，等到什么时候有空闲时再发一条微信、一条短信进行问候联系。在陌生拜访的客户中，每一个客户的看法都不同，所以营销人员应对那些有可能成交的人多花时间了解，对没有价值的客户就不用浪费时间，而且应该尽早放弃。

④ 认真填写拜访记录。

不管是国内还是国外的营销员，不管是高手还是精英，都必须重视填写拜访记录。俗话说："好记性不如烂笔头。"如果营销人员不认真填写拜访记录，当某位准客户打电话想了解情况时，聊了半天都没有想起对方是谁，也不敢叫对方的名字，很容易丢掉营销机会。陌生拜访记录要包括以下内容：怎样认识客户的，每次见客户的时间、地点，客户的看法，客户所说的话，客户所关心的问题，客户的疑虑，下次什么时候拜访等。这样不管客户什么时候、隔多长时间，只要客户与自己联系，我们就能想起第一次与之见面的情景，同时也能拉近双方的距离。

## 实训测试

### 你该如何回复？

陌生拜访时总是会遇到各种各样的拒绝理由，你该如何回复呢？

问题一：客户说"我没时间"

回复：_____

问题二：客户说"我没兴趣"

回复：_____

问题三：客户说"我没钱"

回复：_____

问题四：客户说"风险太大"

回复：_____

## 活动二　潜在客户转化

在挖掘到新客户资源后，并不是所有的客户都是需要重点经营的目标客户，营销人员要对客户进行评估和识别，发现潜在客户，将潜在客户转化为现实客户。

### 一、潜在客户的定义

潜在客户指的是对金融机构所提供的金融产品和服务存在兴趣与需求，同时又具有购买能力，但尚未与其发生交易关系的客户。潜在客户就是可能会成为现实客户的个人或组织。

潜在客户需具备两个基本条件：第一，存在对金融产品和服务的需求；第二，具有对金融产品和服务的购买能力。

### 二、潜在客户转化的技巧

与潜在客户进行卓有成效的沟通是将潜在客户转化为现实客户的第一步，除此之外，营销人员还要通过各种营销技巧促进他们向现实客户的转化。

**1. 重视客户的需求**

金融营销人员必须从客户的需求出发，为客户提供契合其需求的金融产品和服务，潜在客户才会接受，才会同意购买。

**2. 妥善处理客户异议**

俗语说"嫌货才是买货人"，也就是说，客户的异议恰好代表的是对产品的兴趣。对于客户的异议，我们先不要着急地反驳，要注意给客户留面子，同时分析原因，选择合适的时机，妥善地处理客户的异议。

**3. 唤起客户需求的紧迫感**

金融营销人员应唤起潜在客户需求的紧迫感，并营造所售的产品或服务能够迅速解决客户疑难问题、解决其需求的氛围，这样可以增强潜在客户的购买动机。

**4. 鼓励客户进行小金额尝试**

在了解客户购买阻力后，特别是客户购买阻力较大时，不要简单地劝解客户，应鼓励客户进行小金额的购买尝试，让客户在实践中体验到金融产品所带来的收益，享受到优质的金融服务，这样既完成了潜在客户的转化，还有可能使潜在客户成为高质量客户。

## 任务三　分析客户深层次需求及诀窍

### 活动一　客户需求分析

需求是一切营销的前提，金融营销的本质是以客户的需求为出发点，用金融产品或金融服务满足客户的需求。因此，要发现客户的需求，就需要做好客户需求分析，这是开展营销活动不可缺少的重要环节，也是营销成功的保证。

## 一、客户需求分析的概念

通过系统的、科学的方法，帮助客户综合分析财务状况以及对应的金融需求，从而为客户提供最合适、最科学的产品与服务，以协助客户解决现在和未来的问题。

## 二、客户需求分析的流程

### 1. 获取客户的基本信息

通过提问或问卷的形式了解客户的基本信息，包括姓名、性别、年龄、职业、收入、已有财产、负债、家庭状况等基本信息，根据基本信息对客户的需求有一个大致的、初步的判断。

### 2. 挖掘客户深层次的需求

与客户进行进一步接触和沟通，通过敏锐的观察能力、正确的沟通技巧引导客户自己说出问题，挖掘客户深层次的需求，并找出需求背后的真正原因。

### 3. 激发客户需求

在了解客户深层次的需求后，询问客户是否针对这些需求进行了合理的安排和预防措施，并帮助客户一起分析客户的预防措施是否合理和完善，简单地阐述某项金融服务能解决客户的问题。

### 4. 引导客户解决问题

善用客户心理因素，分析客户心理活动，以简短的提问及话术挖掘客户痛点，让客户意识到问题的严重性，感知到解决问题的迫切性，进而引导客户解决问题，刺激客户购买动机。

### 5. 提供有针对性的解决方案

从客户的实际需求出发，对症下药，为客户提供有针对性的金融服务产品，解决客户问题，满足客户需求，实现金融服务的成功营销。

### 同步思考

某小区里有两家水果摊。一位老太太在一家水果摊前买李子，摊主很热情地介绍自己的李子有多甜，可老太太看了看并没有买，又来到第二个水果摊。

第二个摊主并没有先夸自己的李子，而是询问老太太要甜李子还是酸李子。老太太说要一斤酸李子，摊主麻利地为老太太称李子，又好奇地问："别人都喜欢吃甜李子，你为什么要买酸李子？"老太太解释自己儿媳妇怀孕了，想吃酸的。摊主称赞老太太对儿媳妇的关心，又跟老太太聊起孕妇需要补充维生素，并提到猕猴桃含维生素最丰富。老太太一听，又买了一斤猕猴桃。

提问：你从中得到了什么启示？从客户需求分析的角度回答。

## 活动二　客户购买决策过程分析

客户购买决策过程是为解决自己的问题或满足某方面的需求，对产品进行评价、选择、判断、决定等一系列行为的决策过程。

## 一、分析客户购买决策过程的原因

客户购买决策在购买活动中占有极为重要的地位，是购买行为中的核心环节。

首先，决策进行与否，决定了其购买行为是否发生；其次，决策的内容规定了购买行为的方式、时间及地点；最后，决策的质量决定了购买行为的效用大小。

因此，决策在购买行为中居于核心地位，起着支配和决定其他要素的关键作用。没有购买决策就没有客户的购买行为，金融机构营销活动目的也就无法实现。决策是客户购买活动中的关键环节，也是影响金融机构营销活动的基本要素。因此，客户购买决策过程分析对金融营销的意义巨大。

## 二、客户购买决策的流程

### 1. 认识需要

认识需求是客户购买决策的起点。当客户意识到现实实际与目标状态之间的差距时，就认识到了需求的存在，当客户产生了要解决这一问题的要求时，购买的决策过程便开始了。客户的这种需求的产生既可以是客户内在感受所引发的，如因饥饿而引发购买食品的行为，也可以是由外部条件刺激所诱生的，如看见电视中的基金广告而打算购买基金，当然，有时候客户的某种需求可能是内、外刺激因素同时作用的结果。

### 2. 信息搜索

客户认识到需求后会寻求满足需求的途径，也就是解决问题的方案。为了使解决问题的方案具有充分性与可靠性，客户会收集决策所需要的各种信息，包括能够满足需求产品的种类、特点、购买场所等。

### 3. 方案评价

客户在购买动机以及影响购买动机的个性、收入、购买心理、生活方式等因素的作用下，对问题的认识逐渐明朗化，在内心形成了对所要购买产品的评价标准和态度。当客户从不同的渠道获取到有关信息后，会对这些信息进行认真的分析、对比和评价，并根据自己的购买标准对可选择的方案进行分析、比较和选择，最后决定购买。

### 4. 实施购买

客户在选择评价的基础上作出决策，进而实施购买并得到所偏爱的产品。该阶段的客户行为受购买环境中服务人员、广告等的影响。

### 5. 购后反馈

客户对购后结果进行评价，得出满意与否的结论，并将此信息和形成的经验反馈传递回去，进行影响下一次同类产品的购买决策活动。

## 三、影响客户购买决策的诀窍

### 1. 改善产品或服务与客户决策标准相匹配

了解客户的决策标准，适当地调整和改善产品或服务，与客户决策标准相匹配，只有产品或服务符合客户的决策标准，客户才会购买。

### 2. 强调产品或服务能满足客户需求的事实

在客户有疑虑时，要强调产品或服务能满足客户需求的事实，提醒客户回归初心，不要被其他因素干扰而误选了不适合的产品或服务。

**3. 突出产品或服务的优势,减弱产品或服务的劣势**

在客户购买决策过程中,要突出产品或服务的优势,哪怕是对客户来说并非重要的优势,同时要减弱产品或服务的劣势。

客户购买决策过程是一个复杂的心理活动与行为实施的过程,要影响客户的购买决策,需要营销人员细致的观察能力和高超的沟通能力。善于揣摩客户的心理变化,适时地解决客户疑虑,恰当处理客户异议,影响客户购买决策的诀窍就藏在这些细节里。

### 实训练习

#### 撰写金融需求方案

实训要求:以小组为单位,根据客户需求分析的方法撰写金融需求方案。

实训步骤:

1. 实训设计:以小组为单位,共同商讨确定一位客户(一个家庭)作为金融需求分析对象,撰写金融需求方案。
2. 撰写方案:每个小组撰写一份不少于1 000字的金融需求方案。
3. 成绩评定:由学生和老师针对各小组的金融需求方案进行成绩评定。

## 任务四　访问客户

### 活动一　客户约访

客户约访重在一个"约"字,是一个预约的过程,是与客户进行正式见面沟通前必经的一个过程。

#### 一、约访客户的目的

约访客户的目的绝对不是直接销售。金融营销人员不能急于出单而直接介绍项目和公司详情,这样会无法达到约访客户的目的,还会引起客户的反感,有生硬和勉强之嫌。

约访客户的目的就是取得与客户的面谈机会,这是接近客户的一种方式。在日常的工作中,金融营销人员主要是通过约访的方式接近潜在客户,与他们建立联系,以便有机会将产品展示给客户。因为事实证明,客户很难拒绝面对面的销售。

#### 二、确定约访时间

确定约访时间需要注意以下几点:

(1)尊重客户的时间安排。金融营销人员不可擅作主张,要尽力为客户着想,让客户确定约见时间。

(2)时间尽量是整点,不得零散,这样方便客户记住约见时间。

(3)确定时间后切忌调整。金融营销人员切忌因为自身原因调整约见时间,容易浪费客户的宝贵时间，会引起客户的反感。

### 三、确定约访地点

约见客户时，金融营销人员可以根据不同的客户类型选择不同的约见地点。

**1. 在公共场所与客户见面**

公共场所是与客户见面常选的地方，如咖啡厅、茶馆、商务会所、高尔夫球场等。选择的原则是符合客户心理，环境舒适，方便客户。

**2. 在客户办公室见面**

客户办公室见面是一种最普遍的约见地点。选择在客户办公室见面是为了方便客户，节约客户时间和精力。

**3. 在客户家里见面**

约在客户家里见面也是一个不错的选择，但是要征得客户的同意。有些客户更愿意在家里见面，更容易营造良好的氛围。

### 四、约访客户的常见方式

**1. 电话约访**

电话约访是最直接、最常用的约访方式，也是成功率最高的方式，一般金融营销人员都是采用这种方式的。有很多成熟的金融营销人员仍然坚持每天打一定量的约访电话，这是能保证持续成功的良好习惯。

**2. 社交工具约访**

在这个移动网络时代，人们之间的沟通更多的是依靠社交工具，比如微信、QQ、MSN、空间或社区的留言板等。社交工具约访的方式是最顺应时代潮流的方式。

**3. 面对面约访**

面对面约访就是当面邀约。在已经见面的情况下，为什么还要邀约呢？主要原因是当下的见面场所不适合营销，那就需要找一个正式的、不被打扰的、适合沟通的地点面谈。

**4. 信件约访**

信件约访是现代使用较少的方式，主要是因为人们之间交流很少运用这种工具了。但还是有不少团队定期发电子邮件给目标客户，或者给一些大客户写亲笔信表示诚意。

约访客户的方式多种多样，而究竟哪一种方式好，并无定式。同一种方式不同的人使用会有不同的效果，它与金融营销人员的营销习惯、素质水平、客户的情况以及后期的营销动作衔接等密切相关。

### 五、电话约访的方法

在金融营销中，电话约访让营销人员在与客户取得联系方面节省了大量的时间和金钱，但是，电话约访更多的只能通过营销人员的语言来沟通，要成功说服客户同意见面是需要技巧的。

**1. 电话约访前的准备工作**

（1）打电话前准备的资料。在打电话前，要先准备以下资料：客户的姓名、职务、电话、公司简称、名单来源、便笺、记录本、话术本等。

（2）电话内容准备。营销人员在打电话前，最好将重点内容在空白纸上列出，想清楚打电话的内容，否则势必结结巴巴、词不达意，这是对客户的不尊重，也会给客户造成不专业的印象。

**2. 电话预约的时间管理**

（1）列名单、列电话。

（2）集中时间打电话。

（3）同类电话同类时间打。

（4）重要的电话约定时间打。

（5）约访电话时长不要超过三分钟。

**3. 电话约访的技巧**

（1）在接通电话前，要保持良好的心情，语调要委婉，语音要清晰，语气要坚定，面对拒绝可以侧面回答并学会幽默。

（2）自我介绍时，要先说明自己的姓名，表明自己的身份，这是尊敬自己的方法，也可以加深客户对自己的印象。

例："请问是李先生吗？李先生您好，打扰您几分钟，我是××××银行的客户经理，是您的朋友黄××先生介绍的，黄先生您认识吗？"

（3）适度赞美和肯定对方，表现出友善，给客户安全感。

例："黄先生告诉我，您为人很热心，事业也做得很成功，所以想和您交个朋友。"

（4）在提出约见要求前，首先要激发客户的兴趣，可以是简单介绍金融服务的方法，将客户的需求与金融服务紧密联系在一起，以此来打动客户。

（5）阐明目的，提出要求，约定面谈时间和地点。电话约访的最终目的是和客户见面，金融营销人员在电话约访中多使用二择一问句，并确保始终能回到电话邀约的目的，获得参会或面谈的承诺。

例："您看您明天上午还是下午比较方便，希望能有机会跟您见个面。"

（6）巧妙化解客户拒绝。客户出现异议，先要接受，然后给出解释，之后要紧跟着进行新的问题，牵引客户思路继续向下进行。

例："抱歉不知道您这么忙，可见你的确很成功，不过您放心，我保证耽误不了多长时间，只要十分钟就可以了，您看是我明天还是后天去跟您学习一下？"

（7）注意礼仪，在结束谈话前，应向客户客气地说一声"谢谢""再见"等，然后等对方讲完后再轻轻地挂断电话。

## 实训测试

实训要求：2人一组，以小组为单位，运用约访客户的方法与技巧进行实训演练。

扮演角色：客户经理、准客户。

成绩评定：由学生与教师对各小组约访客户的全过程进行评定，给出成绩。

电话约访评定表

| 项目 | 内容 | 优 | 良 | 中 |
|---|---|---|---|---|
| 言辞 | 声音适中、从容不迫 | | | |
| | 口齿清晰、发音准确 | | | |
| | 用词准确、恰当 | | | |
| | 语速快慢适中 | | | |
| | 语气 | | | |
| | 流利自然地说出吸引人的电话约访话术 | | | |
| 肢体语言 | 微笑 | | | |
| | 三分钟左右挂断电话 | | | |
| 肢体语言要点 | 讲完话后道谢,轻巧挂上电话 | | | |
| | 确认身份 | | | |
| | 问好、表明身份 | | | |
| 要点 | 赞美 | | | |
| | 表明来意 | | | |
| | 只做约访、不谈产品 | | | |
| | 二择一法确定时间 | | | |
| | 拒绝处理 | | | |

## 活动二  客户沟通与引导

在成功约访客户后,金融营销人员要为约见客户做准备,给客户留下一个良好的印象。与客户见面是金融营销人员最重要的工作内容,是决定营销成功与否的关键。金融营销人员需要精心设计如何自我介绍、如何与客户寒暄、如何设计开场白,以及如何正式面谈等环节。

### 一、如何自我介绍

自我介绍是向对方自报家门,将自己介绍给对方,这是人与人之间相互认识的开端,能缩短人与人之间的距离。在金融服务场合,能正确地运用自我介绍非常重要。

自我介绍时,应先向对方点头致意,得到回应后问好,再向对方介绍自己。

自我介绍的技巧包括:

(1)抓住时机。主要把握好自我介绍的时机,在适当的场合进行自我介绍。

(2)控制时间。自我介绍时内容要简洁,为了节省时间,可以利用名片、介绍信等加以辅助。

(3)讲求态度。自我介绍时,态度一定要自然、友善、亲切、随和。

（4）善用体态。善于利用自己的身体语言，站姿端庄，微笑自然，眼睛注视对方，善于用眼神、微笑等面部表情表达热情。

（5）内容真实。进行自我介绍要实事求是、真实可信，不可自吹自擂、夸大其词。

### 实训测试

实训要求：以小组为单位，运用自我介绍的方法与技巧进行实训演练。

实训步骤：

1. 自我介绍设计：以小组为单位，共同商讨确定自我介绍的场景，并设计自我介绍的脚本。
2. 实训演练：至少选择两位同学参与实战演练，分别扮演金融营销人员和客户。
3. 成绩评定：由学生和老师针对各小组的实战演练进行成绩评定。

## 二、如何与客户寒暄

与客户寒暄就是在面对客户的时候如何打开话题，让客户觉得和你有话可谈，甚至可以和客户成为知己，相互之间建立信任。而且，寒暄对金融营销人员来讲尤其重要。

**1. 寒暄的常见类型**

（1）问候型。

问候是对他人表示友好的理解。问候的目的是使金融营销人员与客户双方关系融洽。例如："你们好！""大家好！""幸会""久仰"等。

（2）攀认型。

攀认型问候是抓住双方共同的亲近点，并以此为契机进行发挥性问候，以达到与对方顺利接近的目的。金融营销人员与客户接触时，只要留心，就不难发现自己与客户有着这样或那样的共同点，像"同乡""自己喜欢的地方""自己向往的地方""自己认为的人间好去处"等，这就是与客户攀认的契机。

（3）谈论型。

金融营销人员可以用谈论式的寒暄方式打破初次见面时的沉默，这是最有效的沟通方法之一。谈论一般针对人尽皆知的内容，如天气、明星等，不要选太敏感的话题。

（4）关照型。

关照型寒暄主要是在寒暄过程中要不露痕迹地关照客户，解决客户的疑问或疑难，可以是衣食住行等具体方面的，也可以是心理感受方面的。如果金融营销人员在寒暄中能够有针对性地关注这些方面的问题，就能够一定程度上加强客户对金融营销人员的信任。

（5）赞美型。

赞美是发自内心的对别人的欣赏并回馈给对方的过程，是对别人关爱的表示，是人际关系中一种良好的互动过程，是人和人之间相互关爱的体现。客户需要金融营销人员的承认和肯定，需要金融营销人员的诚意和赞美。

**2. 寒暄的技巧**

（1）自然切题。

寒暄的话题十分广泛，比如天气冷暖、身体健康、风土人情、新闻大事等，但是寒暄时具体话题的选择要讲究，话题的切入要自然。

（2）敢于抛出话题。

金融营销人员要大胆地和客户交流，敢于向客户抛出话题。当然，这一点更多的是针对刚入行的新人而言的。因为很多新人在刚开始和客户做业务时，有时候不知道跟客户讲些什么，而且有时候有很多的顾虑，很容易和客户冷场。

（3）建立认同感。

如果金融营销人员自然得体地切入了寒暄话题，双方的心理距离就会有效地缩短，双方的认同感就容易建立起来。

（4）调解气氛。

金融营销人员在寒暄时要诚恳和热情，表现出对寒暄内容的勃勃兴致，和谐的交际气氛也就创造出来了，这样就为下一步的沟通和营销打下了良好的基础。

（5）不提隐私话题。

在寒暄的过程中涉及客户隐私的话题是绝对不能提的，除非客户主动谈及，涉及隐私的话题有年龄、收入、婚姻、家庭等。

## 三、如何设计开场白

开场白是金融营销人员拜访客户时必经的流程。客户听完开场白后，就会做出是否愿意谈下去的基本判断，所以金融营销人员需要在开场白时介绍来访的目的，吸引客户的注意力，引起客户的兴趣，使客户愿意交谈下去。

开场白的好坏直接决定着金融营销人员客户拜访的成败，金融营销人员要用好开场白。常见的开场白技巧如下。

**1. 利益刺激**

金融营销人员可以在开场白中展示金融服务或产品能给客户带来的收益，运用利益刺激的方法引起客户的兴趣，激发客户的购买欲望。举例：

"我们这款理财产品的收益率为8%……"

"这项活动可以将您的费用降低30%……"

**2. 巧用问题**

金融营销人员可以在开场白中巧用问题挖掘客户需求，以向客户的提问结束，好让客户开口讲话，向客户提问题是引导客户的关键。举例：

"您知道意外险在突发事件发生后有哪些好处吗？"

"您对孩子的教育支出是怎么规划的呢？"

**3. 引发好奇心**

金融营销人员在开场白中通过引发客户的好奇心来接近客户，把客户的注意力转移到产品上。只要金融营销人员用心去观察客户，就能找到激发客户好奇心的方法。举例：

"作为我行在年末唯一的一次酬宾活动，我必须要通知到您……"

"您了解最新的营改增政策吗？这其实也会影响到您的生意……"

**4. 解决问题**

金融营销人员应设身处地地设计开场白，从客户的角度出发，运用产品和服务为客户解决问题。举例：

"听您的同事说，您最近很头疼的事情是……"

"您上次说在税务规划方面有困难,我们私人银行这边可以提供相关服务……"

**5. 从众心理**

金融营销人员在开场白中利用客户的从众心理,提及客户熟悉的第三者已经使用金融产品或服务的情况,激发客户的兴趣。举例:

"我们刚与××公司合作过,他们认为我们的服务非常好,所以……"

"您单位的好多同事都在我行购买了理财产品,您要不要也……"

**6. 谦虚请教**

金融营销人员在开场白中可以用向客户请教的方法来打开客户的话匣。金融营销人员都会在拜访客户前做功课,对客户有一定的了解,就客户某一方面的专长进行请教,从而引起话题。举例:

"李先生,您的陶瓷手艺这么好,您是怎么做到的呢?"

"王太太,您把小孩教育得这么好,有哪些好方法呢?我也学习一下。"

**7. 询问兴趣爱好**

金融营销人员在开场白中可以针对客户的兴趣爱好进行询问,打开客户的心扉,和客户保持融洽的交谈。举例:

"王先生,您这么好的身材是不是和您经常健身有关系?"

"李先生,您的书法这么好,有没有什么奥秘呢?"

其实开场白中随机应变是关键,金融营销人员要善于观察,关注细节,根据实际情况的不同,开场白也应灵活多变,不一定需要固定的模式。总之,有吸引力的开场白才能赢得客户的注意,引起客户的兴趣,使客户乐于与我们继续交谈下去,才会为成功营销奠定基础。

## 四、如何正式面谈

**1. 捕捉客户的有效信息**

在进入正式面谈后,金融营销人员就要捕捉客户的有效信息,了解客户的需求。只有及时准确地把握客户的金融需求,才能根据需求的类别和大小决定如何将金融服务介绍给客户,通过满足客户的需求赢得众多的优良客户。

**2. 应对客户拒绝**

金融营销人员要理性对待客户的拒绝,只要在营销,就有被拒绝的可能性,通常有些客户对并不了解的东西,最习惯的反应就是拒绝。拒绝是一种习惯和伪装,部分客户的拒绝,往往是需要进一步了解金融产品或服务的正常反应,因此金融营销人员要勇敢面对拒绝。

一般来说,金融营销人员只有了解客户拒绝的原因,才能了解客户真正的想法和顾虑,正确处理客户拒绝是成功营销的重要环节。不同的客户有不同的拒绝原因,这就要求金融营销人员用积极的态度、灵活的方法来应对客户的拒绝。

应对客户拒绝的步骤:

(1) 表示理解。

金融营销人员在面对客户拒绝时,首先应该表示理解和尊重客户观点,试图融入客户的想法阐述自己的观点,表现出对客户的感同身受,并提出愿意为客户提供帮助。在这个过程中,金融营销人员要记住不要反驳和争辩。

（2）耐心询问。

在经过上一步的缓冲后，金融营销人员可设法提出一个小问题，将对话继续下去，接下来就可以通过耐心询问来了解客户拒绝的真正原因。

（3）说服客户。

在认真倾听、充分了解的基础上，针对客户拒绝的原因进行说服工作。对客户的拒绝能现场解决的就现场解决，这样会得到客户的认可和尊重，营销人员的权威性就变高，更容易促成交易。

应对客户拒绝的技巧：

（1）直面拒绝法，不逃避拒绝，直面应对。

客户："你们保险都是骗人的！"

营销人员："那可能是一传十，十传百，传走样了吧？保险公司骗人可没有那么容易，首先有政府监管部门管着呢，我们的通话都会被录音；其次合同条款白纸黑字写着的，该赔就会赔的。若不赔，肯定是客户购买的保险不全，或关键手续不全。保险行业已经有200年的历史，一样东西不可能骗人200年还能继续下去的，您说是不是？"

（2）间接否定法，从间接的角度否定客户拒绝的理由。

客户："期货风险太大了！"

营销人员："当然了，期货是一项大额的投资，风险确实比较大，有这方面的考虑很重要，但是行情不会等您考虑好才会发生，如果您错过了这波行情收益就会大幅缩水，行情不等人，您觉得呢？"

（3）核心价值法，在面对客户拒绝时，直接讲出产品的核心价值，引起客户的兴趣。

客户："我没兴趣。"

营销人员："是，我理解您，毕竟对不了解的东西不可能产生兴趣。不过我们这个产品会对您的税务有一个全面的规划，可以帮您合法避税，对您和公司都非常有利。我可以给您具体规划一下吗？"

（4）迂回逆转法，暂时不理会客户拒绝，转而讨论其他话题。

客户："我没兴趣。"

营销人员："女士，我理解您。那我给您说说理财的重要性吧。你不理钱，钱不理你。很多人总希望自己不断地涨工资，有更多的收入，以为凭着这个就能过幸福生活。实际上，很多时候尽管收入多了，但同时却花了更多的钱去买更大的房子、买更好的车，日子反而比以前更紧巴了。长此以往，就形成了一个怪圈。因此，如果你希望跳出怪圈，就应养成良好的理财习惯。你有哪些理财的习惯吗？"

（5）继续追问法，接着对客户拒绝的理由继续追问。

客户："我回去跟老婆商量一下再说。"

营销人员："我完全理解，那您老婆什么时候有空呢？在她有空的时候我们一起谈谈。"

（6）举例打动法，用实际案例打动客户，消除客户疑虑。

客户："这种事不会发生在我身上的，不需要！"

营销人员："我跟您说一个让我特别感慨的案例。我进入保险行业后，曾向一个关系较好的高中同学推销过意外险，他说不着急，把我送的资料收起来聊其他的事情了，我就不好意思再提了。谁知大概半年后，他老婆打电话给我，哭着说我同学出了车祸，在医院躺着呢，性命是保住了，但花了很多医药费，东拼西凑才勉强够，还不知道他出院后没钱怎么办呢，说看到家里的保险资料,想问我保险公司的医疗费用能不能快点领到,我无言以对,感叹那天怎么就没坚持一下,他要买了意外险该多好呀,最起码可以得到经济上的补偿。所以王先生,我觉得我们要吸取他的教训!"

## 实训演练

实训要求:以小组为单位,运用应对客户拒绝的方法与技巧进行实训演练。
实训步骤:
1. 设计脚本:以小组为单位,共同商讨确定应对客户拒绝的场景,并设计完整的应对客户拒绝的情景练习脚本。
2. 实训演练:至少选择两位同学参与实战演练,分别扮演金融营销人员和客户。
3. 成绩评定:由学生和老师针对各小组的实战演练进行成绩评定。

### 3. 帮助客户做决定

促成交易就要金融营销人员帮助客户做决定,鼓励客户做出购买行为。客户往往害怕做出错误的决定,优秀的金融营销人员要善于为客户做正确的决定,站在客户的角度,为客户具体分析其实际情况。帮助客户做的决定要对客户有利,要么为客户带来快乐,要么为客户解决痛苦。

帮助客户做决定的动作包括:① 适时拿出金融产品合同书,建议与其他展示资料一起拿出,为客户讲解时,将产品合同书放在资料下面或客户手边,讲解到位时,顺势促成签约的动作。② 请客户出示身份证,金融产品的购买一般都需要身份验证,可以通过提示客户出示身份证的方式,引导客户促成交易。③ 观察客户的表情和态度,在与客户交流的过程中,客户的表情和态度是营销成功与否的晴雨表,把握住客户的积极态度,顺势引导客户签约。④ 利用促成的话术引导客户,成功的话术具有强大的影响力和感染力,足以影响客户的决策。⑤ 在交流过程中把签字笔递给客户,在引导客户签字时就显得很自然。

帮助客户做决定的方法包括:① 默认法,假定客户已经同意购买了,直接让其签单,如果客户表示还没决定要买,就需要重新说服;② 激将法,利用话术促使客户下决心购买,注意所引用的故事和营销用语要足以促使客户下定决心;③ 二选一法,提出两种可选方案,只要客户选择其中一种,便可达成促成的目的;④ 利益说明法,强调金融产品或服务的核心价值,促使客户下决心购买;⑤ 风险分析法,为客户讲解不下决心购买的损失和风险;⑥ 机会不再法,告诉客户购买机会的难得性,对于犹豫不决的客户这种方法相当有效;⑦ 小金额尝试法,如果客户不愿意达成交易,金融营销人员可以退一步,提出修正方案,提出让客户小金额购买进行尝试。

帮客户做决定,促成交易的方法有很多,金融营销人员要看准时机,随机应变,采用不同的方法顺利促成。

## 延伸阅读

### 帮客户做决定的话术

"这款理财产品从来没有过这么高的收益率,这次就是为了回报老客户才有的活动,机会难得哦，没有下一次了，再考虑一下吧！"

"10万元确实有点多，我也理解您的顾虑，要不您先拿5万元购买试试，保证您在得到收益后还会来购买的，我们有很多老顾客都说这款产品好！"

"您的朋友王先生都购买了我行的这款理财产品，以您目前的实力，相信不会有什么问题吧？"

"王先生，您看我这里是给您只开通股票账户，还是股票和基金账户都开通呢？"

"反正您早晚都要买保险，不如现在买了，早买早有保障，你说呢？"

"您一定要想清楚哦，这可是为了您的孩子，为了孩子就要早做规划。"

"您是付现金还是刷卡？"

"请您填一下这张表，并签字。"

**4. 跟踪客户**

金融营销促成后并不是客户关系的结束。营销人员要学会售后跟踪客户，与客户保持联系，继续发展客户关系，为客户提供服务，以确保他们的满足感持续下去。

跟踪客户是维护老客户的重要方法。金融营销人员需要不断售后跟踪客户，用情感维护客户关系，让客户感受到温暖，愿意继续合作，愿意重复购买，愿意转介绍，培育成为忠诚客户。

跟踪客户的方法包括：

（1）售后回访。有效的跟踪应该在销售后的很短时间内开始，金融营销人员要打电话给客户说"谢谢"，还要看看客户对金融产品或服务是否满意。

（2）保持接触。微信、电话让交流变得容易，要与老客户保持接触，关注客户的动态，适时联系客户。当然也不能忽视面谈，如果你遇到了想见面的顾客，可以预约拜访。

（3）记住特殊的时间。节日的问候、婚庆喜事、过生日时的一句祝福、一束鲜花，都会使客户感到温暖，备受尊重。

（4）优惠活动。针对老客户，还可以推出更多的优惠措施，如大客户联谊会、老客户回报活动等，并且通过赠送礼品、有偿介绍等方式回馈老客户，拉近与老客户的关系。

（5）投其所好。金融营销人员对每一个老客户都有一定的了解，可以投其所好进行交流，比如有客户喜欢电影，可以推荐好看的影片；有客户喜欢读书，可以推荐文章，等等。

总之，金融营销人员售后跟踪客户是维护客户关系必不可少的环节。

**5. 客户转介绍**

金融营销成功后也不能忘了客户转介绍，客户转介绍是客户开拓的重要方法，是专业化金融营销的一个流程，具有耗时少、成功率高、成本低等优点，是非常好用的一种客户开拓手段。

世界上最伟大的销售员乔·吉拉德总结出了"250定律"，他认为每一位客户身后，大约有250名亲朋好友，这些人都可以成为潜在客户。当客户愿意转介绍新客户时，金融营销人员将获得源源不断的客户资源。

## 任务五　维护客户

### 活动一　认识客户维护

维护已有客户对每个金融机构来说都是非常重要的，客户资源是金融机构盈利的不竭源泉。如果没有客户维护，就会造成客户的大量流失，因此营销人员应当把客户维护当作一项重要的日常工作。

## 一、客户维护的内容

（1）硬件维护。金融机构工作场所硬件设施是需要维护的，要营造出温馨、可信的氛围，至少要达到时刻可用、方便客户的状态。

（2）软件维护。金融机构的业务处理都是靠网络技术完成的，对软件进行维护，要保证金融服务的高效化，为客户提供优质的金融服务。

（3）功能维护。这是金融机构帮助客户解决实际问题的一种维护。金融企业要为客户提供方便，解决客户的问题，满足客户的需求。

（4）心理维护。这是金融营销人员更高级别客户的维护方式，要关心客户的内心，满足客户心理和精神上的需求。

（5）特色维护。这是金融机构提供特色化服务和个性化服务的客户维护方式。这需要营销人员对客户有深入的了解，有针对性地进行客户维护。

## 二、客户维护的方法

（1）建立客户资料数据库。要做好客户关系的维护，首先要建立客户资料数据库，这样就可以利用数据查找客户信息，也可对客户进行细化分析。

（2）建立客户追踪制度。对已有客户要建立追踪制度，追踪客户的信息，收集客户的反馈信息，并持续为客户服务。

（3）细分客户，差别维护。将客户划分为重点客户、普通客户和退出类客户，对不同类型的客户要差别化维护。

（4）关注客户，情感维护。营销人员要随时关注客户，包括客户在日常生活中遇到的困难，将情感渗透到客户关系维护中。

（5）产品跟进，扩大销售。依靠高质量的产品和优质的金融服务维系客户，在客户对金融服务认可的基础上，向其提供更多的产品和服务。

（6）超出预期，超值维护。通过为客户提供超出其心理预期的、个性化的、具有人情味的服务来进行客户维护。

## 案例分析

### 一次关键接触毁掉了 30 年的客户关系

1989 年的一天，约翰·巴里尔先生拜访了华盛顿斯波坎的银行，他穿着通常那件不起眼的旧衣服，开着一辆旧轻型货车，将车停在了银行旁边的一片空地上。在兑现完一张支票后，他走出银行去开车，一位停车处管理员拦住了他，要求收取 60 美分的停车费，但同时告诉他可以在银行确认其停车证，这样就可以免费停车了。巴里尔认为这很合理，于是又返回银行（顺便说一句，他已经和这家银行有 30 年的往来历史了）。银行出纳员上下打量了他一番，然后拒绝为他在停车证上盖章，并告诉他银行只为和银行有业务往来的客户确认停车证，而兑现一张支票并不算什么业务往来。巴里尔先生于是要求见银行经理，银行经理也上下打量了一番巴里尔先生，露出了与银行出纳员同样的神情，同样拒绝确认其停车证。于是，巴里尔先生说："好，你不需要我，那么我也不需要你。"他从银行取出了所有的存款，并直接存到了另一家与之竞争的银行，他存的第一笔款项就达到100万美元。

约翰·巴里尔说："不论你在一家银行拥有1美元还是100万美元的存款，我认为银行都有义务为你的停车票盖章。"

（资料来源：王艳君. 金融服务营销［M］. 北京：高等教育出版社）

思考：

华盛顿斯波坎的银行应该采取哪些客户维护方法避免此类事件的发生呢？

## 活动二　培育忠诚客户

### 一、认识忠诚客户

忠诚客户是指那些持续关注，长期购买企业产品或服务的客户。忠诚客户的购买行为是建立在对企业的信任基础上的，他们相信企业能满足他们的期望，能提供有价值的产品和服务，所以他们长期地、重复地购买同一企业的产品和服务。

忠诚客户的特征包括：第一，对企业有情感上的支持与信任；第二，能够做到重复购买企业产品或服务；第三，愿意购买多种产品或服务；第四，购买支出的份额较大；第五，愿意向他人推荐企业产品或服务；第六，能够忍受企业偶尔的服务失误，不会发生客户流失；第七，能够抵抗竞争对手的拉拢和诱惑。

忠诚客户的作用包括：第一，能为企业节约客户开发成本、交易成本和服务成本；第二，能为企业带来长久的、综合的盈利能力；第三，能让企业获得良好的口碑；第四，能促进企业的良性发展。

### 二、培育忠诚客户的方法

**1. 超越客户的期望**

客户忠诚是建立在客户满意基础之上的。金融机构首先要满足客户的基本期望，才能达到客户的满意，取得客户的信任。然后当客户的基本期望得到极大的满足时，客户会更关注潜在期望的实现，如果金融机构仍致力于提高客户基本期望的满意水平而忽略客户的潜在期望，就无法有效提高客户的忠诚度。金融机构应致力于满足超出基本期望的客户并未意识到而又确实存在的需求，给客户带来惊喜，从而使其变为忠诚客户。

**2. 提高客户的转移成本**

客户的转移成本是指客户购买其他企业产品以取代原有产品的过程中所需要支付的费用。提高客户的转移成本可以使金融机构锁定客户，获取竞争优势，提高客户忠诚度。金融机构可以通过长期稳定的优质服务来满足客户需求，提高客户的转移成本。

**3. 提高员工忠诚度**

员工认同企业的价值观、对企业忠诚，才会想方设法地做好工作，为客户提供优质的服务。正是优质的服务塑造了客户对公司的忠诚度，因此金融企业必须加强企业内部管理，提高员工忠诚度，为客户忠诚提供最基础的保障。没有员工忠诚这个基础，一切都无从谈起。

### 4. 妥善处理客户投诉

很多金融机构希望减少客户投诉,但实际上投诉是一个很好的转机。如果金融机构能够积极补救服务失误而让客户满意的话,那么其成为忠诚客户的可能性会更大。客户投诉是金融机构的财富,金融机构可以在客户投诉中发现产品和服务的不足,进而不断完善和改进产品或服务质量,促进发展。

在营销过程中,难免会有失误,如果失误伤害了客户的感情,必然会引起客户的不满、投诉甚至背离。但是,如果能够及时进行补救,如通过道歉、送礼物、免费提供额外服务等方式向客户表达自己真诚的歉意,则可以重新赢得客户的信赖。

## 活动三 与愤怒的客户达成一致

客户是金融机构盈利的源泉,客户的重要性不言而喻,但有时候客户非常的愤怒或者不理性,他拒绝任何理性的合乎逻辑的建议。那么如何与愤怒的客户达成一致呢?

### 1. 鼓励客户发泄,排解愤怒

当客户表现出愤怒时,营销人员应了解客户此时心情是不平静的,首先应该鼓励客户发泄,让客户把事件的来龙去脉,甚至心中的郁闷发泄出来。当客户心情平静的时候,沟通就变得相对容易了。

参考:"您遇到了什么样的麻烦,您可以和我讲,没关系的。"

### 2. 认同客户感受,表达尊重

营销人员不直接回答,不去与客户争论解释,要认同客户的感受,让客户感受到认同,感受到尊重,情绪就会得到缓解,而且会反过来认同营销人员的提议。

参考:"我理解您的感受,这件事情换是我遇到,也一样感觉不好……"

### 3. 充分道歉,控制事态稳定

通过认真地倾听,若了解到客户愤怒的原因是服务的失误,营销人员应立即道歉,控制事态稳定。

参考:"对不起,A先生,由于我们工作的疏忽给您带来不必要的麻烦,我们真诚向您说声对不起。"

### 4. 探寻客户的真实需求

在客户冷静后,营销人员可以运用开放式问题和封闭式问题交叉提问,积极鼓励客户把愤怒的细节讲清楚,将客户的问题具体化,探寻客户的真实需求。

参考:"A先生,我们会对3号柜员进行处理的,您看还有什么可以帮到您的吗?"

### 5. 提出解决方案

在了解客户情况的基础上,营销人员应主动提出解决方案,甚至主动提出给客户一定的补偿,让客户明白我们的主动和真诚。

参考:"A先生,非常感谢您关注我们的服务细节,同时看得出您是一位非常支持我们工作的老客户。您看这样处理好不好?……另外,为了感谢您对我们的支持,我们将帮您免费办理一张金卡,这样您以后再去我行办理业务会更快、更方便。"

### 6. 表达对客户的感谢

营销人员在与愤怒客户达成一致后,应表达对客户的感谢,感谢客户的信任,感谢客户的意见,感谢客户的配合,感谢比道歉更重要。

参考:"谢谢 A 先生,谢谢您信任我,跟我说了您的问题,也感谢您为我们改进工作提供了良好的意见和建议……"

**7. 回访客户,跟踪服务**

为了避免客户的流失,体现对客户的尊重,要对愤怒的客户进行回访,跟踪服务,确保事情得到了妥善的处理。

参考:"您好,A 先生。对上次的时间我们做一个回访,您对处理结果满意吗?……欢迎您继续来我行办理业务。"

## 实训演练

实训要求:以小组为单位,运用如何与愤怒的客户达成一致的方法进行实训演练。

实训步骤:

1. 设计脚本:以小组为单位,共同商讨确定客户愤怒场景,并设计完整的情景练习脚本。
2. 实训演练:至少选择两位同学参与实战演练,分别扮演金融营销人员和愤怒的客户。
3. 成绩评定:由学生和老师针对各小组的实战演练进行成绩评定。

## 任务六　管理金融消费者

### 活动一　管理消费者参与

#### 一、消费者参与

消费者参与是指消费者参与到一种产品或服务的生产过程中,为获得情感、个性化需求、自我创造及自我实现等方面的需求而投入资源(智力、时间、金钱、精力、情绪等)的行为。

马斯洛需求层次理论将人类需求从低到高划分为五种层次,分别是:生理需求、安全需求、社交需求、尊重需求和自我实现需求。消费者参与会让消费者在交易过程中实现更高层次的需求。

#### 二、消费者参与的分类

消费者的参与程度受到三个因素的影响,即服务的标准化程度、服务的自动化程度和消费者的投入程度。按照消费者的参与程度不同,消费者参与可分为三类:

(1)低度参与。产品或服务的标准化程度较高,服务的自动化程度较低,消费者只需要在场即可,比如银行柜台交易。

(2)中度参与。产品或服务具有一定的自动化程度,服务过程必须要消费者参与到标准化服务流程才会有结果,比如 ATM 存取款。

(3)高度参与。产品或服务需要由消费者与企业合作生产,比如手机银行的设计和使用。

### 三、消费者参与的作用

**1. 正面作用**

（1）消费者参与能够促进产品或服务的创新。

消费者参与会使企业不断完善服务方式，提升专业水平。消费者会根据自身的需求，结合服务现状提出改进意见，促进产品或服务的创新，也会提高市场的接受度。

（2）消费者参与能提升客户的满意度。

消费者实际参与产品或服务的生产过程，更加了解服务人员可以提供的服务内容，对于服务品质的期望会接近于实际，有助于缩短服务品质的期望和认知之间的差距，可以提高客户对服务品质的认可，增加客户满意度，更容易成为忠实客户，最终提高企业效益。

**2. 负面作用**

（1）增加企业培训成本，延缓服务完成时间。

消费者参与需要消费者具有一定的专业水平。因为很多消费者在执行服务传递和生产的过程中并不能承担自身责任，不能理解自己的角色，这就使得企业的培训成本增加，甚至延缓服务的完成时间。

（2）消费者转变为企业未来的竞争对手。

消费者参与使得消费者成为产品或服务开发的一个组成部分，他们与企业共同创造价值，既是合作者、共同开发者，也是竞争者。消费者参与服务的过程，在熟悉整个服务流程后，有可能转变为企业未来的竞争对手。

## 活动二 管理消费者等待

等待是一种时间的浪费，等待是一种无奈的选择，等待是一种痛苦的煎熬。有效管理消费者等待是金融机构不可忽视的日常基础工作。等待时间太长会给消费者留下不好的第一印象，这会极大地影响消费者对金融服务的满意程度。

有效管理消费者等待的方法：

**1. 营销电子产品或服务**

电子产品或服务极大地丰富了金融服务的内涵，使人们不论何时何地均能及时交易，处理多种金融业务。金融服务人员应该大力营销电子产品或服务，在拓展业务的同时，让客户节省了实地窗口排队等候的时间。

**2. 学会占用消费者的时间**

金融服务人员可以在客户等待期间为客户提供一份报纸，宣传一项业务，也可以提示客户阅读宣传册页，观看展示视频等，把客户的注意力转移到其他地方，从而有效管理消费者的等待。

**3. 减轻消费者的焦虑**

焦虑会扩大消费者对等待的难受程度，要减轻消费者的焦虑，金融服务人员需要为客户提供一些小小的帮助，比如为客户倒一杯水，耐心指导客户填写单据，陪客户聊天，这些都可以减轻客户等待的焦虑。

**4. 告知客户等待的时长**

不确定时间的等待会显得更加漫长，金融服务人员在客户等待期间要善于察言观色，要安抚焦虑的客户，通过客户排队号码告知客户等待的大概时长，并为客户解释为什么要等那么长时间。

**5. 及时向等待客户做出解释**

客户有权利知道他们为什么要等待、等待多久，金融营销人员要及时向客户做出解释。解释就是跟客户沟通的一个过程，这样也会得到客户的理解。

**6. 提供公平的等待**

一个对所有消费者都公平的服务环境才能实现消费者等待的有效管理。没有什么比不公平的等待更容易激怒等待中的客户，所以金融企业要提供公平的等待环境，不能让晚到的客户先得到服务，否则会引起强烈的客户冲突。

### 延伸阅读

#### 银行安排 VIP 插队惹怒消费者　消委会：属服务歧视

2015年4月，消费者毕先生在雅安市雨城区某银行营业网点办理业务时，按银行服务规定刷卡领取了号码进行排队，但在等候时却发现有些后来的消费者却能直接插在自己前面优先办理，延误了自己的办理时间。

毕先生向大堂经理提出质疑，得到的答复是：自动排号机识别刚来的客户为 VIP 客户，将其自动排在了优先办理位置。消费者认为经营者的自动取号机自动将消费者区别对待，是对自己作为普通消费者的歧视，侵犯了消费者的人格尊严权，遂向雅安市保护消费者权益委员会投诉，要求对类似行为予以纠正。

雅安市消委会调查发现，在当地银行业各营业网点 VIP 客户插队的现象十分普遍，被排号机自动区别对待也让消费者怨声载道。对此，经营者认为，其与 VIP 客户订立了优先服务合同应有优先权。但雅安市消委会调查认为，经营者虽然与 VIP 客户之间订立了优先办理业务的服务合同，只能在合同相对人之间生效，不能对抗其他普通消费者。经营者通过自动排号机的设置让 VIP 客户随意插到普通消费者前面优先接受服务的行为，是经营者对普通消费者服务合同的单方面变更，属于合同违约行为。据此，经营者通过排号机自动区分客户的方式，构成了对消费者差别对待、服务歧视。

随后，雅安市消委会当即将查证情况向雅安市人民银行和雅安市银监局进行了通报，并与雅安市银监局共同召集市属银行业各经营单位召开"排号机 VIP 排号插队专题整改会议"，提出整改意见，对无 VIP 服务窗口的网点，取消排号机 VIP 客户优先受理功能，提高金融服务质效，对提供 VIP 客户优先服务而未设立独立窗口的网点，要建立 VIP 专业通道或设立 VIP 专柜。

（资料来源：http://sichuan.scol.com.cn/ggxw/201603/54381225.html）

### 活动三　管理不合作客户

金融营销会面对各种各样的客户，其中不乏一些难以对付的、不合作的客户，他们的行为会影响其他客户，扰乱营销工作。不合作客户一般有以下几类。

**1. 以自我为中心的客户**

以自我为中心的客户凡事都只希望满足自己的欲望，要求人人为己、事事优先，他们不认为有任何理由使他们等待，要求立即得到关注，他们会走到一线员工那里，要求找到"负责的人"。

应对这样的客户，金融营销人员要迎合其以自我为中心，但也不能被客户的自我主义所打败，要用行动来告诉客户你的专业能力和解决问题的能力。

**2. 爱发脾气的客户**

爱发脾气的客户最大的特点是容易生气，如果出现一点点失误，或者他没有得到自己想要的东西，就会发脾气，脸色大变。

应对这样的客户，金融营销人员要安抚客户情绪，将客户带离现场，还其他客户享受服务的时间，等客户发泄完心中的怨气，再抓住问题的核心进行解决。

**3. 爱说脏话的客户**

爱说脏话的客户容易给服务环境带来负面影响，会对其他客户造成影响，也会对工作人员造成影响。

应对这样的客户，金融营销人员应设法把他隔离开来，选择性地同意他的观点，尽快帮助其解决问题，并要强调他骂人的不好。

**4. 爱占便宜的客户**

爱占便宜的客户希望所有的东西都是免费的，而且还总想得到一些好处。大多数客户都是诚实的，愿意为自己的产品或服务付钱，爱占便宜的客户不多。

应对这样的客户，金融营销人员要根据实际情况，适当地给他想要的东西，极端情况下可以采取法律行为来保护自己的利益。

总之，金融营销人员要应对各种难相处的不合作的客户，用积极的心态、合适的策略把实际发生的冲突数量降到最低。

## 案例分析

### 银行客户对柜员不满，连续存钱 30 次

市民彭先生在某银行取钱，排在队伍第一个的人因为输入密码时操作不当，跑到门外打电话去了，迟迟未能办好手续。排队的人都有些不耐烦，彭先生对柜员提出给后面的人先办业务，但柜员拒绝了他的建议，彭先生有些不高兴。

不多久，轮到彭先生办业务了，他决意赌气"找碴"。

"我取 5 万。"彭先生说。

"没有预约，5 万以上不能取。"柜员回答。

"5 万又不是以上，为什么不能取？"彭先生说，"那我取 49 000 元！"

柜员没有拒绝，为彭先生取出 4.9 万元。

拿到钱后，彭先生没有离开，转而拿出 100 元要求存款，存完一笔 100 元后，彭先生继续存 100 元，如此进行了 30 次，柜员也为他办理了 30 次手续。这次过招，时间长达半个小时。大堂经理和副行长忙赶来协调。

（资料来源：http://news.sina.com.cn/s/2017-07-17/021620696917/.html）

思考：
彭先生属于哪种类型的客户，应该如何应对？
**任务实战演练：**
1. 结合自身的生活经验，谈谈沟通的技巧。
2. 结合实际，分析挖掘、识别客户的方法。
3. 认知金融营销的能力，运用金融营销技巧，选定一种金融产品，开展一对一的模拟营销演练。

## 项目小结

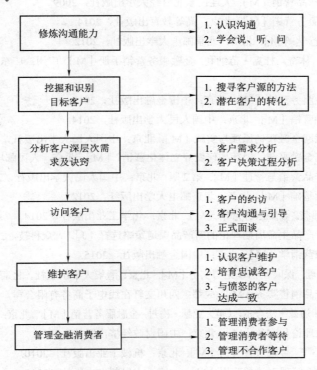

# 参 考 文 献

[1] 徐荣梅. 金融营销理论与实务［M］. 北京：中国金融出版社，2015.
[2] 林江鹏. 金融营销学［M］. 北京：中国金融出版社，2015.
[3] 叶伟春. 金融营销［M］. 北京：首都经济贸易大学出版社，2012.
[4] 路剑清，张均原，李建华. 金融营销学精讲［M］. 大连：东北财经大学出版社，2011.
[5] 徐海洁. 商业银行服务营销［M］. 北京：中国金融出版社，2008.
[6] 万后芬. 金融营销［M］. 北京：中国金融出版社，2010.
[7] 将丽君. 金融产品营销［M］. 大连：东北财经大学出版社，2009.
[8] 王艳君. 金融服务营销［M］. 北京：高等教育出版社，2014.
[9] 张红. 货币银行学.［M］. 北京：北京邮电大学出版社，2012.
[10] 艾沃琳·艾尔林奇，杜克·范纳利. 金融服务营销手册［M］. 广州：广东省出版集团，广东经济出版社，2009.
[11] 徐海洁. 金融服务营销［M］. 北京：中国金融出版社，2013.
[12] 杨米沙. 金融营销［M］. 北京：中国人民大学出版社，2014.
[13] 刘凤军. 互联网金融营销原理与实践［M］. 北京：中国人民大学出版社，2016.
[14] 孙超. 互联网金融来袭，银行如何做好立体化营销？［M］. 北京：人民邮电出版社，2016.
[15] 梁昭. 金融产品营销与管理［M］. 第2版. 北京：中国人民大学出版社，2015.
[16] 罗焰. 金融学基础［M］. 北京：北京邮电大学出版社，2012.
[17] 韩宗英，王玮薇. 金融服务营销［M］. 北京：化学工业出版社，2014.
[18] 林朝阳. 基于产品生命周期理论的新产品渠道策略选择［J］. 大众科技，2006（1）：120-121.
[19] 林江鹏. 金融营销学［M］. 北京：中国金融出版社，2015.
[20] 刘金章，王晓珊. 保险营销理论与实务［M］. 北京：清华大学出版社，北京交通大学出版社，2013.
[21] 牛马. 金融产品销售实务［M］. 成都：四川文轩在线电子商务有限公司，2014.
[22]（英）吉莉恩·道兹·法夸尔，（英）亚瑟·梅丹. 金融服务营销［M］. 北京：中国金融出版社，2014.
[23] 贾玉革. 金融理论与实务［M］. 北京：中国财政经济出版社，2012.
[24] 周晓明，唐小飞. 金融服务营销［M］. 北京：机械工业出版社，2010.
[25] 栾港. 客户关系管理理论与应用［M］. 北京：人民邮电出版社，2015.
[26] 杨路明. 客户关系管理理论与实务［M］. 北京：电子工业出版社，2015.
[27] 李洪心，马刚. 客户关系管理［M］. 大连：东北财经大学出版社，2012.
[28] 邬金涛，严鸣. 客户关系管理［M］. 北京：中国人民大学出版社，2014.